성경, 통通으로 숲이야기

통숲

저자 **조병호 박사**

지난 35년 동안 한국 교회에 성경통독을 퍼뜨리고,
대중화, 학문화, 세계화를 이끌어온 성경통독 전문가이다.

2004년   독일 신학사전 RGG4에 아티클 '세계기독학생선교운동
        (Studentische Missionsbewegung)'을 기고했다.
2006년   영국 왕립역사학회(Royal Historical Society)에 스피커로 초청되어 발제했다.
2006년   삶의 방법론이자 새로운 성경 읽기의 방식으로서 '통(通)'을 최초로 말했다.
2008년   한국 신학자 140인 서울선언 '성경을 通과한 재정향'의 공동대표로 책임을 감당했다.
2014년   '통通성경 포뮬라(Formula for TongBible)'를 발표했다.
2016년   통바이블칼리지 통通성경학교 인터넷 120강의 강사
2017년   종교개혁 500주년기념 독일 비텐베르크 2017 CONGRESS 스피커
2021년   글로벌처치 디비니티스쿨 BOARD OF GOVERNOR

통독원 원장, 하이기쁨교회 담임목사
미국 드루대학교 객원교수, 글로벌처치네트워크 서울 허브 대표

장로회신학대학교 신학과 (Th.B. 신학사)
장로회신학대학교 신학대학원 (M.Div. 교역학석사)
연세대학교 연합신학대학원 (Th.M. 조직신학, 신학석사)
영국 에딘버러대학교 대학원 (Th.M. 선교신학, 신학석사)
영국 버밍엄대학교 대학원 (Ph.D. 역사신학, 철학박사)

베스트셀러
    《성경과 5대제국》 - 2011 한국기독교출판문화상 대상 수상
    《성경통독》 - 2005 한국기독교출판문화상 최우수상 수상
    《청소년 성경통독》 - 2009 한국기독교출판문화상 우수상 수상
    《통하는 사도행전 30년》 - 2020 한국기독교출판문화상 우수상
    《통성경 길라잡이 지도자 지침서》 - 2022 한국기독교출판문화상 우수상

주요저서
    《제사장 나라 하나님 나라》, 《통하는 마지막 유월절, 첫번째 성찬식》, 《와우! 예레미야 70년》,
    《消失的帝國》(中國 團結出版社/성경과 5대제국 중국판), 《성경과 고대전쟁》, 《성경과 고대정치》,
    《신구약 중간사》, 《통通성경 길라잡이》, 《성경통독과 통通신학》 등 50여 종

편찬
    《일년일독 통通독성경》, 《역사순 통通성경》

성경, 통通으로 숲이야기

통숲

조병호 지음

통독원

예수님께서 지혜로운 사람은 반석 위에 집을 짓는다고 말씀하십니다.

"그러므로 누구든지 나의 이 말을 듣고 행하는 자는 그 집을 반석 위에 지은 지혜로운 사람 같으리니"(마 7:24)

"또 내가 네게 이르노니 너는 베드로라 내가 이 반석 위에 내 교회를 세우리니 음부의 권세가 이기지 못하리라"(마 16:18)

지혜롭게 성경의 집을 짓는 다섯 가지 방법입니다.

첫째, 기초를 놓습니다.
성경 66권 전체는 예수 십자가 '원 스토리(One Story)'입니다. 즉 구약 39권은 모두 예수 이야기로 향하고 있으며 신약 27권은 예수 이야기와 예수를 증거하는 이야기입니다.

그러므로 성경 66권 전체의 반석은 예수 그리스도입니다.

둘째, 기둥을 세웁니다.
성경은 개인, 가정, 나라 이야기를 담고 있습니다. 그리고 제사장 나라(율법), 5대 제국(선지자), 하나님 나라(복음)가 들어 있습니다. 하나님께서는 세계 경영의 도구로 '제국'을 사용하시며 '제사장 나라'와 '하나님 나라'로 우리를 이끄십니다. 그러므로 율법(제사장 나라), 선지자(5대 제국), 복음(하나님 나라)으로 기둥을 세웁니다.

셋째, 지붕을 덮습니다.
창세기에서 요한계시록까지 성경 66권 각 권의 숲을 정리하며 지붕을 덮습니다. 그래야 '권별주의'와 '요절주의'를 극복할 수 있습니다. 하나님께서는 우리에게 성경 66권 전체를 선물로 주셨는데 어느 한 권만 집중해서 몇 년씩 공부하거나 몇 구절의 요절로 만족한다면 그것은 너무 부족하고 아쉬운 성경공부가 될 것입니다.

넷째, 벽을 붙입니다.
성경의 대략 2,000여 년의 시간, 1,500여 곳의 공간, 그리고

5,000여 명의 인간을 통通으로 공부하여 벽을 붙입니다. 그러면 결국 시간, 공간, 인간 모두 하나님의 소유라는 사실을 깨닫게 됩니다. 그러므로 정말 세상 예화 없이도 '성경 이야기', 충분히 재밌게 할 수 있습니다.

다섯째, 창문을 냅니다.
이렇게 성경의 기초를 반석 위에 세우고, 기둥을 세우고, 지붕을 덮고, 벽을 붙이면 그 때에 비로소 그리스도인의 삶의 주제들인 예배, 선교, 교육, 봉사, 섬김, 교제 등의 다양한 주제들에 대한 창문을 열 수 있습니다. 성경 속 하나님의 사람들처럼 오직 하나님의 말씀으로 승리하는 삶을 넉넉히 살 수 있습니다.

〈통숲〉은 모든 그리스도인들이 '성경의 반석' 위에 튼튼한 집을 짓는 데 도움이 되기를 꿈꾸며 지난 35년간 매일매일 성경을 읽으며 연구한 열매 중 하나입니다. 저에게는 하나님께서 주신 큰 은혜의 산물입니다.

이 땅의 모든 사람들이 하루도 빠짐없이 매일의 일용할 양식이 필요하듯이 하나님의 말씀도 1년 365일 매일 하루도 빠짐없이

필요합니다.

본서 〈통숲〉으로 1년 365일, 성경 66권 전체를 역사 순서에 따라 나누어 매일 다섯 가지 포인트로 누구나 쉽게 通通으로 읽고 공부할 수 있게 될 것입니다. 그래서 그리스도인 누구나 "성경 한 권이면 충분합니다."라고 고백할 수 있기를 꿈꿉니다.

하나님께서 은혜와 평강의 복으로 함께하시길 기도합니다.
God bless you~

통독원에서

CONTENTS

솔로몬 통치 후반기 (왕상 11장)

애피타이저 APPETIZER

솔로몬이 이스라엘을 통치한 40년은 크게 두 시기로 구분됩니다. 솔로몬의 통치 전반기는 솔로몬이 왕위에 오른 후 시작된 내각 정비 3년과 성전 건축 7년 그리고 13년간의 왕궁 건축을 마치기까지 약 23년입니다. 그 시기 솔로몬의 특징은 그가 하나님을 사랑했다는 것입니다. 그 무렵 솔로몬의 행적을 기록한 책은 〈열왕기상〉과 〈잠언〉, 그리고 〈아가〉입니다.

그런데 여호와를 사랑하고 그의 아버지 다윗의 법도를 행했던 솔로몬이 통치 후반기에는 마음이 분산되고 맙니다. 그러자 하나님께서 두 번이나 솔로몬에게 나타나셔서 그의 아버지 다윗의 길로 행하며 다른 신을 좇지 말라고 명하십니다. 그러나 그때는 이미 솔로몬의 마음이 다른 곳으로 떠나 하나님께로 돌아오려 하지 않았습니다. 그러자 솔로몬에게 있던 모든 것이 그에게서 떠나게 됩니다. 그리고 솔로몬의 신앙이 퇴색됨으로 결국 하나님께서는 나라를 남과 북, 둘로 나누기로 결심하십니다. 하나님께서는 다윗의 자손에게 남유다를 맡기시고 여로보암에게는 북이스라엘 열 지파를 맡기고자 하십니다.

성경통독 BIBLETONGDOK

《일년일독 통독성경》 열왕기상 11장

통通으로 숲이야기 ; 통숲 TONG OBSERVATION

● 첫 번째 포인트
솔로몬 통치 후반기는 제사장 나라의 충성도는 낮아지고 제국에 대한 모방은 높아집니다.

솔로몬 통치 후반기는 솔로몬이 성전 낙성식 때 기도했던 것처럼 '이방인의 뜰'을 활용한 세계 선교의 열의를 가질 수 있는 참으로 좋은 기회였습니다.

> "또 주의 백성 이스라엘에 속하지 아니한 자 곧 주의 이름을 위하여 먼 지방에서 온 이방인이라도 그들이 주의 크신 이름과 주의 능한 손과 주의 펴신 팔의 소문을 듣고 와서 이 성전을 향하여 기도하거든 주는 계신 곳 하늘에서 들으시고 이방인이 주께 부르짖는 대로 이루사 땅의 만민이 주의 이름을 알고 주의 백성 이스라엘처럼 경외하게 하시오며 또 내가 건축한 이 성전을 주의 이름으로 일컫는 줄을 알게 하옵소서"(왕상 8:41~43)

그런데 오히려 솔로몬 통치 후반기 때에 이스라엘은 제사장 나라 충성도는 낮아지고 어중간한 제국의 모습을 띠게 됩니다. 월등했던 솔로몬이 집권 후반기로 가면서 초심을 잃고 자기 정치를 시작하자 수많은 문제들이 불거지기 시작했습니다.

솔로몬의 집권 후반기 정치는 모든 민족과의 평화를 바탕으로 하나님의 이름을 세계 만민에게 높이 올려드리는 제사장 나라의 정치가 아니었습니다. 적극적 제국주의로까지 옮겨가지는 않았지만 경제력과 국방력을 기반으로 제국 경영 모방 정치를 주변 국가들을 대상으로 펼치기 시작한 것입니다.

솔로몬은 애굽 공주를 부인으로 맞기 시작하면서 이후 주변 나라들의 공주들을 포함해서 천 명의 부인들을 맞이했습니다. 이 정략결혼을 통한 국제정치는 결국 솔로몬을 극도로 피곤하게 만들었습니다. 이러한 솔로몬의 정략결혼 국제정치는 솔로몬의 경제력과 국방력을 바탕으로 할 때에만 가능한 일이었습니다. 즉 솔로몬은 주변 나라에 힘을 과시했고, 주변 나라들은 자기 나라의 국가 이익을 위해 공주들을 솔로몬에게 보냈습니다. 솔로몬이 결혼을 정치 도구화했던 것입니다.

> "솔로몬이 애굽의 왕 바로와 더불어 혼인 관계를 맺어 그의 딸을 맞이하고 다윗 성에 데려다가 두고"(왕상 3:1)

> "솔로몬이 거처할 왕궁은 그 주랑 뒤 다른 뜰에 있으니 그 양식이 동일하며 솔로몬이 또 그가 장가 든 바로의 딸을 위하여 집을 지었는데 이 주랑과 같더라"(왕상 7:8)

> "솔로몬 왕이 바로의 딸 외에 이방의 많은 여인을 사랑하였으니 곧 모압과 암몬과 에돔과 시돈과 헷 여인이라"(왕상 11:1)

집권 초반기 동안 아버지 다윗처럼 하나님을 사랑했던 솔로몬이 그의 집권 후반에 제사장 나라 충성도를 높이지 못하고 오히려 경제력과 국방력을 기반으로 제국 경영을 모방하는 데 힘을 씀으로 하나님의 마음을 아프게 했습니다.

....

....

....

....

● 두 번째 포인트

언제나 한결같았던 다윗의 마음과는 달리 솔로몬의 마음은 세 번 바뀝니다.

다윗은 기쁠 때나 슬플 때나 그리고 넉넉할 때나 환난을 당할 때나 하나님에 대한 마음이 언제나 한결같았습니다.

"나의 하나님이여 주께서 마음을 감찰하시고 정직을 기뻐하시는 줄을 내가 아나이다 내가 정직한 마음으로 이 모든 것을 즐거이 드렸사오며"(대상 29:17)

"나의 반석이시요 나의 구속자이신 여호와여 내 입의 말과 마음의 묵상이 주님 앞에 열납되기를 원하나이다"(시 19:14)

그러나 솔로몬은 다윗과 달리 마음이 크게 세 번 바뀝니다.

첫 번째, 왕정 초기 솔로몬의 마음은 재판을 위해 지혜를 구하며 기도하고 온 정성을 다해 성전을 건축하고자 하는 순전한 마음이었습니다.

"기브온에서 밤에 여호와께서 솔로몬의 꿈에 나타나시니라 하나님이 이르시되 내가 네게 무엇을 줄꼬 너는 구하라 솔로몬이 이르되 … 누가 주의 이 많은 백성을 재판할 수 있사오리이까 듣는 마음을 종에게 주사 주의 백성을 재판하여 선악을 분별하게 하옵소서 솔로몬이 이것을 구

하매 그 말씀이 주의 마음에 든지라"(왕상 3:5~10)

하나님께서 솔로몬의 그 마음에 큰 복을 주셨습니다.

두 번째, 그런데 솔로몬의 통치 후반기에는 처음 품었던 그 마음이 바뀝니다.

"왕은 후궁이 칠백 명이요 첩이 삼백 명이라 그의 여인들이 왕의 마음을 돌아서게 하였더라 솔로몬의 나이가 많을 때에 그의 여인들이 그의 마음을 돌려 다른 신들을 따르게 하였으므로 왕의 마음이 그의 아버지 다윗의 마음과 같지 아니하여 그의 하나님 여호와 앞에 온전하지 못하였으니"(왕상 11:3~4)

그러자 하나님께서 솔로몬에게 두 번이나 나타나셔서 솔로몬의 마음을 돌이키고자 하십니다.

"솔로몬이 마음을 돌려 이스라엘의 하나님 여호와를 떠나므로 여호와께서 그에게 진노하시니라 여호와께서 일찍이 두 번이나 그에게 나타나시고"(왕상 11:9)

그럼에도 불구하고 솔로몬이 하나님께로 마음을 돌이키지 않자 하나님께서 솔로몬 사후에 나라를 둘로 나누는 조치를 취하십니다.

"이 일에 대하여 명령하사 다른 신을 따르지 말라 하셨으나 그가 여호와의 명령을 지키지 않았으므로 여호와께서 솔로몬에게 말씀하시되

....

....

....

....

네게 이러한 일이 있었고 또 네가 내 언약과 내가 네게 명령한 법도를 지키지 아니하였으니 내가 반드시 이 나라를 네게서 빼앗아 네 신하에게 주리라"(왕상 11:10~11)

세 번째, 그 이후 솔로몬이 죽기 직전 마음을 돌이켜 〈전도서〉를 쓰며 크게 후회하는 마음을 갖게 됩니다.

"무엇이든지 내 눈이 원하는 것을 내가 금하지 아니하며 무엇이든지 내 마음이 즐거워하는 것을 내가 막지 아니하였으니 이는 나의 모든 수고를 내 마음이 기뻐하였음이라 이것이 나의 모든 수고로 말미암아 얻은 몫이로다 그 후에 내가 생각해 본즉 내 손으로 한 모든 일과 내가 수고한 모든 것이 다 헛되어 바람을 잡는 것이며 해 아래에서 무익한 것이로다"(전 2:10~11)

그나마 솔로몬이 노년에 그의 통치 후반기의 삶을 크게 반성하고 그 마음을 다시 돌이켜 회개하고 하나님께로 돌아온 것은 천만다행입니다. 하나님께서는 에스겔 선지자를 통해 말씀하셨듯이 누구든지 회개하고 돌이켜 하나님께로 돌아오는 자를 보시면 기뻐하십니다.

"나는 악인이 죽는 것을 기뻐하지 아니하고 악인이 그의 길에서 돌이켜 떠나 사는 것을 기뻐하노라"(겔 33:11)

● 세 번째 포인트

솔로몬 통치 후반기의 세 가지 폐단은 왕실의 사치, 과다한 세금, 그리고 종교적 부패입니다.

솔로몬의 통치 전반기는 사치 없는 국가 경영이 이루어진 시기였습니다.

"솔로몬이 또 온 이스라엘에 열두 지방 관장을 두매 그 사람들이 왕과 왕실을 위하여 양식을 공급하되 각기 일 년에 한 달씩 양식을 공급하였으니"(왕상 4:7)

솔로몬의 1일분 식량을 비롯해 한 달분의 양식은 한 지파가 충분히 감당할 수 있는 분량이었기 때문에 열두 지파가 한 달씩 돌아가며 이를 공급했습니다.

"솔로몬의 하루의 음식물은 가는 밀가루가 삼십 고르요 굵은 밀가루가 육십 고르요 살진 소가 열 마리요 초장의 소가 스무 마리요 양이 백 마리이며 그 외에 수사슴과 노루와 암사슴과 살진 새들이었더라"(왕상 4:22~23)

그런데 솔로몬은 그의 통치 후반기에 제사장 나라의 규례를 어기며 이방의 많은 여인과 혼인하여 천 명의 부인을 두었습니다. 그리고 이들로 인한 왕실의 사치는 결국 과다한 세금과 종교

....

....

....

....

부패로 이어졌습니다. 이는 하나님께서 모세를 통해 일찍이 〈신명기〉에서 경고하신 말씀을 솔로몬이 어긴 것입니다. 〈신명기〉에서 왕에게 경고한 하나님의 말씀은 다음과 같습니다.

"그에게 아내를 많이 두어 그의 마음이 미혹되게 하지 말 것이며 자기를 위하여 은금을 많이 쌓지 말 것이니라"(신 17:17)

"또 그들과 혼인하지도 말지니 네 딸을 그들의 아들에게 주지 말 것이요 그들의 딸도 네 며느리로 삼지 말 것은 그가 네 아들을 유혹하여 그가 여호와를 떠나고 다른 신들을 섬기게 하므로 여호와께서 너희에게 진노하사 갑자기 너희를 멸하실 것임이니라"(신 7:3~4)

솔로몬 당시 왕실의 사치를 한 가지만 예를 들어 가정해보면 솔로몬의 천 명의 부인들이 하루에 한 병씩 매일 천만 원 하는 고급 와인을 마신다면 와인 천만 원, 부인 천 명, 여기에 365일을 곱하면, 1년에 와인 값만 3조 6,500억 원이 들어갑니다.

이렇게 솔로몬이 제사장 나라의 율례와 계명을 어기고 왕실의 사치도 극에 달하게 되는 와중에 낸 꾀는 과도한 세금 징수와 유다 지파를 중심으로 한 '권력 사유화'였습니다. 이는 마치 이스라엘의 초대 왕 사울이 그가 속한 베냐민 지파를 권력의 사유화에 이용한 것과 같았습니다. 솔로몬이 얼마나 백성들에게 과도한 세금을 징수했는지 이후 솔로몬의 아들 르호보암에게 이스라엘 백성들이 했던 말을 보면 알 수 있습니다.

"왕의 아버지가 우리의 멍에를 무겁게 하였으나 왕은 이제 왕의 아버지가 우리에게 시킨 고역과 메운 무거운 멍에를 가볍게 하소서 그리하시면 우리가 왕을 섬기겠나이다"(왕상 12:4)

과다한 세금 징수에 이어 결국 솔로몬의 종교 부패는 극에 달했습니다.

"왕의 마음이 그의 아버지 다윗의 마음과 같지 아니하여 그의 하나님 여호와 앞에 온전하지 못하였으니 이는 시돈 사람의 여신 아스다롯을 따르고 암몬 사람의 가증한 밀곰을 따름이라 솔로몬이 여호와의 눈앞에서 악을 행하여 그의 아버지 다윗이 여호와를 온전히 따름 같이 따르지 아니하고 모압의 가증한 그모스를 위하여 예루살렘 앞 산에 산당을 지었고 또 암몬 자손의 가증한 몰록을 위하여 그와 같이 하였으며 그가 또 그의 이방 여인들을 위하여 다 그와 같이 한지라 그들이 자기의 신들에게 분향하며 제사하였더라"(왕상 11:4~8)

여기에서 '아스다롯'은 시돈과 두로 족속의 신으로 아세라 신을 말하기도 합니다. '아스다롯'은 풍요, 쾌락 그리고 다산을 상징하는 우상이었습니다. 몰록(몰렉)은 암몬 족속의 신으로 어린아이를 산 제물로 바치는 제사로 유명했습니다. 그리고 그모스는 모압 족속의 신으로 이 또한 사람을 제물로 삼는 우상이었습니

....

....

....

....

다. 솔로몬은 수많은 부인들의 유혹을 계기로 모압의 그모스, 암몬의 몰록 등 우상을 숭배하기에 이릅니다. 솔로몬은 결국 예루살렘을 우상 박물관이 되게 했습니다.

솔로몬의 이러한 악행은 결국 하나님과 멀어지는 계기가 되었습니다. 사울 시대 권력의 사유화의 끝이 열한 지파 대 유다 지파로의 민족 분단이었던 것처럼 솔로몬 시대의 권력 사유화는 결국 이스라엘 민족을 북이스라엘 열 지파 대 남유다 두 지파로 분단되게 했습니다.

● 네 번째 포인트
부지런한 큰 용사 여로보암이 솔로몬의 대적이 됩니다.

하나님을 떠난 솔로몬의 악행이 계속되자 하나님께서는 솔로몬의 꿈에 두 번이나 나타나시며 솔로몬의 마음을 돌이키기 위해 애쓰십니다. 두 번의 경고에도 불구하고 솔로몬이 이를 외면하자 결국 하나님께서 진노하시며, 솔로몬에게서 반드시 이스라엘을 빼앗아 그의 신하에게 줄 것이라고 선언하십니다(왕상 11:9~11).

이 말씀 후에 하나님께서는 주변 나라들을 세워 솔로몬에게 대적들이 되게 하십니다. 솔로몬의 대적자들은 에돔 사람 하닷,

소바 사람 르손 등이었습니다.

에돔 사람 하닷이 먼저 대적합니다.

"여호와께서 에돔 사람 하닷을 일으켜 솔로몬의 대적이 되게 하시니 그는 왕의 자손으로서 에돔에 거하였더라"(왕상 11:14)

하닷은 다윗 때 요압의 학살을 피해 애굽으로 내려가 있다가 에돔으로 돌아와 왕이 됩니다. 그러다가 솔로몬의 힘이 약해지자 일어나 솔로몬에게 대적했습니다. 그리고 소바 사람 르손이 대적합니다.

"하나님이 또 엘리아다의 아들 르손을 일으켜 솔로몬의 대적자가 되게 하시니 그는 그의 주인 소바 왕 하닷에셀에게서 도망한 자라"(왕상 11:23)

"솔로몬의 일평생에 하닷이 끼친 환난 외에 르손이 수리아 왕이 되어 이스라엘을 대적하고 미워하였더라"(왕상 11:25)

르손은 소바 왕 하닷에셀의 신하로 다윗이 소바를 점령할 때 다메섹으로 피신하여 수리아 왕국을 세우고 왕이 됩니다. 그런데 이런 주변 나라들의 대적자들과는 비교할 수 없는 강력한 대적자가 솔로몬 통치권 내에서 일어납니다. 바로 여로보암입니다. 마치 사울에게 다윗이 등장한 것처럼 솔로몬에게 감당하기 힘든 라이벌로 여로보암이 등장합니다.

여로보암은 처음에는 밀로의 건축과 다윗성을 수축할 때 요셉 족속의 일을 감독하던 자로서, 솔로몬에게 그의 부지런함이 인정되어 솔로몬의 큰 용사가 된 에브라임 지파 사람이었습니다.

> "솔로몬이 밀로를 건축하고 그의 아버지 다윗의 성읍이 무너진 것을 수축하였는데 이 사람 여로보암은 큰 용사라 솔로몬이 이 청년의 부지런함을 보고 세워 요셉 족속의 일을 감독하게 하였더니"(왕상 11:27~28)

바로 이 여로보암이 솔로몬의 정치적 라이벌로까지 성장하여 마침내 솔로몬의 정적이 된 것입니다. 이는 하나님께서 여로보암을 솔로몬의 심판 도구로 쓰셨기 때문입니다. 하나님께서는 아히야 선지자를 통해 이를 예언하게 하십니다. 그 과정은 다음과 같습니다.

첫째, 하나님께서 아히야를 통해 여로보암을 왕으로 임명하실 계획을 밝히십니다.

> "아히야가 자기가 입은 새 옷을 잡아 열두 조각으로 찢고 여로보암에게 이르되 너는 열 조각을 가지라 이스라엘의 하나님 여호와의 말씀이 내가 이 나라를 솔로몬의 손에서 찢어 빼앗아 열 지파를 네게 주고 오직 내 종 다윗을 위하고 이스라엘 모든 지파 중에서 택한 성읍 예루살렘을 위하여 한 지파를 솔로몬에게 주리니"(왕상 11:30~32)

하나님께서는 아히야 선지자에게 옷을 찢는 상징으로 하나님의 뜻을 알려주십니다. 그런데 이러한 일은 사울 때에도 나타난 적이 있었습니다.

"사무엘이 가려고 돌아설 때에 사울이 그의 겉옷자락을 붙잡으매 찢어진지라 사무엘이 그에게 이르되 여호와께서 오늘 이스라엘 나라를 왕에게서 떼어 왕보다 나은 왕의 이웃에게 주셨나이다"(삼상 15:27~28)

둘째, 하나님께서 솔로몬이 죽고 난 후 열 지파를 빼앗으신 이유를 밝히십니다.

"이는 그들이 나를 버리고 시돈 사람의 여신 아스다롯과 모압의 신 그모스와 암몬 자손의 신 밀곰을 경배하며 그의 아버지 다윗이 행함 같지 아니하여 내 길로 행하지 아니하며 나 보기에 정직한 일과 내 법도와 내 율례를 행하지 아니함이니라"(왕상 11:33)

셋째, 하나님께서 솔로몬이 죽고 난 후 그의 아들 대에 행하실 향후 계획을 밝히십니다.

"내가 그의 아들의 손에서 나라를 빼앗아 그 열 지파를 네게 줄 것이요"
(왕상 11:35)

넷째, 하나님께서 여로보암에게 조건부로 복의 언약을 밝히십니다.

"네가 만일 내가 명령한 모든 일에 순종하고 내 길로 행하며 내 눈에 합당한 일을 하며 내 종 다윗이 행함 같이 내 율례와 명령을 지키면 내가 너와 함께 있어 내가 다윗을 위하여 세운 것 같이 너를 위하여 견고한 집을 세우고 이스라엘을 네게 주리라"(왕상 11:38)

다섯째, 아히야를 통해 하나님의 예언과 복을 받은 후 여로보암은 솔로몬 왕을 피해 애굽으로 망명합니다.

"솔로몬이 여로보암을 죽이려 하매 여로보암이 일어나 애굽으로 도망하여 애굽 왕 시삭에게 이르러 솔로몬이 죽기까지 애굽에 있으니라"(왕상 11:40)

이렇게 솔로몬의 통치 전반기와 후반기는 마치 다른 두 사람이 나라를 통치하는 것 같습니다. 솔로몬의 모습은 처음에는 겸손했던 사울의 모습이 점차 권력에 취해 크게 달라졌던 것과 같습니다. 처음부터 끝까지 한결같았던 다윗의 모습과는 달라도 너무 다른 권력자 사울과 솔로몬의 슬픈 뒷모습입니다.

● 다섯 번째 포인트
하나님께서 솔로몬의 후손들에게 왕권을 전부 빼앗지 않으신 이유는 유다와 다윗에게 하신 언약 때문입니다.

일찍이 하나님께서 야곱의 축복을 통해 야곱의 넷째 아들 유

....

....

....

....

다에게 약속을 주셨습니다.

"유다야 너는 네 형제의 찬송이 될지라 네 손이 네 원수의 목을 잡을 것이요 네 아버지의 아들들이 네 앞에 절하리로다 유다는 사자 새끼로다 내 아들아 너는 움킨 것을 찢고 올라갔도다 그가 엎드리고 웅크림이 수사자 같고 암사자 같으니 누가 그를 범할 수 있으랴 규가 유다를 떠나지 아니하며 통치자의 지팡이가 그 발 사이에서 떠나지 아니하기를 실로가 오시기까지 이르리니 그에게 모든 백성이 복종하리로다"(창 49:8~10)

그 이후 하나님께서는 다윗이 성전 건축을 계획했을 때 나단 선지자를 통해 다윗과 언약을 맺으셨습니다.

"내가 네 앞에서 물러나게 한 사울에게서 내 은총을 빼앗은 것처럼 그에게서 빼앗지는 아니하리라"(삼하 7:15)

하나님께서 솔로몬의 죄악을 보시고도 솔로몬의 후손들이 계속해서 남유다의 왕이 되게 하신 이유는 이처럼 유다와 다윗에게 주신 하나님의 언약 때문이었습니다. 그리고 더 나아가 예수님의 탄생을 위한 하나님의 계획 때문이었습니다.

"아브라함과 다윗의 자손 예수 그리스도의 계보라"(마 1:1)

또한 새 예루살렘을 다윗 자손의 관할하에 두기 위함이었습니다.

"그의 아들에게는 내가 한 지파를 주어서 내가 거기에 내 이름을 두고 자 하여 택한 성읍 예루살렘에서 내 종 다윗이 항상 내 앞에 등불을 가 지고 있게 하리라"(왕상 11:36)

"성령으로 나를 데리고 크고 높은 산으로 올라가 하나님께로부터 하늘 에서 내려오는 거룩한 성 예루살렘을 보이니"(계 21:10)

유다에게 주신 하나님의 언약과 다윗에게 주신 하나님의 언 약 그리고 그 언약 위에 '내 종 다윗'과 '다윗의 길' 덕분에 솔로몬 의 아들 그리고 그 후손들은 남유다의 마지막 왕 시드기야 때까 지 계속해서 이스라엘을 다스리게 됩니다.

디저트 DESSERT

젊은 날 솔로몬은 〈잠언〉을 통해 제사장 나라 경영의 지혜로 움을 온 세상에 드러냈습니다. 솔로몬의 두 번째 저서 〈아가〉는 정략결혼과 국제정치를 배경으로 한 진실한 사랑 이야기입니다. 그리고 솔로몬의 역작, 3부작의 완결편은 〈전도서〉입니다. 〈전 도서〉는 솔로몬이 죽음에 이르러서야 '헛되다'는 사실을 깨달은 내용입니다.

솔로몬은 이제 〈전도서〉를 통해 자신의 정치 방식이 아닌 아버지 '다윗의 정치 방식'이 하나님께서 인정하신 길이요, 국가 경영자들이 가야 할 진정한 정치 정석의 길이라고 후배들에게 가슴으로 이야기해줍니다.

....

....

....

....

127일

수고와 헛수고 (전 1~3장)

애피타이저 APPETIZER

솔로몬은 자신을 가리켜 '전도자'라고 말합니다. '전도자'는 히브리어로 '코헬레트(קֹהֶלֶת)'입니다. 이는 사람을 불러 모으거나 모여 있는 많은 사람 앞에서 설교나 연설을 하는 사람을 가리킵니다. 솔로몬이 통치 초기에 백성들을 잘 다스리기 위해 지혜를 구했을 때에 하나님께서는 그가 구하지 않은 부와 명예도 함께 주셨습니다. 그런데 세상의 어떤 왕보다도 큰 지혜와 부귀영화를 누렸던 그가 점차 하나님을 떠나고 말았습니다. 그 결과 솔로몬의 노년은 그리 평안하지 못했습니다. 뒤늦게야 하나님을 떠난 모든 것이 헛되다는 것을 깨달은 솔로몬은 후대의 사람들에게 하나님 안에서 바르게 사는 길을 가르치기 위해 〈전도서〉를 기록합니다.

넘치는 당당함으로 하나님을 경외하는 것이 지혜라고 외쳤던 솔로몬의 목소리는 어느덧 힘없는 노인의 목소리로 바뀌었습니다. 솔로몬은 〈전도서〉에서 "헛되다."라는 고백을 반복합니다. 즐거움도 헛되고 인간 지혜에는 한계가 있으며 모든 일에 때가 있다고 충고합니다. 솔로몬은 스스로 "먹고 즐기는 일을 누가 나보다 더 해 보았으랴"(전 2:25)라고 말합니다. 왕궁에 살면서 인간들이 누리는 모든 즐거움의 끝을 보았지만 만족함을 주는 기쁨을 누렸다고 말할 수 없다는 것이 솔로몬의 고백입니다.

이 모든 것을 경험한 솔로몬은 이제 청년들에게 가장 중요한 조언, 보석 중의 보석 같은 말을 남깁니다.

"청년의 때에 너의 창조주를 기억하라"(전 12:1)

성경통독 BIBLETONGDOK

《일년일독 통독성경》 전도서 1~3장

....

....

....

....

● 첫 번째 포인트

솔로몬은 통치 전반기는 '수고'했고 통치 후반기는 '헛수고'했습니다.

솔로몬은 통치 전반기에는 하나님께 지혜를 구했습니다. 하나님께서 주신 그 지혜로 억울한 한 어머니를 구해주었고, 하나님께서 주신 그 지혜로 아버지 다윗의 꿈인 성전을 건축했습니다.

"왕이 대답하여 이르되 산 아이를 저 여자에게 주고 결코 죽이지 말라 저가 그의 어머니이니라 하매 온 이스라엘이 왕이 심리하여 판결함을 듣고 왕을 두려워하였으니 이는 하나님의 지혜가 그의 속에 있어 판결함을 봄이더라"(왕상 3:27~28)

"왕이 이르되 이스라엘의 하나님 여호와를 송축할지로다 여호와께서 그의 입으로 내 아버지 다윗에게 말씀하신 것을 이제 그의 손으로 이루셨도다"(왕상 8:15)

그러나 솔로몬은 통치 후반기에 제사장 나라의 세계 선교가 아닌 자신의 사업을 실행했습니다.

"나의 사업을 크게 하였노라 내가 나를 위하여 집들을 짓고 포도원을 일구며 여러 동산과 과원을 만들고 그 가운데에 각종 과목을 심었으

며"(전 2:4~5)

"무엇이든지 내 눈이 원하는 것을 내가 금하지 아니하며 무엇이든지 내 마음이 즐거워하는 것을 내가 막지 아니하였으니 이는 나의 모든 수고를 내 마음이 기뻐하였음이라 이것이 나의 모든 수고로 말미암아 얻은 몫이로다"(전 2:10)

솔로몬은 결국 인생의 끝에 이르러서야 이 모든 일이 결국 '헛수고'임을 깨달았습니다.

"그 후에 내가 생각해 본즉 내 손으로 한 모든 일과 내가 수고한 모든 것이 다 헛되어 바람을 잡는 것이며 해 아래에서 무익한 것이로다"(전 2:11)

● 두 번째 포인트
솔로몬이 "헛되다"라고 말한 까닭은 크게 네 가지입니다.

그토록 지혜로웠던 솔로몬이 그의 노년에 "헛되다."라는 말을 수도 없이 되뇌었습니다. 그 이유는 크게 네 가지입니다.

첫째, 하나님을 떠난 인간의 모든 수고가 헛되기 때문입니다.

"해 아래에서 수고하는 모든 수고가 사람에게 무엇이 유익한가"(전 1:3)

둘째, 자연은 영원하지만 인간의 삶은 너무 짧기 때문입니다.

"한 세대는 가고 한 세대는 오되 땅은 영원히 있도다"(전 1:4)

....

....

....

....

일찍이 모세는 인간이 유한한 존재라고 고백했습니다.

"우리의 모든 날이 주의 분노 중에 지나가며 우리의 평생이 순식간에 다하였나이다 우리의 연수가 칠십이요 강건하면 팔십이라도 그 연수의 자랑은 수고와 슬픔뿐이요 신속히 가니 우리가 날아가나이다"(시 90:9~10)

셋째, 인간의 욕망은 끝이 없기 때문입니다.

"눈은 보아도 족함이 없고 귀는 들어도 가득 차지 아니하도다"(전 1:8)

넷째, 인간의 삶의 과거, 현재, 미래는 새로울 것이 없는 반복되는 한계 속에 있기 때문입니다.

"이미 있던 것이 후에 다시 있겠고 이미 한 일을 후에 다시 할지라 해 아래에는 새 것이 없나니"(전 1:9)

후회를 해도 솔로몬은 역시 솔로몬입니다. 〈잠언〉의 지혜의 말들이 모두 귀담아들을 만한 명언이었듯이 후회를 쏟아낸 〈전도서〉의 모든 말도 역시 귀담아들을 만한 값비싼 지혜의 말과 글들이기 때문입니다.

● 세 번째 포인트
솔로몬은 하나님 없는 인간의 지혜는 허무주의로 끝난다고 말합니다.

인간의 지혜는 한마디로 결국 헛될 뿐입니다. 왜냐하면 인간의 지혜에는 한계가 있기 때문입니다.

"구부러진 것도 곧게 할 수 없고 모자란 것도 셀 수 없도다"(전 1:15)

"내가 다시 지혜를 알고자 하며 미친 것들과 미련한 것들을 알고자 하여 마음을 썼으나 이것도 바람을 잡으려는 것인 줄을 깨달았도다"(전 1:17)

이는 최고의 지혜자 솔로몬이 더 깊은 깨달음을 얻으려 노력했으나 결국 인간의 한계만 발견했다는 마음의 고백입니다.

"마음을 다하며 지혜를 써서 하늘 아래에서 행하는 모든 일을 연구하며 살핀즉 이는 괴로운 것이니 하나님이 인생들에게 주사 수고하게 하신 것이라"(전 1:13)

솔로몬은 인간의 모든 수고가 아담과 하와의 범죄 이후 내리신 하나님의 형벌임을 깨닫게 됩니다.

"아담에게 이르시되 네가 네 아내의 말을 듣고 내가 네게 먹지 말라 한 나무의 열매를 먹었은즉 땅은 너로 말미암아 저주를 받고 너는 네 평생에 수고하여야 그 소산을 먹으리라"(창 3:17)

결국 하나님 안에 있지 않은 인간의 수고와 노력은 모두 헛된 것이 됩니다. 그래서 지혜자 솔로몬이 하나님 없이 삶을 살아본 경험에서 나오는 최종 결론이 바로 '헛되다'는 것입니다. 노력의 과정에서 성취의 기쁨이 있지만 그것들이 모두 이루어진 다음에 인간은 결국 세상의 모든 일이 허무하다는 결론에 이르게 될 뿐입니다. 인생을 살면서 하나님 없는 인간의 노력과 수고는 결국 허무주의를 낳게 됩니다.

● 네 번째 포인트
솔로몬은 하나님 없는 인간의 모든 부귀영화는 헛된 쾌락일 뿐이라고 고백합니다.

인생의 즐거움은 헛된 쾌락일 뿐입니다.
"내가 내 마음으로 깊이 생각하기를 내가 어떻게 하여야 내 마음을 지혜로 다스리면서 술로 내 육신을 즐겁게 할까"(전 2:3)
솔로몬이 아무 생각 없이 쾌락을 즐긴 것은 아니었습니다. 궁극적인 기쁨을 맛보기 위한 노력의 일환이었으나 그의 결론은 수고한 모든 것이 '헛되다'는 것입니다.
솔로몬이 취했던 쾌락은 술, 사업, 집 짓기, 포도원 및 동산 갖기, 과원 만들기, 연못 만들기, 남녀 노예를 두기, 최고의 소와 양떼 소유하기, 은금 및 각종 보배 소유하기, 노래하는 남녀와 처첩 많이 두기, 비교할 수 없는 지혜의 소유 등이었습니다. 솔로몬의 많은 재산 중 노예와 가축이 있는데 이는 고대 사회에서 재산을 측정하는 주요 수단 중 하나가 노예와 가축의 수였기 때문입니다. 이처럼 동서고금을 막론하고 솔로몬만큼 쾌락을 추구하는 삶을 원 없이 해본 사람은 없을 것입니다.

그 모든 쾌락을 경험해본 솔로몬이 '모든 것이 다 헛되어 바람을 잡는 것이며 해 아래에서 무익한 것'이라고 말합니다. 솔로몬은 자신이 수고하여 세상에서 이룬 모든 부귀영화와 지혜가 허무하고 헛된 쾌락이었을 뿐이라고 고백합니다. 그리고 솔로몬은 누구나 맞이하는 죽음으로 인해 인생이 헛됨을 알게 되었다고 말합니다. 솔로몬은 죽음 또한 인간이 극복할 수 없는 한계라고 말합니다.

"오호라 지혜자의 죽음이 우매자의 죽음과 일반이로다 이러므로 내가 사는 것을 미워하였노니"(전 2:16~17)

인간이 아무리 애쓰고 수고해도 인간의 삶은 모두 죽음으로 끝이 납니다. 죽음 뒤에는 그 어떤 보상도 보장도 무의미합니다.

"내가 해 아래에서 내가 한 모든 수고를 미워하였노니 이는 내 뒤를 이을 이에게 남겨 주게 됨이라"(전 2:18)

예수님께서 한 부자를 비유로 말씀하십니다.

"하나님은 이르시되 어리석은 자여 오늘 밤에 네 영혼을 도로 찾으리

....

....

....

....

니 그러면 네 준비한 것이 누구의 것이 되겠느냐 하셨으니"(눅 12:20)

● 다섯 번째 포인트
인생의 헛됨은 때를 정하신 하나님을 경외함으로 극복할 수 있습니다.

최고의 지혜자라고 불렸던 솔로몬은 모든 일에는 기한과 때가 있음을 말합니다. 사람에게는 허락된 인생의 시간이 한정되어 있습니다. 인간은 유한하고, 하나님은 무한하십니다. 그 하나님께서 유한한 인생들을 위해 주신 선물이 '때를 알게 하신 것'입니다.

"범사에 기한이 있고 천하 만사가 다 때가 있나니 날 때가 있고 죽을 때가 있으며 심을 때가 있고 심은 것을 뽑을 때가 있으며 죽일 때가 있고 치료할 때가 있으며 헐 때가 있고 세울 때가 있으며 울 때가 있고 웃을 때가 있으며 슬퍼할 때가 있고 춤출 때가 있으며 돌을 던져 버릴 때가 있고 돌을 거둘 때가 있으며 안을 때가 있고 안는 일을 멀리 할 때가 있으며 찾을 때가 있고 잃을 때가 있으며 지킬 때가 있고 버릴 때가 있으며 찢을 때가 있고 꿰맬 때가 있으며 잠잠할 때가 있고 말할 때가 있으며 사랑할 때가 있고 미워할 때가 있으며 전쟁할 때가 있고 평화할 때

가 있느니라"(전 3:1~8)

이처럼 인생들에게는 하나님께서 정하신 때가 있습니다. 인간은 하나님께서 정하신 그 시간 안에서 살아갑니다. 그래서 지혜로운 사람은 시간이 유한하다는 것을 알고 자신에게 주어진 시간을 지혜롭게 분배해 사용합니다.

"하나님이 모든 것을 지으시되 때를 따라 아름답게 하셨고 또 사람들에게는 영원을 사모하는 마음을 주셨느니라 그러나 하나님이 하시는 일의 시종을 사람으로 측량할 수 없게 하셨도다"(전 3:11)

하나님께서는 인간들에게 그의 정하신 기간에 따라 생명을 허락해주셨습니다. 허락된 시간을 자유롭게 살아가되 그 시간이 다하면 어느 누구를 막론하고 인간은 다시 흙으로 돌아가야 합니다. 그렇기 때문에 하루하루의 시간이 인생들에게 참으로 귀하고 소중한 것입니다. 또한 하나님께서 그 모든 삶의 여정 가운데 때를 두어 하나님의 뜻을 이루어가십니다. 사람이 계획하고 일을 추진하지만 결국 모든 일은 하나님의 경륜과 주권 아래에 있습니다. 이 사실을 인정하고 하나님의 도우심을 바라는 사람이 진정 지혜로운 사람입니다.

"하나님께서 행하시는 모든 것은 영원히 있을 것이라 그 위에 더 할 수도 없고 그것에서 덜 할 수도 없나니 하나님이 이같이 행하심은 사람들

....

....

....

....

이 그의 앞에서 경외하게 하려 하심인 줄을 내가 알았도다 이제 있는 것이 옛적에 있었고 장래에 있을 것도 옛적에 있었나니 하나님은 이미 지난 것을 다시 찾으시느니라"(전 3:14~15)

우리는 유한한 시간을 살아가지만 하나님은 영원하신 분입니다. 그러므로 우리는 하나님께서 행하시는 일들의 시종을 측량할 수 없습니다. 다만 각자의 삶에 충실할 뿐입니다. 한 가지 우리가 확신할 수 있는 것은 하나님께서 우리들 한 사람 한 사람의 땀과 수고를 이어 역사의 큰 틀과 방향을 만들어가신다는 것입니다. 우리는 하나님께서 경영하시는 역사의 한 작은 부분을 맡아서 달리고 있는 계주자로서 내게 맡겨진 삶의 길을 충실하게 완수해야 할 것입니다.

솔로몬이 말합니다.
"아, 먹고 즐기는 일을 누가 나보다 더 해 보았으랴"(전 2:25)

솔로몬은 쾌락을 위한 노력을 아끼지 않았습니다. 그가 소유한 모든 것을 동원하여 스스로 즐거움을 누리고자 했습니다. 그러나 그 모든 것이 헛되다는 것입니다. 솔로몬은 인생의 헛된 쾌

....

....

....

....

락을 극복할 희락이 있다고 말합니다. 그것이 바로, 하나님 안에서의 희락입니다.

"하나님은 그가 기뻐하시는 자에게는 지혜와 지식과 희락을 주시나" (전 2:26)

이는 비싼 값을 치른 솔로몬이 주는 교훈입니다. 예수님께서 언급하신 솔로몬의 영광입니다.

"내가 너희에게 말하노니 솔로몬의 모든 영광으로도 입은 것이 이 꽃 하나만 같지 못하였느니라"(마 6:29)

하나님께서 주시는 지혜와 지식과 희락으로 수고하는 복된 우리의 삶이기를 소망합니다.

*128*일
하나님 없는 인생은? (전 4~7장)

애피타이저 APPETIZER

역사를 통해 실패한 사람들의 삶을 들여다보면 그들은 처음에는 재물과 부를 추구하는 물질주의의 길을 갑니다. 그러다가 그 물질에 대해 어느 정도 만족할 만하면 향락주의의 길로 들어서서 쾌락과 즐거움을 누리는 데에 시간과 물질을 사용합니다. 그러나 그것도 오래가지 못합니다. 결국 물질과 향락의 허망함을 깨달은 후에는 허무주의에 빠져들기 때문입니다.

솔로몬은 인류 역사상 어느 누구보다도 많은 물질을 가져보았고 온갖 쾌락과 향락도 부족함 없이 누려보았습니다. 그리고 마지막에는 하나님을 떠난 그 모든 것이 허무하다는 것까지 경험했습니다. 그런 쓰디쓴 깨달음을 얻은 솔로몬이 자신이 얻은 교훈을 후대에 전하기 위해 비싼 값을 치르고 쓴 책이 바로 〈전도서〉입니다.

성경통독 BIBLETONGDOK

《일년일독 통독성경》전도서 4~7장

通通으로 숲이야기 ; 통숲 TONG OBSERVATION

● 첫 번째 포인트
인생의 헛됨을 극복할 수 있는 길은 '더불어 사는 삶'에 있습니다.

"헛되고 헛되니 모든 것이 헛되도다"(전 1:2)라고 말한 솔로몬이 허무를 극복할 수 있는 대안을 제시합니다. 그 대안은 '더불어 사는 삶'을 위해 동역할 수 있는 사람을 만나는 일입니다. '더불어 사는 삶'은 두 사람이 함께 동역하는 것이며, 이를 통해 인생의 헛됨을 조금이나마 극복할 수 있습니다.

솔로몬은 두 사람이 한 사람보다 나은 이유를 네 가지로 설명하고 있습니다.

첫째, 함께 수고함으로 좋은 상을 얻게 되기 때문입니다.

"두 사람이 한 사람보다 나음은 그들이 수고함으로 좋은 상을 얻을 것임이라"(전 4:9)

둘째, 서로에게 의지가 되며 혹 넘어질 때에 일으켜줄 수 있기 때문입니다.

"혹시 그들이 넘어지면 하나가 그 동무를 붙들어 일으키려니와 홀로 있어 넘어지고 붙들어 일으킬 자가 없는 자에게는 화가 있으리라"(전 4:10)

셋째, 함께 어려움도 극복할 수 있고 기쁨도 나눌 수 있기 때문입니다.

"또 두 사람이 함께 누우면 따뜻하거니와 한 사람이면 어찌 따뜻하랴"(전 4:11)

넷째, 힘은 합할수록 더 큰 힘이 되기 때문입니다.

"한 사람이면 패하겠거니와 두 사람이면 맞설 수 있나니 세 겹 줄은 쉽게 끊어지지 아니하느니라"(전 4:12)

● **두 번째 포인트**
하나님을 경외하는 사람들이 가져야 할 세 가지 태도입니다.

값비싸고 혹독한 대가를 치른 솔로몬이 우리에게 값진 조언을 해줍니다.

"오직 너는 하나님을 경외할지니라"(전 5:7)

결론에 도달한 전도자 솔로몬이 하나님을 경외하는 사람들이 가져야 할 태도 세 가지를 다음과 같이 말합니다.

첫째, 하나님의 말씀을 들어야 합니다.

"가까이 하여 말씀을 듣는 것이 우매한 자들이 제물 드리는 것보다 나으니"(전 5:1)

일찍이 선지자 사무엘이 사울에게 한 말입니다.

"사무엘이 이르되 여호와께서 번제와 다른 제사를 그의 목소리를 청종하는 것을 좋아하심 같이 좋아하시겠나이까 순종이 제사보다 낫고 듣는 것이 숫양의 기름보다 나으니"(삼상 15:22)

둘째, 하나님께 겸손한 태도로 진실하게 간구해야 합니다.

"너는 하나님 앞에서 함부로 입을 열지 말며 급한 마음으로 말을 내지 말라"(전 5:2)

우리 주님께서도 제자들에게 기도에 대해 가르쳐주신 내용입니다.

"기도할 때에 이방인과 같이 중언부언하지 말라 그들은 말을 많이 하여야 들으실 줄 생각하느니라"(마 6:7)

....

....

....

....

셋째, 하나님께 서원을 신중히 하고 서원을 했을 경우에는 반
드시 서둘러 지켜야 합니다.

"네가 하나님께 서원하였거든 갚기를 더디게 하지 말라"(전 5:4)

일찍이 모세가 만나세대들에게 한 말입니다.

"네 하나님 여호와께 서원하거든 갚기를 더디하지 말라 네 하나님 여
호와께서 반드시 그것을 네게 요구하시리니 더디면 그것이 네게 죄가
될 것이라"(신 23:21)

모세가 만나세대들에게 그리고 사무엘이 사울에게 부탁했던
그 말을 솔로몬이 우리에게 다시 전해주고 있습니다.

● 세 번째 포인트
하나님 없는 인생은 천 년의 갑절을 산다 할지라도 행복하지 못합
니다.

어떤 것도 헛된 인생을 채울 수는 없습니다. 비록 눈으로 보
는 것이 마음으로 공상하는 것보다 나으나 이것도 헛됩니다.

"눈으로 보는 것이 마음으로 공상하는 것보다 나으나 이것도 헛되어
바람을 잡는 것이로다"(전 6:9)

더 나아가 재물과 부요와 존귀를 가진 자도 행복하지 못합

....

....

....

....

니다.

"어떤 사람은 그의 영혼이 바라는 모든 소원에 부족함이 없어 재물과 부요와 존귀를 하나님께 받았으나 하나님께서 그가 그것을 누리도록 허락하지 아니하셨으므로 다른 사람이 누리나니 이것도 헛되어 악한 병이로다"(전 6:2)

또한 많은 자녀를 둔 자도 그리고 장수한 자도 행복하지 못합니다.

"사람이 비록 백 명의 자녀를 낳고 또 장수하여 사는 날이 많을지라도 그의 영혼은 그러한 행복으로 만족하지 못하고"(전 6:3)

심지어 지혜로운 자도 행복하지 못합니다.

"지혜자가 우매자보다 나은 것이 무엇이냐 살아 있는 자들 앞에서 행할 줄을 아는 가난한 자에게는 무슨 유익이 있는가"(전 6:8)

솔로몬은 천 년의 갑절을 산다 할지라도 사람의 행복이 눈에 보이는 것, 재물의 많고 적음, 자녀, 장수에 있지 않고, 심지어 지혜자라 할지라도 행복할 수 없다고 말합니다.

"그가 비록 천 년의 갑절을 산다 할지라도 행복을 보지 못하면 마침내 다 한 곳으로 돌아가는 것뿐이 아니냐"(전 6:6)

오직 하나님을 경외하고 그 명령을 지키는 자만이 행복하고 만족할 수 있습니다.

사도 바울은 말합니다.

"어떠한 형편에든지 나는 자족하기를 배웠노니"(빌 4:11)

● 네 번째 포인트
참는 마음이 교만한 마음보다 낫습니다.

솔로몬은 '무엇이 무엇보다 낫다'는 비교(compare)를 통해 지혜를 제시합니다.

첫째, 솔로몬은 좋은 이름이 좋은 기름보다 낫다고 말합니다 (전 7:1).

하나님과 사람들로부터 좋은 평판을 얻는 것이 세상의 재물, 명예, 권력을 갖는 것보다 낫습니다.

둘째, 솔로몬은 죽는 날이 출생하는 날보다 낫다고 말합니다 (전 7:1).

온갖 수고와 고통을 벗고 인생을 마감하며 하나님 나라로 가는 것이 수많은 수고의 날, 고통의 날, 죄악으로 가득한 날을 시작하는 것보다 낫습니다.

셋째, 솔로몬은 초상집에 가는 것이 잔칫집에 가는 것보다 낫다고 말합니다.

"초상집에 가는 것이 잔칫집에 가는 것보다 나으니 모든 사람의 끝이 이와 같이 됨이라 산 자는 이것을 그의 마음에 둘지어다"(전 7:2)

지혜자는 인생의 연약함과 한계를 깨닫게 해주는 초상집에 가는 것이 세상의 즐거움을 누리는 잔칫집보다 낫다고 교훈합니다. 누구나 언젠가 반드시 거쳐야 할 죽음을 생각하고 하나님을 의지하며 겸손하게 살 다짐을 초상집에서 하기 때문입니다.

넷째, 솔로몬은 슬픔이 웃음보다 낫다고 말합니다.

"슬픔이 웃음보다 나음은 얼굴에 근심하는 것이 마음에 유익하기 때문이니라 지혜자의 마음은 초상집에 있으되 우매한 자의 마음은 혼인집에 있느니라"(전 7:3~4)

슬픔에 함께 동참함으로 서로에게 위로가 되고 그러면서 인생의 연약함을 깨닫게 되기 때문입니다.

다섯째, 솔로몬은 지혜로운 사람의 책망을 듣는 것이 우매한 자들의 노래를 듣는 것보다 낫다고 말합니다.

"지혜로운 사람의 책망을 듣는 것이 우매한 자들의 노래를 듣는 것보다 나으니라 우매한 자들의 웃음 소리는 솥 밑에서 가시나무가 타는 소리 같으니 이것도 헛되니라"(전 7:5~6)

잘못을 깨닫고 돌이키는 것은 평생에 유익이 됩니다. 우매한 자의 노래를 듣는 것은 순간 타오르는 즐거움이 있지만 곧 사그

라져 없어질 것입니다.

여섯째, 솔로몬은 일의 끝이 시작보다 낫다고 말합니다(전 7:8).

모두들 결의에 차서 시작하지만 끝내 열매를 맺는 사람은 드물기 때문입니다.

일곱째, 솔로몬은 참는 마음이 교만한 마음보다 낫다고 말합니다.

"참는 마음이 교만한 마음보다 나으니 급한 마음으로 노를 발하지 말라 노는 우매한 자들의 품에 머무름이니라"(전 7:8~9)

우리를 이끄시는 하나님의 뜻대로 어려움도 고통도 참고 기다리는 인내의 마음은 결국 모든 것을 이루게 합니다. 그러나 교만은 패망의 선봉이 될 뿐입니다.

여덟째, 솔로몬은 "옛날이 오늘보다 낫다."라고 하지 않아야 한다고 말합니다. 오늘이 옛날보다 낫기 때문입니다.

"옛날이 오늘보다 나은 것이 어찜이냐 하지 말라 이렇게 묻는 것은 지혜가 아니니라"(전 7:10)

과거를 그리워하고, 과거를 생각하며 현실을 외면한다면 아무것도 이룰 수 없는 사람이 될 뿐입니다.

● 다섯 번째 포인트

하나님께서는 인간들의 인생길에 오르막길과 내리막길을 동시에
주셨습니다.

솔로몬은 종말을 생각하는 삶이어야 지혜로운 인생이라고
말합니다.

> "지혜자의 마음은 초상집에 있으되 우매한 자의 마음은 혼인집에 있느
> 니라"(전 7:4)

부요한 사람이든 가난한 사람이든 건강한 사람이든 약한 사
람이든 간에 이 세상 그 누구도 피할 수 없는 것이 죽음입니다.
그래서 솔로몬은 인간의 결국인 죽음을 염두에 두고 오늘 하루
를 살아가기를 권면하고 있습니다.

지혜로운 삶은 인간의 유한함을 인정하는 마음, 곧 자신이 피
조물일 뿐임을 인정하는 마음에서부터 시작됩니다. 여기서 겸손
히 하나님을 인정하고 하나님만을 의지하는 삶이 시작되기 때문
입니다. 인생은 반드시 끝이 있고 언젠가 하나님 앞에 서야만 합
니다. 이 사실을 기억하는 지혜가 어리석음에서 벗어난 삶을 살
도록 이끕니다. 그러므로 교만할 이유도 없고 절망할 이유도 없
습니다.

....

....

....

....

"하나님께서 행하시는 일을 보라 하나님께서 굽게 하신 것을 누가 능히 곧게 하겠느냐 형통한 날에는 기뻐하고 곤고한 날에는 되돌아 보라 이 두 가지를 하나님이 병행하게 하사 사람이 그의 장래 일을 능히 헤아려 알지 못하게 하셨느니라"(전 7:13~14)

하나님께서 행하시는 일을 다 안다고 어느 누가 감히 말할 수 있겠습니까? 하나님께서 구부려 놓으신 것을 누가 펼 수 있겠습니까? 그런데 어리석은 인생들은 종종 하나님의 능력과 손길을 무시하고 그 앞에서 자랑할 뿐 아니라 하나님께서 행하신 일들을 다 안다고 자만하기도 합니다.

인생의 오르막길을 걷고 있는 사람이 인생에는 내리막길도 있음을 생각하지 못하고 형통한 날이 계속될 것처럼 행하는 경우를 보게 됩니다. 그러나 하나님께서는 인생길에 오르막길과 내리막길을 동시에 두셨습니다. 이것이 우리가 교만할 수도, 절망할 수도 없는 이유입니다. 이를 깨달은 솔로몬은 모든 것을 하나님께 맡기며 형통한 날에는 기뻐하고 곤고한 날에는 낙심하지 말라고 권합니다.

....
....
....
....

디저트 DESSERT

솔로몬의 인생에서 최대의 비용을 지출하고 난 후 인생이 무엇인지를 써놓은 책이 바로 〈전도서〉입니다.

솔로몬은 행복한 인생을 살기 위해서

첫째, 선을 행하는 삶을 살며

둘째, 서로 도우며 사는 삶을 살라고 권면합니다.

셋째, 입술을 지키는 사람이 행복하며

넷째, 죽음을 기억하는 사람이 행복하다고 말합니다.

그리고 마지막으로 어느 한쪽에 지나치게 치우치지 않는 사람이 행복한 삶을 살 수 있다고 권면합니다. 솔로몬의 권면을 생각하며 하나님을 경외하는 지혜로운 삶으로 충만하기를 기도합니다.

129일

'헛되다'를 배우다 (전 8~12장)

"헛되고 헛되며 헛되고 헛되니 모든 것이 헛되도다"(전 1:2)라
는 말씀으로 가르침을 시작한 전도자 솔로몬이 이제 그의 마지
막 교훈을 전합니다.

모든 인생은 태어나고 자라고 나이가 들어 노인이 되면 춥지
않아도 몸이 떨리고 허리가 구부러집니다. 일찍이 모세가 "우리
의 연수가 칠십이요 강건하면 팔십"(시 90:10)이라고 말했던 것처
럼 육체는 흙으로 그리고 영혼은 하나님께로 돌아가는 것이 모
든 인생의 마지막입니다. 전도자 솔로몬은 바로 이러한 때가 이

르기 전, 즉 청년의 때에 "창조주 하나님을 기억하라."라고 당부합니다.

성경통독 BIBLETONGDOK

《일년일독 통독성경》 전도서 8~12장

通으로 숲이야기 ; 통숲 TONG OBSERVATION

● 첫 번째 포인트
인간의 한계는 자신의 죽을 날을 피하거나 연기시킬 수 없다는 것입니다.

인간으로서 가장 높은 지위에 올랐고 누릴 수 있는 모든 부귀와 영화도 다 누려본 전도자 솔로몬의 고백은 다름 아닌 '인간은 자신의 죽을 날을 피하거나 연기시킬 수 없다'는 것입니다. 그러므로 인간은 피조물로서 자신의 위치를 깨닫고 자신의 한계를 인정하며 겸손히 인생을 살아야 하는 것입니다. 하나님의 피조물인 인간이 이 세상을 가장 지혜롭게 사는 길은 하나님 앞에 겸손히 그리고 하나님을 경외하며 사는 것입니다.

"사람이 장래 일을 알지 못하나니 장래 일을 가르칠 자가 누구이랴 바람을 주장하여 바람을 움직이게 할 사람도 없고 죽는 날을 주장할 사람도 없으며 전쟁할 때를 모면할 사람도 없으니 악이 그의 주민들을 건져낼 수는 없느니라"(전 8:7~8)

전도자 솔로몬은 인간의 한계를 다음의 세 가지로 정의합니다.

첫째, 인간은 자신이 죽는 날을 알 수 없습니다.

둘째, 인간은 전쟁 때 살 수 있을지 알 수 없습니다.

셋째, 인간은 악으로 인해 하나님의 심판을 피할 수 없다는 것입니다.

그러므로 지혜로운 인생은 인간의 이 한계를 정확하게 알고 창조주 하나님 앞에서 겸손하게 사는 것입니다.

● 두 번째 포인트
악인은 결국 잘되지 못하며 그날이 그림자와 같습니다.

다윗은 악인에 대하여 "바람에 나는 겨와 같도다"(시 1:4)라고 말했는데 솔로몬은 이에 더해 악인이 잘되지 못하는 이유까지 말합니다.

"악인은 잘 되지 못하며 장수하지 못하고 그 날이 그림자와 같으리니 이는 하나님을 경외하지 아니함이니라"(전 8:13)

세상은 마치 불합리한 것으로 가득 찬 것만 같습니다. 악인이 잘되고 의인이 고통받는 일이 허다하게 일어나고 있기 때문입니다. 이런 모습은 모든 사람에게 '하나님이 과연 계시는가'라는 질문을 던지게 합니다. 악인이 계속해서 악을 행하는 이유는 악에 대한 징벌이 속히 이루어지지 않기 때문입니다.

그러나 악을 행할 때마다 징벌이 곧 주어지지 않는다고 해서 악이 옳다거나 징벌이 없는 것이 결코 아닙니다. 성경은 분명히 악인은 그림자와 같이 사라질 것이라고 말합니다. 악에 대한 징벌이 반드시 있고 악인은 결국 망하게 된다는 사실을 아는 것이 지혜입니다.

"주께서 세상의 모든 악인들을 찌꺼기 같이 버리시니 그러므로 내가 주의 증거들을 사랑하나이다"(시 119:119)

"세상 끝에도 이러하리라 천사들이 와서 의인 중에서 악인을 갈라 내어 풀무 불에 던져 넣으리니 거기서 울며 이를 갈리라"(마 13:49~50)

다윗의 고백처럼 의인은 고난이 많으나 하나님께서 모든 고난에서 그를 건져주십니다(시 34:19).

....

....

....

....

● 세 번째 포인트
술 맡은 관원장에게 다시 요셉을 기억나게 하신 분은 바로 살아 계신 하나님이십니다.

허무한 세상에서 행복하고 의미 있게 사는 길은 우리 삶의 주인이신 하나님을 믿는 것입니다. 전도자 솔로몬은 그의 인생 경험을 통해 인생들에게 일어나는 모든 일이 그들 각자의 노력으로 다 되는 것이 아님을 말합니다. 다시 말해 하나님의 도우심과 은혜가 아니면 우리 인간들은 어떤 힘이나 능력으로 행할 수 없다는 것입니다.

"내가 다시 해 아래에서 보니 빠른 경주자들이라고 선착하는 것이 아니며 용사들이라고 전쟁에 승리하는 것이 아니며 지혜자들이라고 음식물을 얻는 것도 아니며 명철자들이라고 재물을 얻는 것도 아니며 지식인들이라고 은총을 입는 것이 아니니 이는 시기와 기회는 그들 모두에게 임함이니라"(전 9:11)

만약 하나님의 도움 없이도 인간의 노력만으로 모든 것을 이룰 수 있다면 우리는 하나님께 도움을 구할 필요가 없습니다. 그러나 성경 속 모든 하나님의 사람들은 그들이 최선을 다하면서도 늘 하나님께 도움을 구했습니다.

예를 들어 2년 동안이나 요셉을 잊어버렸던 애굽 왕 바로의 술 맡은 관원장에게 다시 요셉을 기억나게 하신 분은 바로 살아 계신 하나님이셨습니다. 이 일은 요셉의 노력이 아니라 하나님께서 요셉의 인생에 은혜를 베푸신 것이었습니다.

한편, 다윗이 최선을 다해 블레셋으로부터 그일라 사람들을 구해주었지만 사울 왕을 두려워한 그일라 사람들은 다윗에게 고마움을 전하는 대신 오히려 사울에게 다윗을 밀고해버렸습니다 (삼상 23:5~7). 다윗의 노력만 본다면 이는 정말 억울하기 그지없는 일이었습니다. 그러나 이 일로 말미암아 다윗은 오히려 사람이 아닌 하나님을 더 의지하는 믿음의 사람이 될 수 있었습니다. 그리고 하나님만이 요새이시고 하나님만이 반석이시라는 고백을 드릴 수 있게 되었습니다.

"여호와는 나의 반석이시요 나의 요새시요 나를 건지시는 이시요 나의 하나님이시요 내가 그 안에 피할 나의 바위시요 나의 방패시요 나의 구원의 뿔이시요 나의 산성이시로다"(시 18:2)

결국 솔로몬은 허무한 세상에서 행복하고 의미 있게 사는 길은 인간을 의지하는 것이 아니라 우리 삶의 주인이신 하나님을 믿고 하나님만을 경외하는 것이라고 말합니다.

....

....

....

....

● 네 번째 포인트

10대에는 꿈을 배우고, 20대 청년의 때에는 '헛되다'를 배워야 합니다.

노년에 이른 전도자 솔로몬이 〈전도서〉를 기록한 이유를 밝힙니다. 그것은 바로 '청년의 때'에 '헛되다'를 배운 후 헛되지 않은 삶을 위해 무엇을 해야 할지를 말해주고자 한 것입니다.

"청년이여 네 어린 때를 즐거워하며 네 청년의 날들을 마음에 기뻐하여 마음에 원하는 길들과 네 눈이 보는 대로 행하라 그러나 하나님이 이 모든 일로 말미암아 너를 심판하실 줄 알라 그런즉 근심이 네 마음에서 떠나게 하며 악이 네 몸에서 물러가게 하라 어릴 때와 검은 머리의 시절이 다 헛되니라"(전 11:9~10)

농사짓는 농부가 구름과 바람과 비를 고려하지 않고 파종과 추수를 계획할 수 없듯이 우리 인생들이 하나님의 때를 무시하고 살아갈 수 없습니다. 특히 우리 인생에 있어 청년의 때는 농부가 씨앗을 뿌리는 시기와도 같습니다. 그렇기에 특히 청년들은 씨앗을 뿌리는 심정으로 정성을 다하여 하나님의 뜻을 위해 근신하며 악을 멀리해야 하는 것입니다.

솔로몬은 청년의 때에 어떠한 삶을 살아야 하는지 구체적인 방법을 제시해줍니다.

첫째, 청년의 때에는 이웃에게 선을 베푸는 삶을 살아야 합니다.

"일곱에게나 여덟에게 나눠 줄지어다 무슨 재앙이 땅에 임할는지 네가 알지 못함이니라"(전 11:2)

살면서 어떤 일이 닥칠지 어느 누구도 알지 못합니다. 그러므로 예상치 못한 어려움들을 극복하기 위해서는 미리미리 이웃들에게 선을 베풀며 살아가야 합니다. 이후에 그 선은 다시 도움으로 돌아오기 때문입니다.

둘째, 청년의 때에는 하나님을 의지하는 삶을 살아야 합니다.

"바람의 길이 어떠함과 아이 밴 자의 태에서 뼈가 어떻게 자라는지를 네가 알지 못함 같이 만사를 성취하시는 하나님의 일을 네가 알지 못하느니라"(전 11:5)

청년의 때에는 인간의 한계와 무지를 생각하며 하나님의 섭리를 믿고 의지하며 하나님 앞에서 겸손히 살아야 합니다. 지혜로운 사람은 피조물 된 자신의 유한함을 알고 있는 사람입니다. 그러므로 유한한 자신을 영원한 하나님께 의탁하는 것이 지혜입니다.

셋째, 청년의 때에는 성실하게 최선을 다하는 삶을 살아야 합니다.

"너는 아침에 씨를 뿌리고 저녁에도 손을 놓지 말라 이것이 잘 될는지, 저것이 잘 될는지, 혹 둘이 다 잘 될는지 알지 못함이니라"(전 11:6)

청년의 때에는 농부의 부지런한 삶을 생각하며 일상의 삶을 성실하게 그리고 충실하게 살 것을 잊지 말아야 합니다.

넷째, 청년의 때에는 즐겁게 살아야 합니다.

"사람이 여러 해를 살면 항상 즐거워할지로다 그러나 캄캄한 날들이 많으리니 그 날들을 생각할지로다 다가올 일은 다 헛되도다"(전 11:8)

하나님이 주신 삶을 기쁘게 즐기며 사는 것은 당연한 일입니다. 언젠가는 고통의 날도 있고 죽음의 날도 있겠지만 하나님을 의지하고 경외하며 하루하루를 즐겁고 감사하게 사는 것이 인간의 본분입니다. 그러므로 10대에는 꿈을 배우고 20대 청년의 때에는 솔로몬의 값비싼 조언대로 '헛되다'를 배워야 합니다. 그래야 헛되지 않은 삶을 살 수 있습니다.

● 다섯 번째 포인트
하나님께서는 인생들의 모든 행위와 모든 은밀한 일을 선악 간에 심판하십니다.

"헛되고 헛되며 헛되고 헛되니 모든 것이 헛되도다"(전 1:2)라

....

....

....

....

는 말씀으로 그의 가르침을 시작했던 전도자 솔로몬이 마지막 교훈을 전합니다. 일생을 한걸음으로 달려와 그 끝에 다다른 전도자가 젊은이들을 향해 마지막으로 전하는 사랑 어린 당부의 말은 다른 것이 아닙니다. 인생의 허무함과 그 헛됨이 어떠한지를 알았으니 이제 하나님을 경외하라는 것입니다. 인생의 모든 것을 보시는 하나님께서 선한 것이든 악한 것이든 은밀한 일을 다 심판하신다는 것입니다.

그러므로 전도자 솔로몬은 곤고한 날이 이르기 전에 하나님을 기억하라고 말합니다(전 12:1~5).

곤고한 날, 노년이 되면 "집을 지키는 자들이 떨 것이며" 손발이 떨릴 정도로 힘이 없을 것입니다. "힘 있는 자들이 구부러질 것이며" 힘이 사라지고 몸이 구부러집니다. "맷돌질 하는 자들이 적으므로 그칠 것이며" 치아도 얼마 남지 않습니다. "창들로 내다보는 자가 어두워질 것이며" 눈이 어두워집니다. "길거리 문들이 닫힐 것이며" 다니지 못하고 음식도 많이 먹지 못합니다. "맷돌 소리가 적어질 것이며" 귀가 어두워집니다. "새의 소리로 말미암아 일어날 것이며" 아침 새소리에도 잠을 깹니다. "음악하는 여자들은 다 쇠하여질 것이며" 목소리도 약해집니다. "높은 곳을 두려워할 것이며 길에서는 놀랄 것이며" 두려움이 많아

집니다. "살구나무가 꽃이 필 것이며" 머리가 백발이 됩니다. "메뚜기도 짐이 될 것이며 정욕이 그치리니" 육신이 쇠약해집니다. "사람이 자기의 영원한 집으로 돌아가고 조문객들이 거리로 왕래하게 됨이니라" 결국 죽음을 맞이하게 됩니다.

이렇게 유한한 인생이기에 우리는 시간을 낭비하지 말고 주어진 생을 지혜롭게 살아야 합니다. 솔로몬은 그 지혜가 바로 '청년의 때부터 창조주를 기억하는 것'이라고 마지막으로 힘주어 말합니다.

디저트 DESSERT

너무나 값비싼 대가를 치르며 인생을 자세히 살핀 솔로몬이 〈전도서〉 마지막에서 마침표를 찍어내는 결론을 말합니다. 그것은 청년의 때에 창조주 하나님을 기억하고 경외하며 하나님께서 주신 명령을 지켜 행하라는 것입니다.

후회란 아무리 빨라도 늦는 법입니다. 그러므로 한 살이라도 젊었을 때에 모든 행위와 모든 일을 심판하실 하나님을 기억해야 하는 것입니다. 이것이 지혜로운 인생입니다.

*130*일
의인의 고난 (욥 1~3장)

　　의인 욥을 향한 사탄의 시험이 시작되면서 욥은 모든 것을 잃게 됩니다. 그러나 욥은 여전히 하나님을 믿고 신뢰합니다. 〈욥기〉의 배경은 족장 시대로 〈창세기〉와 그 시대적 배경이 같으나 성경 전체의 흐름상 다른 '시가서'들과 함께 읽는 것이 더 자연스럽습니다. 성경 전체에 면면히 흐르는 주제인 의인의 고난이 이제 욥의 경우를 통해 눈앞의 문제로 대두됩니다.

　　욥은 "온전하고 정직하여 하나님을 경외하며 악에서 떠난 자"(욥 1:1)라는 평가를 받던 사람입니다. 그런데 그에게 난데없이

....

....

....

....

큰 슬픔의 사건이 벌어집니다. 모든 재산이 한순간에 날아가고 자식들마저 한날한시에 모두 죽고 맙니다. 또한 사탄은 욥의 발바닥에서 정수리까지 악성 종기가 나게 합니다.

이미 인내의 한계를 드러낸 욥의 아내는 욥에게 "당신이 그래도 자기의 온전함을 굳게 지키느냐 하나님을 욕하고 죽으라"(욥 2:9)라고 말합니다. 그러나 욥은 하나님께 복을 받은 사람은 하나님께 재앙도 받을 수 있다고 말하며 자신의 험악한 현실을 받아들입니다. 성경은 "이 모든 일에 욥이 입술로 범죄하지 아니하니라"(욥 2:10)라고 기록합니다.

성경통독 BIBLETONGDOK

《일년일독 통독성경》 욥기 1~3장

통通으로 숲이야기 ; 통숲 TONG OBSERVATION

● 첫 번째 포인트
〈욥기〉는 동서고금을 막론하고 가장 위대한 '시'이자 '희곡'으로 평가받습니다.

....

....

....

....

먼저 문학작품으로서의 〈욥기〉에 대한 작가들의 찬사를 살펴보겠습니다. 《레 미제라블 *Les Misérables*》의 작가 빅토르 위고는 "〈욥기〉야말로 인간 지성의 가장 위대한 걸작품일 것이다"라고 평가했습니다. 토마스 칼라일은 "성경 안이든 밖이든 〈욥기〉와 같은 문학적 업적을 남긴 작품은 지금까지 없었다"라고 말합니다. 딘 브레드리는 "〈욥기〉는 성경에서 독보적인 책이며 세상의 문학작품 중에서 영감을 받은 히브리 시의 꽃으로 우뚝 솟아 있다"라고 말했습니다. 알프레드 로드 테니슨은 "〈욥기〉는 고대와 현대문학을 막론하고 가장 위대한 시"라고 평가했습니다. 그리고 종교개혁자 마르틴 루터는 "〈욥기〉는 성경의 어떤 다른 책들보다 웅장하고 숭고하다"라고 평가했습니다.

〈욥기〉는 욥과 욥의 세 친구들과의 대화, 그리고 그들의 논쟁이 주 내용입니다. 대화체인 〈욥기〉는 셰익스피어 희곡의 교과서였다고 합니다. 욥과 친구들과의 대화체 글인 〈욥기〉는 '희곡'이라는 문학 장르의 원조입니다. 그 희곡을 세상에서 가장 월등하게 소화한 작가가 바로 셰익스피어인데 영국의 엘리자베스 1세 여왕이 다스리던 16세기에 셰익스피어는 그 어느 작가들보다 성경을 가장 많이 인용한 작가였다고 합니다. 이렇게 〈욥기〉는 동서고금을 막론하고 가장 위대한 '시'이자 '희곡'이라는 문학

장르의 시작으로 평가됩니다.

〈욥기〉의 가치는 다음 세 가지로 정리할 수 있습니다.

첫째, 〈욥기〉는 무대를 하늘과 땅으로 웅장하게 다룹니다.

둘째, 〈욥기〉는 인생들의 영원한 주제인 '인생의 고통'을 다룹니다.

셋째, 〈욥기〉는 욥과 세 친구들의 '대화'를 통해 주제를 전달합니다.

〈욥기〉에는 욥의 질문과 하나님의 질문이 많이 들어 있습니다. 사복음서의 '질문과 답 이야기'처럼 〈욥기〉에도 '질문과 답'이 풍성히 들어 있습니다. 그래서 그 질문과 답을 이루기 위한 논쟁들이 많이 있는 것입니다.

논쟁은 '말이나 글로 논하여(論) 다투는 것(爭)'을 말하는데 '디베이트(debate)' 혹은 '아규먼트(argument)'라고 합니다. 논쟁은 서로 다른 생각을 가진 사람들이 자기의 생각을 글이나 말로 따지는 것으로 지성인들이 즐기는 최고의 대화의 기술이라 할 수 있습니다. 수천 년 전에 기록된 하나님의 말씀이자 고전인 〈욥기〉의 논쟁은 오늘날의 어떤 논쟁들과도 비교해서 전혀 손색이 없는 월등한 논쟁으로, 논쟁의 '클래식'이라 할 수 있습니다.

● 두 번째 포인트

하나님의 자랑은 은도 금도 아닌 '당신의 종'입니다.

하나님께서 욥을 자랑하십니다.

"내 종 욥을 주의하여 보았느냐"(욥 1:8)

하나님께서 친히 '내 종'이라고 불러준 사람은 정말 손에 꼽힐 만큼 적습니다. 앞서 한번 살펴본 대로 하나님께서 친히 '내 종'이라고 불러주신 사람들은 다음과 같습니다.

첫째, 내 종 모세입니다.

"내 종 모세와는 그렇지 아니하니 그는 내 온 집에 충성함이라"(민 12:7)

둘째, 내 종 갈렙입니다.

"내 종 갈렙은 그 마음이 그들과 달라서 나를 온전히 따랐은즉 그가 갔던 땅으로 내가 그를 인도하여 들이리니 그의 자손이 그 땅을 차지하리라"(민 14:24)

셋째, 내 종 다윗입니다.

"내 종 다윗이 행함 같이 내 율례와 명령을 지키면"(왕상 11:38)

넷째, 하나님의 종 예수 그리스도입니다.

"우리 조상의 하나님이 그의 종 예수를 영화롭게 하셨느니라"(행 3:13)

그리고 예수 그리스도의 종 바울도 있습니다.

....

....

....

....

"예수 그리스도의 종 바울은 사도로 부르심을 받아 하나님의 복음을 위하여 택정함을 입었으니"(롬 1:1)

그런데 욥이 바로 '내 종'으로 하나님의 종의 범주에 포함된 영광을 누린 것입니다. 욥은 온전하고 정직하여 하나님을 경외하는 자, 그리고 악에서 떠난 자였습니다. 욥의 가족은 부인과 아들 일곱 명, 딸 세 명이었고, 욥은 종과 가축이 많은 부유한 자로 양 7천, 낙타 3천, 소 500겨리, 암나귀 500마리를 소유하고 있었습니다. 욥은 자녀들이 죄를 범했을 가능성까지 염두에 두고 늘 하나님께 제사를 드리는 신앙인이었습니다.

"그들이 차례대로 잔치를 끝내면 욥이 그들을 불러다가 성결하게 하되 아침에 일어나서 그들의 명수대로 번제를 드렸으니 이는 욥이 말하기를 혹시 내 아들들이 죄를 범하여 마음으로 하나님을 욕되게 하였을까 함이라 욥의 행위가 항상 이러하였더라"(욥 1:5)

한편 우리가 〈욥기〉를 시가서와 함께 읽지만 욥을 아브라함, 이삭, 야곱, 요셉과 같은 족장 시대의 사람으로 추정하는 이유는 다음과 같습니다.

첫째, 족장 시대에는 재산을 가축으로 평가했었습니다.

"이에 그 사람(야곱)이 매우 번창하여 양 떼와 노비와 낙타와 나귀가 많았더라"(창 30:43)

둘째, 욥이 아브라함처럼 제사를 직접 드렸습니다.

"아브라함이 가서 그 숫양을 가져다가 아들을 대신하여 번제로 드렸더라"(창 22:13)

셋째, 족장 시대 때 하나님을 지칭하는 대표적인 명칭인 '엘 샤다이(전능하신 하나님)'가 〈욥기〉에 주로 사용되었기 때문입니다.

한편, 〈욥기〉에는 시작부터 사탄의 시험이 나옵니다. 사탄이 욥을 시험한 이유는 다음과 같습니다.

첫째, 하나님께서 '내 종' 욥을 칭찬하시며 자랑하셨습니다. 사탄이 이를 파고들었기 때문입니다.

"네가 내 종 욥을 주의하여 보았느냐 그와 같이 온전하고 정직하여 하나님을 경외하며 악에서 떠난 자는 세상에 없느니라"(욥 1:8)

둘째, 욥이 하나님께 많은 복을 받았기에 하나님을 경외하는 것이라고 사탄이 반론을 제기했기 때문입니다.

"이제 주의 손을 펴서 그의 모든 소유물을 치소서 그리하시면 틀림없이 주를 향하여 욕하지 않겠나이까"(욥 1:11)

셋째, 하나님께서 사탄의 시험을 허락하셨기 때문입니다.

"여호와께서 사탄에게 이르시되 내가 그의 소유물을 다 네 손에 맡기노라 다만 그의 몸에는 네 손을 대지 말지니라"(욥 1:12)

● 세 번째 포인트

욥을 향한 사탄의 1차 시험 후, 욥에 대한 하나님의 자랑은 더 커지십니다.

욥을 향한 사탄의 1차 시험과 욥의 신앙고백으로 욥은 하나님의 종이며 하나님의 자랑이라는 사실이 더욱 드러납니다. '사탄'이란 말의 뜻은 하나님의 인격과 계획, 그리고 땅에 있는 하나님의 백성을 대항하는 '대적자'를 의미합니다. 사탄이 단지 악한 세력만이 아니라 하나의 인격임을 알 수 있습니다. 즉, 사탄은 하나님과 대화함으로써 그의 지성을 보여줍니다. 사탄의 감정은 욥에 대한 적대감으로 나타납니다. 그리고 사탄은 욥을 파멸시키고 하나님의 뜻을 훼방할 것을 계획함으로써 그의 의지도 보여주고 있습니다.

그러나 사탄의 모든 행동은 하나님의 절대적인 통제하에 있을 뿐입니다. 그러므로 하나님의 자녀인 우리는 결코 사탄의 횡포 앞에 두려워할 이유가 없습니다.

"세상에서는 너희가 환난을 당하나 담대하라 내가 세상을 이기었노라"
(요 16:33)

위에서 언급한 이유대로 드디어 욥을 향한 사탄의 1차 시험이 시작됩니다. 그 과정은 다음과 같습니다.

첫째, 스바 사람이 갑자기 공격해서 욥의 소와 나귀를 빼앗고 종들을 죽입니다.

"스바 사람이 갑자기 이르러 그것들을 빼앗고 칼로 종들을 죽였나이다"(욥 1:15)

둘째, 하나님의 불로 양과 종들이 죽습니다.

"하나님의 불이 하늘에서 떨어져서 양과 종들을 살라 버렸나이다"(욥 1:16)

셋째, 갈대아 사람의 공격으로 낙타와 종들이 죽습니다.

"갈대아 사람이 세 무리를 지어 갑자기 낙타에게 달려들어 그것을 빼앗으며 칼로 종들을 죽였나이다"(욥 1:17)

넷째, 큰 바람으로 욥의 자녀들이 모두 죽고 욥의 집이 무너집니다.

"거친 들에서 큰 바람이 와서 집 네 모퉁이를 치매 그 청년들 위에 무너지므로 그들이 죽었나이다"(욥 1:19)

이 모든 일은 졸지에 갑자기 연쇄적으로 일어난 일들이었습니다. 이 끔찍한 재난과 고난 가운데 놀랍게도 욥이 원망 대신 하나님 앞에 자신의 신앙을 고백합니다.

"내가 모태에서 알몸으로 나왔사온즉 또한 알몸이 그리로 돌아가올지라 주신 이도 여호와시요 거두신 이도 여호와시오니 여호와의 이름이 찬송을 받으실지니이다 하고 이 모든 일에 욥이 범죄하지 아니하고 하나님을 향하여 원망하지 아니하니라"(욥 1:21~22)

그러면서 욥이 자기 앞에 놓인 고난에 대해 다음과 같은 자세를 취합니다.

첫째, 겉옷을 찢고 머리털을 밀고 땅에 엎드려 예배합니다(욥 1:20). 이는 욥의 극심한 슬픔을 나타내는 행동이면서 신앙인의 자세를 지킨 행동입니다.

둘째, 주신 이도 하나님이시고 거두신 이도 하나님이심을 고백하며 그 하나님을 찬양합니다(욥 1:21). 이를 통해 하나님의 자랑인 욥이 하나님의 더 큰 자랑이 됩니다.

어떠한 형편에 처하든지 하나님을 의지하고 하나님을 찬양하는 것이 하나님의 자녀 된 자의 본분입니다.

"이 백성은 내가 나를 위하여 지었나니 나를 찬송하게 하려 함이니라"(사 43:21)

"찬송하리로다 그는 우리 주 예수 그리스도의 하나님이시요 자비의 아버지시요 모든 위로의 하나님이시며 우리의 모든 환난 중에서 우리를 위로하사 우리로 하여금 하나님께 받는 위로로써 모든 환난 중에 있는 자들을 능히 위로하게 하시는 이시로다"(고후 1:3~4)

....

....

....

....

셋째, 욥은 이 모든 일에 범죄하지 아니하고 하나님을 향하여 원망하지 않습니다(욥 1:22).

이로써 사탄의 예측은 전적으로 틀린 것이 됩니다. 사탄의 예측은 "이제 주의 손을 펴서 그의 모든 소유물을 치소서 그리하시면 틀림없이 주를 향하여 욕하지 않겠나이까"(욥 1:11)였습니다. 그러나 사탄의 이 시험에도 욥은 범죄하지 아니하고 하나님을 향하여 원망하지 아니하므로 이깁니다(욥 1:22).

● 네 번째 포인트
욥을 향한 사탄의 2차 시험 후, 욥의 아내는 떠나고 세 친구가 찾아옵니다.

일찍이 하나님께서 아브라함에게 아들 이삭을 바치라고 하셨던 모리아산 번제 요구는 정말 쉽지 않은 시험이었습니다. 물론 실제 죽음으로 가지 않고 시험으로 끝난 일이었지만 시험을 통과하기까지는 정말 쉽지 않았습니다. 그런데 하나님께서는 견디기 힘들 만큼 어려운 1차 시험을 치른 욥에게 2차 시험까지도 치르게 하십니다. 사탄의 2차 시험의 과정은 다음과 같습니다.

첫째, 하나님께서 사탄에게 1차 시험을 통과한 욥을 칭찬하

....

....

....

....

며 자랑하십니다.

"여호와께서 사탄에게 이르시되 네가 내 종 욥을 주의하여 보았느냐 그와 같이 온전하고 정직하여 하나님을 경외하며 악에서 떠난 자가 세상에 없느니라 네가 나를 충동하여 까닭 없이 그를 치게 하였어도 그가 여전히 자기의 온전함을 굳게 지켰느니라"(욥 2:3)

둘째, 그러자 사탄이 욥 자신의 육신이 아프면 결국은 범죄할 것이라고 반론을 제기합니다.

"이제 주의 손을 펴서 그의 뼈와 살을 치소서 그리하시면 틀림없이 주를 향하여 욕하지 않겠나이까"(욥 2:5)

셋째, 하나님께서 사탄의 2차 시험을 허락하십니다.

"내가 그를 네 손에 맡기노라 다만 그의 생명은 해하지 말지니라"(욥 2:6)

마침내 사탄의 2차 시험이 시작됩니다.

"사탄이 이에 여호와 앞에서 물러가서 욥을 쳐서 그의 발바닥에서 정수리까지 종기가 나게 한지라"(욥 2:7)

사탄이 욥에게 종기가 나게 하여 심히 괴롭힙니다. 이때의 '종기'는 악성 피부병 가운데에서도 최악의 증상을 말합니다(레 13:18~23). 출애굽 당시 애굽에 내려졌던 피부병인 '애굽의 종기'를 말하기도 합니다(출 9:9~11; 신 28:27).

이 증상은 심하게 악취가 날 뿐더러 상처로 인하여 얼굴이 달라져서 누구인지 구별하기도 어렵게 됩니다. 발바닥에서 정수리까지 욥에게 온통 고통이 배어 나왔습니다. 그럼에도 불구하고 욥은 끝내 하나님을 원망하지 않습니다. 그러나 욥의 아내는 사탄의 시험에 넘어가고 맙니다.

"그의 아내가 그에게 이르되 당신이 그래도 자기의 온전함을 굳게 지키느냐 하나님을 욕하고 죽으라 그가 이르되 그대의 말이 한 어리석은 여자의 말 같도다 우리가 하나님께 복을 받았은즉 화도 받지 아니하겠느냐 하고 이 모든 일에 욥이 입술로 범죄하지 아니하니라"(욥 2:9~10)

욥의 아내는 욥을 버리고 떠나고, 바로 그때 욥의 세 친구가 욥을 찾아옵니다.

"그 때에 욥의 친구 세 사람이 이 모든 재앙이 그에게 내렸다 함을 듣고 각각 자기 지역에서부터 이르렀으니 곧 데만 사람 엘리바스와 수아 사람 빌닷과 나아마 사람 소발이라 그들이 욥을 위문하고 위로하려 하여 서로 약속하고 오더니"(욥 2:11)

● 다섯 번째 포인트
욥의 세 가지 탄식으로 세 친구와 논쟁이 시작됩니다.

욥의 세 친구는 7일 동안 욥과 함께 울고 침묵으로 아파합

....
....
....
....

니다.

"눈을 들어 멀리 보매 그가 욥인 줄 알기 어렵게 되었으므로 그들이 일

제히 소리 질러 울며 각각 자기의 겉옷을 찢고 하늘을 향하여 티끌을

날려 자기 머리에 뿌리고 밤낮 칠 일 동안 그와 함께 땅에 앉았으나 욥

의 고통이 심함을 보므로 그에게 한마디도 말하는 자가 없었더라"(욥

2:12~13)

욥의 세 친구는 에돔의 성읍 데만 사람 엘리바스, 수아 사람

빌닷, 그리고 나아마 사람 소발이었습니다. 7일 후, 욥이 친구들

앞에 세 가지를 먼저 탄식합니다.

첫째, 욥이 자기의 생일을 저주하고 탄식합니다.

"그 후에 욥이 입을 열어 자기의 생일을 저주하니라"(욥 3:1)

둘째, 욥이 죽음을 원하며 탄식합니다.

"어찌하여 내가 태에서 죽어 나오지 아니하였던가"(욥 3:11)

욥이 생각하는 죽음 이후의 삶은 '평안한 곳'이었습니다.

"내가 평안히 누워서 자고 쉬었을 것이니"(욥 3:13)

그리고 '죄악도 고통도 압제도 없는 곳'이었습니다.

"거기서는 악한 자가 소요를 그치며 거기서는 피곤한 자가 쉼을 얻으

며 거기서는 갇힌 자가 다 함께 평안히 있어 감독자의 호통 소리를 듣

지 아니하며"(욥 3:17~18)

....

....

....

....

또한 그곳은 '차별이 없이 누구나 가는 곳'이었습니다.

"거기서는 작은 자와 큰 자가 함께 있고 종이 상전에게서 놓이느니라"

(욥 3:19)

셋째, 욥은 하나님의 섭리에 의문을 가지며 탄식합니다. 욥은 자신의 고난에 대해 하나님 앞에 먼저 죽음을 갈구하며 그 고통 속에서 자신의 삶을 연장시키시는 하나님께 의문을 갖습니다.

"하나님에게 둘러 싸여 길이 아득한 사람에게 어찌하여 빛을 주셨는고"(욥 3:23)

사실 하나님께서는 욥의 이 탄식에 귀 기울이시며 욥의 세 친구들보다 훨씬 더 진심으로 욥의 고난에 함께하고 계십니다. 그리고 정금같이 단련될 욥을 응원하고 계십니다.

디저트 DESSERT

삶의 고난과 고통의 무게로 인해 절망의 끝에 다다른 이들이 살아갈 힘과 이유를 잃어버리는 경우들을 종종 보게 됩니다. 욥의 경우도 그러합니다. 가족과 재산 그리고 자신의 건강마저 잃어버리고 영혼 깊이 절규하고 있는 욥, 그는 자신의 출생을 저주하며 죽음까지 생각합니다. 그러나 욥이 아직 깨닫지 못하는 분

명한 것이 있습니다. 욥이 처한 고통의 자리에 하나님께서 함께
하신다는 사실입니다. 어떤 순간에도 하나님께서 늘 함께하신다
는 사실, 그 하나만으로도 우리는 닥쳐오는 어려움에도 불구하
고 소중한 삶을 살아갈 힘과 분명한 이유를 갖습니다.

....

....

....

....

*131*일
엘리바스의 책망 (욥 4~7장)

욥이 당한 환난의 소식을 듣고 찾아온 세 명의 친구들이 처음에는 욥의 처참한 상황을 보고 슬퍼합니다. 그들은 욥의 곤고함이 너무나 극심한 것을 보고 차마 위로로 할 말을 찾지 못한 채 일주일의 시간을 보냅니다. 그런데 일주일이 지난 후 욥이 먼저 입을 열었습니다. 그러자 엘리바스가 입을 열기 시작합니다. 문제는 엘리바스의 말들이 욥에게 위로가 되지 못했다는 것입니다.

사실 친구들이 찾아왔을 때, 일주일 만에 욥은 친구들에게 마음속 깊은 이야기들을 털어놓았습니다.

....
....
....
....

그러나 욥의 친구들은 심히 곤고한 상황에 처한 욥을 감싸주기보다는 아픈 말로 욥의 고난을 가중시켰습니다. 그러자 욥은 친구들을 향해 자신을 방어합니다. 엘리바스의 말에 대해 반박을 하면서 욥의 가슴은 더욱 답답했을 것입니다.

결국 욥은 하나님을 향해 자신의 비통함을 표현합니다. 그리고 자신에게 닥친 고난 속에서 구원해주시기를 간절히 호소합니다.

성경통독 BIBLETONGDOK

《일년일독 통독성경》 욥기 4~7장

通으로 숲이야기 ; 통숲 TONG OBSERVATION

● 첫 번째 포인트
욥은 자신의 '고난의 원인'을 놓고 세 번에 걸쳐 논쟁합니다.

욥과 세 친구의 첫 번째 논쟁은 욥기 4장에서 14장까지입니다. 첫 번째 논쟁에서는 친구들이 욥에게 '위로자'가 되어 동정 어린 태도로 욥의 회개를 촉구합니다. 그러나 결론은, 욥이 더 아파합니다. 욥과 세 친구의 두 번째 논쟁은 욥기 15장에서 21장까지입니다. 두 번째 논쟁부터 친구들은 욥에게 '정죄자'이자 '비방자'의 자세로 더욱 욥을 정죄합니다. 이어지는 결론은, 욥이 하늘의 하나님께 눈물을 흘립니다. 그리고 세 번째 논쟁은 욥기 22장에서 26장까지입니다. 세 번째 논쟁에서 욥의 친구들은 더욱더 욥을 정죄합니다. 그런 가운데 욥이 오히려 풀무불의 순금같이 단련됩니다.

그런데 욥의 세 친구의 주장을 가만히 보면 모든 일에는 원인이 있고 원인 없이 어떤 결과도 일어나지 않는다는 인과율(causality)에서 한 치도 벗어나지 못한 말들을 하고 있습니다. 즉 욥의 세 친구의 논쟁점은 모두 인과율에 근거하여 욥의 고난은 분명 하나님 앞에 행한 잘못에 그 원인이 있을 것이라는 전제였습니다.

바로 이 말에 욥이 동의하지 않았던 것입니다. 사실 욥에게 인과율에 대한 질문은 이미 끝난 상태입니다. 오히려 욥의 마음에는 하나님을 향해 인과율 그 이상의 '왜?'라는 수많은 질문들이 들어 있습니다. 이후에 보면 하나님께서는 욥의 그 탄식과 질문에 대해 '하나님의 질문으로 답'을 해주십니다(욥 38~41장).

....
....
....
....

● 두 번째 포인트

욥의 탄식에 대해 먼저 엘리바스가 책망합니다.

욥의 탄식에 대해 세 친구 가운데 에돔 인근 지역인 데만 사람 엘리바스가 가장 먼저 입을 열어 말하기 시작합니다.

"이제 이 일이 네게 이르매 네가 힘들어 하고 이 일이 네게 닥치매 네가 놀라는구나 네 경외함이 네 자랑이 아니냐 네 소망이 네 온전한 길이 아니냐"(욥 4:5~6)

엘리바스는 이전에 여러 사람을 훈계하고 도움을 주었던 욥이 이제 자신의 고난 앞에서 힘들어함은 하나님을 향한 경외와 소망을 잃은 것이라고 책망합니다. 욥의 지난날의 삶은 엘리바스의 증언대로 하나님과 모든 사람에게 인정받는 삶이었습니다. 욥은 "온전하고 정직하여 하나님을 경외하며 악에서 떠난 자"(욥 1:8)라는 평가를 받았습니다.

또한 욥의 삶은 약한 자를 돌아보고 사랑하는 삶이었습니다. 그런데 그러한 욥이 고난을 당하게 되자 욥의 친구 엘리바스가 고통 가운데 탄식하는 욥을 보며 오히려 책망하고 있는 것입니다. 친구를 위로하겠다고 먼 길을 달려와 준 것까지는 참 고마운 일이지만 이러한 엘리바스의 자세는 참으로 안타까움 그 자체가 아닐 수 없습니다.

● 세 번째 포인트
엘리바스는 '욥의 고난'을 인과율적으로 해석하며 회개하라고 주장합니다.

엘리바스는 욥의 고난의 원인이 그의 죄 때문이라고 주장합니다.

"내가 보건대 악을 밭 갈고 독을 뿌리는 자는 그대로 거두나니"(욥 4:8)

이는 인과율적 해석으로, 하나님의 긍휼과 섭리는 생각하지 않은 것이었습니다. '인과율(causality)'이란 태초에 하나님이 천지를 창조하심으로 시작한 피조물의 세계, 즉 콩 심은 데 콩 나고 팥 심은 데 팥 난다는 것입니다. 그런데 하나님께서는 인과율로만 세계를 다스리는 것이 아닌 창조에 속하지 아니한, 즉 창세전 예정과 섭리로 통치하십니다. 그러므로 성경에서 하나님의 예정, 섭리, 은혜, 긍휼은 인과율을 능가합니다.

"여호와 하나님이 아담과 그의 아내를 위하여 가죽옷을 지어 입히시니라"(창 3:21)

"보라 내가 너를 연단하였으나 은처럼 하지 아니하고 너를 고난의 풀

무 불에서 택하였노라"(사 48:10)

"사랑하는 자들아 너희를 연단하려고 오는 불 시험을 이상한 일 당하는 것 같이 이상히 여기지 말고 오히려 너희가 그리스도의 고난에 참여하는 것으로 즐거워하라 이는 그의 영광을 나타내실 때에 너희로 즐거워하고 기뻐하게 하려 함이라"(벧전 4:12~13)

다시 엘리바스의 말이 이어집니다.

"생각하여 보라 죄 없이 망한 자가 누구인가 정직한 자의 끊어짐이 어디 있는가"(욥 4:7)

갑자기 닥친 재난으로 인해 무너지고 있는 욥에게 엘리바스는 죄 없이는 망할 수 없다며 욥을 정죄하고 있습니다. 욥이 그동안 타인들에게 얼마나 본이 되는 훌륭한 삶을 살아왔는지를 알고 있으면서도 지금 현재 눈에 보이는 그의 처절한 모습을 보니 자신의 이전 판단에 뭔가 착오가 있었다고 생각한 것입니다.

엘리바스의 이 의심은 곧 자신만의 확신이 되었고, 자신의 확신에 근거하여 사실 관계까지 덮어버린 채 욥을 정죄하기에 이른 것입니다. 사람을 향한 믿음과 신뢰라는 것이 얼마나 얕고 연약한 것인지 보게 됩니다. 엘리바스는 자신의 주장을 뒷받침하기 위해 자신이 본 환상을 하나님의 계시로까지 소개합니다. 그리고 그 환상으로 신적 권위를 더해서 욥을 깨우치려 합니다.

"어떤 말씀이 내게 가만히 이르고 그 가느다란 소리가 내 귀에 들렸었나니 … 그 때에 영이 내 앞으로 지나매 내 몸에 털이 주뼛하였느니라"(욥 4:12~15)

엘리바스의 말인즉 첫째, '인생은 의롭지 못하다'는 것입니다.

"사람이 어찌 하나님보다 의롭겠느냐 사람이 어찌 그 창조하신 이보다 깨끗하겠느냐"(욥 4:17)

둘째, '인생은 연약하다'는 것입니다.

"하물며 흙 집에 살며 티끌로 터를 삼고 하루살이 앞에서라도 무너질 자이겠느냐"(욥 4:19)

셋째, '인생에는 한계가 있다'는 것입니다.

"아침과 저녁 사이에 부스러져 가루가 되며 영원히 사라지되 기억하는 자가 없으리라 장막 줄이 그들에게서 뽑히지 아니하겠느냐 그들은 지혜가 없이 죽느니라"(욥 4:20~21)

그러나 엘리바스의 이 모든 이야기는 자신의 주관적인 견해를 마치 하나님의 계시인 양 이야기한 것일 뿐입니다. 엘리바스는 욥이 당한 고통을 바르게 해석하지 못하고 다만 욥을 정죄하고 있습니다. 결국 엘리바스의 주장은 "욥이여, 하나님을 의뢰하고 회개하라!"는 것입니다.

다음 이어지는 말도 엘리바스의 말입니다. 이 말은 하나님께

....

....

....

....

서 주신 말씀이 아닙니다. 다시 말하건대 엘리바스의 '쓸데없는 말'입니다. 이런 구절에는 밑줄 치면 참 곤란해집니다.

"나라면 하나님을 찾겠고 내 일을 하나님께 의탁하리라"(욥 5:8)

"볼지어다 하나님께 징계 받는 자에게는 복이 있나니 그런즉 너는 전능자의 징계를 업신여기지 말지니라 하나님은 아프게 하시다가 싸매시며 상하게 하시다가 그의 손으로 고치시나니"(욥 5:17~18)

엘리바스는 자신의 목소리를 줄이지 않고 끝까지 자기의 생각 안에 욥을 가둬 두려고 했고 결과적으로 욥을 설득하지 못한 채 상처만 안겨주었습니다.

내가 쌓은 폭넓은 지식과 경험, 그리고 지혜가 상대방에게 큰 도움을 줄 수 있습니다. 그러나 때로는 그것들이 상대방을 더욱 힘들게 할 수 있다는 것을 기억해야 합니다. 절망에 빠져 있는 욥에게 가장 필요한 사람은 자신의 생각에 갇혀 논리를 펴는 것을 뛰어넘어 함께 아파하며 하나님의 뜻이 어디에 있는지 기도해줄 친구였습니다.

● 네 번째 포인트
욥은 자신의 무죄함을 주장하며 엘리바스의 주장이 자신에게 위로가 되지 않았음을 말합니다.

....

....

....

....

위와 같은 엘리바스의 책망에 대해 욥이 자신의 결백을 주장합니다. 욥은 자신의 고통이 하나님께로부터 온 것임을 밝힙니다.

"전능자의 화살이 내게 박히매 나의 영이 그 독을 마셨나니 하나님의 두려움이 나를 엄습하여 치는구나"(욥 6:4)

그리고 욥이 고통 가운데 죽음을 소망합니다.

"이는 곧 나를 멸하시기를 기뻐하사 하나님이 그의 손을 들어 나를 끊어 버리실 것이라"(욥 6:9)

욥은 이렇게 자신의 결백을 주장하며 엘리바스의 책망이 자기에게 위로가 되지 못했음을 말합니다.

"이제 너희는 아무것도 아니로구나 너희가 두려운 일을 본즉 겁내는구나"(욥 6:21)

"내 형제들은 개울과 같이 변덕스럽고 그들은 개울의 물살 같이 지나가누나"(욥 6:15)

욥은 친구들을 수량의 변동이 심한 개울에 비유하며 친절이 넘치다가 막상 필요로 할 때에는 물이 모두 흘러가 없는 것 같다고 이야기합니다.

욥은 친구들에게 다음과 같이 말합니다.

"내가 언제 말하기를 원수의 손에서 나를 구원하라 하더냐 폭군의 손에서 나를 구원하라 하더냐"(욥 6:23)

....

....

....

....

욥이 친구들에게 요구하는 것은 그들의 실질적인 도움이 아니었습니다. 그저 자신과 함께 있어 주는 것이었습니다. 그러나 욥의 친구들에게는 그런 마음이 없었습니다.

욥은 엘리바스의 주장이 잘못되었고 자신은 무죄하다고 주장합니다.

"내게 가르쳐서 나의 허물된 것을 깨닫게 하라 내가 잠잠하리라 옳은 말이 어찌 그리 고통스러운고, 너희의 책망은 무엇을 책망함이냐"(욥 6:24~25)

"너희는 고아를 제비 뽑으며 너희 친구를 팔아 넘기는구나"(욥 6:27)

욥의 친구들은 평소 자신들보다 완벽한 욥이 고난을 당하자 위로의 탈을 쓰고 욥에게 더 많은 고통을 떠넘겼습니다. 엘리바스의 책망 조의 조언은 욥으로 하여금 오히려 분노를 일으키게 만들었습니다. 자신을 위로하기는커녕 우정을 가장해 자신을 부당한 자로 공격한 것을 원망합니다. 더 나아가 욥은 자신의 의를 드러냅니다. 그러나 이것은 후에 하나님께 책망을 받는 일이 됩니다.

"너희는 돌이켜 행악자가 되지 말라 아직도 나의 의가 건재하니 돌아오라"(욥 6:29)

....

....

....

....

● 다섯 번째 포인트
이제 욥은 '침묵하시는 하나님'께 호소하기 시작합니다.

욥이 자신의 고통을 토로합니다.

"내가 누울 때면 말하기를 언제나 일어날까, 언제나 밤이 갈까 하며 새벽까지 이리 뒤척, 저리 뒤척 하는구나 내 살에는 구더기와 흙 덩이가 의복처럼 입혀졌고 내 피부는 굳어졌다가 터지는구나"(욥 7:4~5)

욥은 새벽을 열고 떠오르는 아침 해를 보는 것이 괴롭습니다. 밤마다 찾아오는 불면의 시간이 두렵습니다. 또한 온몸에 퍼진 병으로 아파서 잠을 잘 수도 일어날 수도 없는 이 상황이 너무나 괴롭습니다. 순간순간 머리를 스치고 지나가는 과거의 영화와 자신을 버리고 떠난 자들에 대한 원망이 들 때마다 자신을 과녁으로 삼으신 하나님이 원망스럽기만 합니다. 이제 욥은 하나님께 호소합니다. 먼저, 욥은 하나님께 죽음을 부탁합니다.

"이러므로 내 마음이 뼈를 깎는 고통을 겪으니 차라리 숨이 막히는 것과 죽는 것을 택하리이다 내가 생명을 싫어하고 영원히 살기를 원하지 아니하오니 나를 놓으소서 내 날은 헛 것이니이다"(욥 7:15~16)

그리고 욥은 왜 자신이 이 고통을 받아야 하는지 의문을 제기합니다.

....
....
....
....

"사람이 무엇이기에 주께서 그를 크게 만드사 그에게 마음을 두시고 아침마다 권징하시며 순간마다 단련하시나이까 주께서 내게서 눈을 돌이키지 아니하시며 내가 침을 삼킬 동안도 나를 놓지 아니하시기를 어느 때까지 하시리이까"(욥 7:17~19)

그러나 욥은 혹시 자신이 죄를 지었다면 하나님께서 용서해 주셔야 한다고 부르짖습니다. 만약 자신이 죄를 범했다면 작은 허물이었을 텐데 왜 용서해주지 않으신지 묻는 것입니다.

"주께서 어찌하여 내 허물을 사하여 주지 아니하시며 내 죄악을 제거 하여 버리지 아니하시나이까 내가 이제 흙에 누우리니 주께서 나를 애 써 찾으실지라도 내가 남아 있지 아니하리이다"(욥 7:21)

친구들과의 대화는 아무리 많이 해도 정답이나 해결의 길이 나오지 않습니다. 그러나 하늘에 계신 하나님 아버지께 기도하면 결국 하나님의 뜻을 깨닫게 되고 다시 하나님 앞에 겸손하게 서게 됩니다. 그러면 그때 하나님께서 우리를 도우십니다.

디저트 DESSERT

욥은 몸과 정신의 고통으로 인해 괴로워하면서도 하나님께 간절히 하소연하고 있습니다. 그의 고백을 보면 모든 것을 창조

....

....

....

....

하신 전능하신 하나님의 손길조차 힘겨워하고 있는 것 같습니다. 하지만 이 순간에도 하나님께서는 시선을 고정하시고 욥을 지켜보고 계십니다.

하나님께서는 욥이 계속 절망 속으로 빠져들어 가기보다는 하나님의 진심과 희망을 바라보기를 원하셨을 것입니다. 고통의 시간은 우리에게 절망을 느끼게 하는 시간만이 아닙니다. 진정한 희망을 깨닫게 하시려는 하나님의 사랑이 담겨 있는 아주 소중한 시간입니다.

*132*일

네 시작은 미약하였으나? (욥 8~10장)

데만 사람 엘리바스에 이어 욥의 또 다른 친구, 수아 사람 빌닷이 등장합니다. 엘리바스의 발언에 대한 욥의 반박과 호소를 가만히 듣고 있다가 빌닷이 드디어 입을 열기 시작합니다. 빌닷은 욥이 지금이라도 하나님께 자신의 죄를 고백한다면 자비로우신 하나님께서 모든 것을 용서해주시고 복을 주실 것이라며 욥에게 죄의 자백을 촉구합니다.

이러한 빌닷의 말은 엘리바스의 말과 아무런 차이가 없습니다. 이미 큰 고통과 깊은 좌절 속에 빠진 욥을 더욱 힘들게 하는 말에 불과합니다.

《일년일독 통독성경》 욥기 8~10장

통通으로 숲이야기 ; 통숲 TONG OBSERVATION

● 첫 번째 포인트
빌닷이 욥의 자녀들의 죽음을 하나님의 공의로 해석한 것은 하나님에 대한 무지 때문입니다.

욥의 세 친구 가운데 엘리바스에 이어 수아 사람 빌닷도 발언을 시작합니다. 빌닷은 욥이 친구들에게 한 말과 엘리바스의 말에 반박한 말 모두를 욥의 근거 없는 자기변명이라고 판단했습니다. 그래서 빌닷은 욥에게 하나님의 공의를 말하며 회개를 촉구합니다. 사실 빌닷의 말 또한 엘리바스와 별다를 것이 없었습니다. 빌닷의 결론도 결국 욥이 겪고 있는 고통의 원인은 욥의 죄 때문이라는 것입니다.

빌닷은 시작부터 욥의 주장이 헛된 말이라고 책망했습니다.

....
....
....
....

욥이 겪고 있는 고난은 죄를 심어서 거둔 결과라는 인과율에 의한 것이며 하나님의 공의와 정의가 실현되는 흐름일 뿐이라고 주장합니다. 빌닷의 이 말은 언뜻 듣기에는 굉장히 '홀리(holy, 거룩)'한 사람의 말처럼 들립니다.

> "네가 어느 때까지 이런 말을 하겠으며 어느 때까지 네 입의 말이 거센 바람과 같겠는가 하나님이 어찌 정의를 굽게 하시겠으며 전능하신 이가 어찌 공의를 굽게 하시겠는가"(욥 8:2~3)

더 나아가 빌닷은 주저하지 않고 욥의 자녀들이 분명 죄를 지었고 그 결과로 인해 죽은 것이라고 말합니다.

> "네 자녀들이 주께 죄를 지었으므로 주께서 그들을 그 죄에 버려두셨나니"(욥 8:4)

설령 욥의 자녀들이 죄로 말미암아 하나님의 공의로 처벌받았다 하더라도 빌닷의 이 말은 결코 적합하지 않습니다. 야곱의 경우를 살펴봐도 그렇습니다. 야곱이 아들 요셉이 죽었다는 소식을 듣고 옷을 찢고 슬퍼했었습니다.

> "아버지가 그것을 알아보고 이르되 내 아들의 옷이라 악한 짐승이 그를 잡아 먹었도다 요셉이 분명히 찢겼도다 하고 자기 옷을 찢고 굵은 베로 허리를 묶고 오래도록 그의 아들을 위하여 애통하니"(창 37:33~34)

그때 야곱은 옷을 찢은 것이 아닙니다. 자기 마음을 찢은 것입니다. 자식의 죽음은 부모에게 그런 것입니다. 유다도 마찬가지였습니다. 유다의 두 아들은 여호와 앞에 악을 행한 자들이었습니다. 그럼에도 불구하고 두 아들이 죽는 모습을 지켜본 유다는 말할 수 없는 슬픔으로 가슴이 무너졌을 것입니다.

"유다의 장자 엘이 여호와가 보시기에 악하므로 여호와께서 그를 죽이신지라"(창 38:7)

"그 일이 여호와가 보시기에 악하므로 여호와께서 그(오난)도 죽이시니"(창 38:10)

유다는 그 큰 슬픔을 가슴에 담아보니 오히려 자기 아버지 야곱을 위로하고 감싸고 싶었습니다. 그래서 집으로 돌아왔던 것입니다. 그런데 하물며 그 많은 자식을 한꺼번에 다 잃은 욥의 마음은 어떠했겠습니까. 빌닷의 이 주장은 경우에 합당하지 않을 뿐더러 하나님에 대한 무지에서 나온 말에 불과합니다. 즉, 빌닷 또한 엘리바스처럼 인과율에 얽매여 '하늘 그림'을 보지 못한 것입니다.

하나님께서 말씀하십니다.

"그(욥)와 같이 온전하고 정직하여 하나님을 경외하며 악에서 떠난 자는 세상에 없느니라"(욥 1:8)

....

....

....

....

빌닷의 욥에 대한 판단은 하나님께서 판단하시는 욥의 모습과 다릅니다.

"그의 아들들이 자기 생일에 각각 자기의 집에서 잔치를 베풀고 그의 누이 세 명도 청하여 함께 먹고 마시더라 그들이 차례대로 잔치를 끝내면 욥이 그들을 불러다가 성결하게 하되 아침에 일어나서 그들의 명수대로 번제를 드렸으니 이는 욥이 말하기를 혹시 내 아들들이 죄를 범하여 마음으로 하나님을 욕되게 하였을까 함이라 욥의 행위가 항상 이러하였더라"(욥 1:4~5)

이렇게 욥의 자녀들의 죽음은 단지 죄의 문제가 아니었습니다.

● 두 번째 포인트
하나님께서는 "시작은 미약하나 나중은 창대하리라"라는 빌닷의 말을 인정하시지 않습니다.

빌닷이 계속해서 욥에게 거침없이 말합니다.

"하나님이 어찌 정의를 굽게 하시겠으며 전능하신 이가 어찌 공의를 굽게 하시겠는가 네 자녀들이 주께 죄를 지었으므로 주께서 그들을 그 죄에 버려두셨나니 네가 만일 하나님을 찾으며 전능하신 이에게 간구하고 또 청결하고 정직하면 반드시 너를 돌보시고 네 의로운 처소를 평

안하게 하실 것이라 네 시작은 미약하였으나 네 나중은 심히 창대하리
라"(욥 8:3~7)

빌닷은 비록 욥의 자녀들이 그들의 죄로 죽었으나 이제라도
욥이 회개하면 하나님께서 그의 인생을 다시 시작하게 하셔서
'시작은 미약하나 결국 창대하게 하실 것'이라고 말합니다. 즉 욥
이 지금 '자신의 죄를 회개하고 하나님께 돌아오면…'이라는 조
건으로 지금의 고통이 치유되고 다시 미약한 시작이지만 결국
창대하게 복을 주실 것이라며 인과율적인 논리로 말한 것입니
다. 물론 빌닷의 이 말은 욥에게 아무런 위로가 되지 않았습니다.
뿐만 아니라 이 말을 포함하여 빌닷의 모든 근거 없는 말들에 대
해 이후 하나님께서는 오히려 빌닷을 책망하시며 그 책임을 물
으십니다.

"여호와께서 욥에게 이 말씀을 하신 후에 여호와께서 데만 사람 엘리
바스에게 이르시되 내가 너와 네 두 친구에게 노하나니 이는 너희가
나를 가리켜 말한 것이 내 종 욥의 말 같이 옳지 못함이니라 그런즉 너
희는 수소 일곱과 숫양 일곱을 가지고 내 종 욥에게 가서 너희를 위하
여 번제를 드리라 내 종 욥이 너희를 위하여 기도할 것인즉 내가 그를
기쁘게 받으리니 너희가 우매한 만큼 너희에게 갚지 아니하리라 이는
너희가 나를 가리켜 말한 것이 내 종 욥의 말 같이 옳지 못함이라"(욥

42:7~8)

"너희가 나를 가리켜 말한 것이 옳지 못함이니라"라는 이 말씀은 욥의 세 친구들이 '하나님의 공의'를 운운하며 말한 것들이 잘못된 말들이라는 것입니다.

그러므로 빌닷의 "네 시작은 미약하였으나 네 나중은 심히 창대하리라"(욥 8:7)라는 이 말은 하나님의 말씀이 아닌 빌닷의 헛소리로 빌닷이 하나님께 회개해야 하는 말이었습니다. 계속해서 빌닷은 욥에게 쉬지 않고 몇 가지 조언까지 합니다. 빌닷은 욥에게 옛 선조들로부터 그 지혜를 배우라고 말합니다.

"청하건대 너는 옛 시대 사람에게 물으며 조상들이 터득한 일을 배울지어다"(욥 8:8)

빌닷은 욥이 처한 상황에 대한 인과율적 분석이 확실하다는 증거를 자연의 이치에서도 찾을 수 있다고 말합니다.

"왕골이 진펄 아닌 데서 크게 자라겠으며 갈대가 물 없는 데서 크게 자라겠느냐 이런 것은 새 순이 돋아 아직 뜯을 때가 되기 전에 다른 풀보다 일찍이 마르느니라"(욥 8:11~12)

왕골은 진펄에서 자라지 못하고 갈대는 물 없는 곳에서는 자라지 못한다는 것입니다.

이어지는 빌닷의 조언은 다음과 같습니다.

....
....
....
....

"하나님을 잊어버리는 자의 길은 다 이와 같고 저속한 자의 희망은 무너지리니"(욥 8:13)

"하나님은 순전한 사람을 버리지 아니하시고 악한 자를 붙들어 주지 아니하시므로"(욥 8:20)

빌닷은 자신도 감당하지 못할 말로 고통받는 욥에게 짐을 지게 하며 어설픈 잣대로 욥의 상황을 쉽게 단죄하고 정죄하고 있습니다. 욥의 친구인 빌닷은 오랜 기간 동안 어느 누구보다도 가까이에서 욥을 지켜보았음에도 불구하고 욥을 죽이는 말만 하고 있습니다. 빌닷이 생각하고 있는 하나님의 의(義)의 절대적 기준은 곧 '자기의 의'가 되어 연약할 대로 연약해져서 위로가 필요한 욥에게 비수가 되어 찌르고 있는 것입니다.

"너희 중에 죄 없는 자가 먼저 돌로 치라"(요 8:7)

이 말씀은 간음하다가 잡힌 여인이 돌에 맞아 죽을 수 있는 상황에서 우리 예수님께서 하신 말씀입니다. 모든 사람이 그 여인을 향해 죄인이기에 죽어도 마땅하다고 외치는 중에 예수님께서는 또 다른 죄인이 있음을 일깨워주셨습니다. 바로 돌을 든 사람들이 그 여인과 다를 바 없는 죄인이라는 것을 알게 하신 것입니다. 우리 스스로가 얼마나 큰 죄인인지를 깨닫는다면 빌닷처럼 그렇게 쉽게 남을 정죄하지 못할 것입니다.

....

....

....

....

● 세 번째 포인트

'하나님의 공의'를 말하는 빌닷에게 욥은 '하나님의 전능, 주권, 자비'를 말합니다.

이제 빌닷의 말에 욥이 대답하기 시작합니다.

첫째, 욥은 인간의 불의함과 하나님의 전능하심을 비교하며 말합니다.

"인생이 어찌 하나님 앞에 의로우랴"(욥 9:2)

그리고 욥은 천지를 창조하시고 다스리시는 하나님의 전능하심을 고백합니다.

"측량할 수 없는 큰 일을, 셀 수 없는 기이한 일을 행하시느니라"(욥 9:10)

둘째, 욥은 절대적인 하나님의 주권을 인정합니다.

"하나님이 빼앗으시면 누가 막을 수 있으며 무엇을 하시나이까 하고 누가 물을 수 있으랴"(욥 9:12)

욥의 기본적인 생각은 "주신 이도 여호와시요 거두신 이도 여호와"(욥 1:21)시라는 것입니다.

셋째, 따라서 욥은 전능하신 하나님께 자신이 비록 의로울지라도 자비를 구할 뿐임을 밝힙니다.

"가령 내가 의로울지라도 대답하지 못하겠고 나를 심판하실 그에게 간

구할 뿐이며"(욥 9:15)

넷째, 그러나 욥은 그 전능하시고 공의로우신 하나님께 자신이 왜 악인과 같이 고통을 받는지를 항변하고 있습니다.

"하나님이 온전한 자나 악한 자나 멸망시키신다 하나니"(욥 9:22)

다섯째, 욥은 이렇게 하나님께 항변하다가 다시 하나님의 전지전능하심을 인정하며 자비와 공정한 심판을 간절히 원합니다.

"하나님은 나처럼 사람이 아니신즉 내가 그에게 대답할 수 없으며 함께 들어가 재판을 할 수도 없고 우리 사이에 손을 얹을 판결자도 없구나 주께서 그의 막대기를 내게서 떠나게 하시고 그의 위엄이 나를 두렵게 하지 아니하시기를 원하노라"(욥 9:32~34)

욥은 갑자기 자신에게 닥쳐온 영문 모를 고난 때문에 아픈 정도가 아니라 거의 죽을 지경입니다. 이런 자신의 속마음엔 아랑곳없이 줄기차게 쏟아지는 친구들의 자기중심적 충고는 욥의 아픈 가슴을 더욱 짓누르고 있습니다. 그런데 하나님께서는 여전히 침묵하고 계십니다. 하나님의 손이 떠나버린 자신의 삶을 보며 욥은 모든 의욕을 상실하고 맙니다. 살려고 몸부림치는 것 자체가 헛된 수고로 여겨지니 말입니다.

그러나 욥은 끝끝내 침묵하시는 하나님의 자리를 다른 것으로 대체하지 않습니다. 그 대신, 하나님께 자신의 두려움을 거두어주시라고 울부짖습니다. 버림받은 것 같은 상황에서 자신을 망가뜨리기보다 두려움에 떨리는 양손을 들어 하나님의 도우심을 바라는 욥을 보시며 하나님의 눈에도 눈물이 맺히셨을 것입니다.

● 네 번째 포인트
빌닷에게 항변했던 욥은 이제 직접 하나님께 자신의 입장을 토로합니다.

욥은 하나님께 하나님의 창조물인 자신을 왜 쳐서 멸하고자 하시는지 묻습니다. 그리고 이렇게 자신을 고통에 처하게 하실 것이라면 차라리 태어나자마자 죽이시는 것이 더 낫지 않았는지 질문합니다.

"내 영혼이 살기에 곤비하니 내 불평을 토로하고 내 마음이 괴로운 대로 말하리라 내가 하나님께 아뢰오리니 나를 정죄하지 마시옵고 무슨 까닭으로 나와 더불어 변론하시는지 내게 알게 하옵소서"(욥 10:1~2)

고통이 깊어질수록 하나님을 향한 욥의 항변도 거세집니다.

"주께서 주의 손으로 지으신 것을 학대하시며 멸시하시고 악인의 꾀에 빛을 비추시기를 선히 여기시나이까 주께도 육신의 눈이 있나이까 주께서 사람처럼 보시나이까"(욥 10:3~4)

"주께서는 내가 악하지 않은 줄을 아시나이다"(욥 10:7)

고통 가운데 신음하던 욥이 마음이 괴로운 대로 말을 막 내뱉습니다. 욥이 정신없이 내뱉는 말들은 사실 자신의 삶을 저주하는 내용이었습니다. 그럼에도 불구하고 욥은 자신이 당하는 이 고난도 하나님의 절대적인 주권 아래에 있다는 사실을 믿습니다.

● 다섯 번째 포인트
욥은 하나님께 이 고통의 시간을 그만 멈추게 해주시기를 탄원합니다.

욥은 하나님께 자신을 만드신 분이 창조주 하나님이시라는 사실을 고백하며 그럼에도 불구하고 그분의 주권 아래에 있는 자신이 왜 이러한 고통을 당해야 하는지 탄원합니다.

"주의 손으로 나를 빚으셨으며 만드셨는데 이제 나를 멸하시나이다 기억하옵소서 주께서 내 몸 지으시기를 흙을 뭉치듯 하셨거늘 다시 나를 티끌로 돌려보내려 하시나이까"(욥 10:8~9)

고난과 고통 중에도 욥이 고백한 '창조주 하나님'에 대한 표현들입니다.

"주의 손으로 지으신 것"(욥 10:3)

"내 몸 지으시기를 흙을 뭉치듯 하셨거늘 다시 나를 티끌로 돌려보내려"(욥 10:9)

"피부와 살을 내게 입히시며 뼈와 힘줄로 나를 엮으시고"(욥 10:11)

"생명과 은혜를 내게 주시고"(욥 10:12)

"나를 태에서 나오게 하셨음은"(욥 10:18)

욥은 창조주 하나님께 자신이 이 고통에서 벗어날 수 있는 죽음의 시기를, 그리고 죽기 전에 잠시나마 평안을 주시기를 간구합니다.

"내 날은 적지 아니하니이까 그런즉 그치시고 나를 버려두사 잠시나마 평안하게 하시되 내가 돌아오지 못할 땅 곧 어둡고 죽음의 그늘진 땅으로 가기 전에 그리하옵소서"(욥 10:20~21)

욥은 자기 혼자 모든 고난을 다 당한다고 생각하고 있지만 하나님께서는 욥이 그 시험을 잘 통과하기를 더 마음 졸이며 지켜보고 계셨을 것입니다. 하나님께서 인생들을 시험하시는 것은 마침내 그에게 복을 주시기 위함이기 때문입니다.

디저트 DESSERT

욥이 이유를 알 수 없는 고난에 대해 고통스러워하며 하나님

....

....

....

....

께 질문하는 것에 대해 친구들은 욥이 자신의 의로움을 드러내는 것으로 오해했습니다. 그래서 욥의 친구들은 죄인인 인간은 하나님 앞에서 의로울 수 없다고 책망하듯 말합니다. 이에 욥은 "인생이 어찌 하나님 앞에 의로우랴"(욥 9:2)라고 외칩니다. 그리고 욥은 하나님 앞에서 자신의 결백을 주장합니다.

"주께서는 내가 악하지 않은 줄을 아시나이다"(욥 10:7)

욥은 이런 고통이 어디서 연유하였는지 알 수 없었습니다. 다만 인생의 모든 것을 조성하신 하나님께 자신에게 주신 고통을 그만 거두시기를 호소하며 자신이 악하지 않음을 기억해주시기를 기도하고 있습니다.

어떤 이들은 세상을 사는 동안 겪게 되는 작은 어려움에 대해 '욥의 고난'이라는 표현을 함부로 가져다 사용합니다. 그리고 어리석은 빌닷의 말인 "네 시작은 미약하였으나 네 나중은 심히 창대하리라."라는 말을 써서 벽에 붙여놓기까지 합니다. 하나님의 말씀을 잘못 공부하면 이런 '우(愚)'를 범할 수 있습니다.

〈욥기〉를 통해 하나님의 귀한 말씀과 욥의 친구들의 어리석은 말을 구분해 지혜로운 인생을 살기를 소망합니다.

*133*일
하나님께 호소하기 (욥 11~14장)

욥이 당한 고난의 소식을 듣고 먼 길을 달려와 준 욥의 친구 엘리바스와 빌닷과 소발은 처음에는 욥을 위로했습니다. 그러나 점차 세 친구 모두 죄가 있기 때문에 욥이 그러한 고통을 당하는 것이라고 인과율적인 해석을 내리며 욥에게 회개를 촉구합니다.

그러자 욥은 그들의 논리의 한계와 교만을 지적하며 하나님께 자신의 무죄함과 구원을 호소합니다.

....

....

....

....

《일년일독 통독성경》 욥기 11~14장

통通으로 숲이야기 ; 통숲 TONG OBSERVATION

● 첫 번째 포인트
소발은 욥의 탄식까지도 불의하다고 정죄합니다.

  욥의 탄식은 소발의 감정을 자극하였고 소발은 욥의 탄식까지도 불의하다고 정죄하며 질책합니다. 즉, 욥이 당하는 고통은 욥이 미처 다 기억하지 못하는 죄 때문이라는 것입니다.

  "네 자랑하는 말이 어떻게 사람으로 잠잠하게 하겠으며 네가 비웃으면 어찌 너를 부끄럽게 할 사람이 없겠느냐"(욥 11:3)

  욥을 향한 소발의 구체적인 정죄의 내용은 다음과 같습니다.

  첫째, 소발은 욥이 말이 많은 사람이라고 정죄합니다.

  "말이 많은 사람이 어찌 의롭다 함을 얻겠느냐"(욥 11:2)

  둘째, 소발은 욥이 교만하고 자랑을 일삼는 사람이라고 정죄합니다.

  "네 자랑하는 말이 어떻게 사람으로 잠잠하게 하겠으며"(욥 11:3)

....
....
....
....

셋째, 소발은 욥이 다른 사람들을 비웃는 오만한 사람이라고 정죄합니다.

"네가 비웃으면 어찌 너를 부끄럽게 할 사람이 없겠느냐"(욥 11:3)

넷째, 소발은 욥이 스스로 정결하고 의로운 사람인 척한다고 정죄합니다.

"네 말에 의하면 내 도는 정결하고 나는 주께서 보시기에 깨끗하다 하는구나"(욥 11:4)

욥과 욥의 친구들 간의 우정이 헛된 논쟁 속에서 이렇게 불신만 가중되고 있습니다. 욥은 친구들에게 위로와 이해를 받고 싶었습니다. 그러나 친구들은 욥을 위로하기는커녕 고통 가운데 있는 욥을 오히려 정죄하고 있습니다.

● 두 번째 포인트
소발은 욥의 교만이 사라지도록 '하나님의 뜻'을 나타내실 것을 간구합니다.

소발은 하나님께서 내리신 벌이 실제 욥이 저지른 죄보다 가벼운 것이라고 말하며 모든 것을 보고 계신 하나님께 회개하면 하나님께서 환난을 거두실 것이라고 주장합니다. 그리고 소발은 욥이 이렇게 고난을 당하는 이유가 그가 지은 죄악 때문이라고 단언합니다. 욥이 처한 처참한 상황을 증거 삼아서 주장을 펴니 욥은 꼼짝없이 죄인이 되고 맙니다. 소발은 욥이 고통 중에 내뱉은 신음 섞인 말들의 꼬투리를 잡아 원칙도 없이 욥을 정죄하고 있습니다.

소발은 다음과 같이 '하나님을 운운'하며 쩍쩍거리는(?) 말로 욥의 상처에 소금을 뿌립니다.

"하나님은 말씀을 내시며 너를 향하여 입을 여시고 지혜의 오묘함으로 네게 보이시기를 원하노니 이는 그의 지식이 광대하심이라 하나님께서 너로 하여금 너의 죄를 잊게 하여 주셨음을 알라"(욥 11:5~6)

또한 소발은 계속해서 욥에게 반드시 회개하여 복을 받으라고 말합니다. 이러한 소발의 말은 바리새인들의 원조 같은 참으로 교만하기 이를 데 없는 말입니다.

"만일 네가 마음을 바로 정하고 주를 향하여 손을 들 때에 네 손에 죄악이 있거든 멀리 버리라 불의가 네 장막에 있지 못하게 하라"(욥 11:13~14)

"곧 네 환난을 잊을 것이라 네가 기억할지라도 물이 흘러감 같을 것이며 네 생명의 날이 대낮보다 밝으리니 어둠이 있다 할지라도 아침과 같이 될 것이요"(욥 11:16~17)

....

....

....

....

소발은 욥에게 회개하고 마음을 바르게 하여 하나님께 돌아오라고 합니다. 그러면 마음이 평안해지고 두려움이 없어질 것이라는 말입니다. 그런데 만일 욥이 당하는 고통의 해답이 그렇게 간단하다면 의인 욥은 지금 당장이라도 그 고통에서 벗어날 수 있었을 것입니다. 누군가의 아픔은 소발처럼 그렇게 지식으로 이해하고 분석할 수 있는 것이 아닙니다. 먼저 그 아픔에 함께 동참해주는 것이 아픔을 나누는 것의 시작입니다. 소발은 자신이 욥에게 '정답'을 제시했다고 자부했습니다. 그러나 소발의 말은 정답이 아닌 오답일 뿐입니다.

● 세 번째 포인트
욥은 친구들의 지식의 한계에 대해 반박합니다.

욥의 친구들이 욥 앞에서 셀 수 없이 많은 지식과 지혜를 뽐내듯 쏟아내고 있습니다. 도움을 가장한 그들의 교만은 욥의 마음을 더욱 아프게 합니다. 그러자 욥이 그들의 교만을 비판합니다. 친구들의 지혜는 인과율적인 원칙만을 중시하며 단편적인 지식을 늘어놓는 것에 그칩니다. 그러나 욥이 당하는 처참한 고난은 그 정도 수준의 이해를 가지고는 어떤 해석도 되지 않을뿐더러 어떤 해결책도 내놓을 수 없었습니다. 이에 욥이 친구들에게 말합니다.

"너희만 참으로 백성이로구나 너희가 죽으면 지혜도 죽겠구나"(욥 12:2)

욥은 하나님의 뜻을 알지도 못하면서 세상의 인과율로만 판단하고 조언하려는 친구들의 조언은 자신의 문제를 해결할 수 없다고 판단했습니다. 그래서 욥은 다음과 같이 말합니다.

"강도의 장막은 형통하고 하나님을 진노하게 하는 자는 평안하니 하나님이 그의 손에 후히 주심이니라 … 모든 생물의 생명과 모든 사람의 육신의 목숨이 다 그의 손에 있느니라"(욥 12:6~10)

욥은 의인에게 복 주시고 악인을 벌하시는 것이 하나님의 성품임을 이전의 지식으로 알고 있었습니다. 그런데 자신이 극심한 환난에 처하게 되자 이전에 가지고 있었던 생각의 기준이 잠시 모호해졌습니다. 그러나 곧 욥은 복(福)과 화(禍)의 주관자는 오직 하나님뿐이시라는 것을 인정합니다.

그리고 당연히 하나님께서는 의인에게 복을 주셔야 하고 악인에게 화를 주셔야 한다는 자신의 고정관념을 깨고 복과 화의 기준을 자신이 알 수 없음을 고백합니다. 욥이 이것을 마음으로 받아들이는 일은 쉽지 않았을뿐더러 더구나 자기 입으로 친구에게 말하는 것은 더욱 쉽지 않았을 것입니다. 그럼에도 욥은 친구들의 독선적인 논리에 대해 반박합니다.

"너희는 거짓말을 지어내는 자요 다 쓸모 없는 의원이니라 너희가 참으로 잠잠하면 그것이 너희의 지혜일 것이니라"(욥 13:4~5)

욥은 소발의 주장을 그의 무식에 근거한 '거짓말'이라고 일축합니다. 반면 소발은 하나님께서는 공의로우신 분이니 당연히 하나님의 심판은 의로우실 것이므로 욥이 당하는 어려움은 그의 죄악으로 말미암은 것이라고 확신했습니다. 소발은 그의 확신을 증명하기 위해 의인 욥에게 분명 큰 죄악이 있을 것이라는 주장을 되풀이하고 또 되풀이한 것입니다. 그러자 욥은 친구들에게 제발 자신의 말을 들어달라고 항변합니다.

"너희는 나의 변론을 들으며 내 입술의 변명을 들어 보라 너희가 하나님을 위하여 불의를 말하려느냐 그를 위하여 속임을 말하려느냐 너희가 하나님의 낯을 따르려느냐 그를 위하여 변론하려느냐"(욥 13:6~8)

● 네 번째 포인트
이제 욥은 친구들을 더 이상 상대하려 하지 않습니다.

"너희는 잠잠하고 나를 버려두어 말하게 하라 무슨 일이 닥치든지 내

....

....

....

....

가 당하리라"(욥 13:13)

이제 욥은 하나님과 일대일로 마주하여 하나님께 호소하기 시작합니다. 욥은 공의의 하나님 앞으로 나아가려 합니다. 욥이 세 친구와 차례로 논쟁하다가 지쳐 하나님께 기도하며 두 가지 내용을 간곡하게 부탁드립니다.

"오직 내게 이 두 가지 일을 행하지 마옵소서 그리하시면 내가 주의 얼굴을 피하여 숨지 아니하오리니 곧 주의 손을 내게 대지 마시오며 주의 위엄으로 나를 두렵게 하지 마실 것이니이다"(욥 13:20~21)

주의 손을 거두어주시기를 그리고 주의 위엄으로 자신을 두렵게 하지 마시기를 간구했습니다. 어느 날 갑자기 깊은 고난 속에 던져진 이후 그 고통에서 벗어나지 못하고 오랜 시간을 보내게 되자 욥에게 하나님은 이제 더 이상 용서의 하나님이 아니라 심판의 하나님이셨습니다. 그래서 하나님의 손길이 도움의 손길이 아니라 두려움의 대상이 된 것입니다. 또한 욥은 자신에게 임한 고통이 무엇 때문인지 알고 싶어 기도합니다.

"그리하시고 주는 나를 부르소서 내가 대답하리이다 혹 내가 말씀하게 하옵시고 주는 내게 대답하옵소서 나의 죄악이 얼마나 많으니이까 나의 허물과 죄를 내게 알게 하옵소서"(욥 13:22~23)

욥의 간절한 부르짖음과 외침은 욥의 답답한 심정을 그대로 표현합니다. 이유를 알지 못하고 겪는 지금의 형편은 세상 어떤 사람이라도 감당하기 어려운 것입니다. 욥의 속마음은 재처럼 까맣게 변해갑니다. 〈욥기〉의 많은 분량을 차지하고 있는 욥의 기도는 자신에게 닥친 이유 없는 고통에 대해 침묵하시는 하나님께 자신의 고통을 부르짖는 소리입니다.

하지만 하나님은 나의 상황에 따라 다르게 인식될 뿐, 세상 온 천지가 거꾸로 변할지라도 여전히 동일한 분이십니다. 언제나 사랑의 마음으로, 욥의 고통을 함께 가슴으로 끓이고 계신 하나님이십니다.

● 다섯 번째 포인트
욥은 하나님을 피해 도망하는 것이 아니라 하나님 앞에 다시 섭니다.

욥은 "나의 모든 고난의 날 동안을 참으면서 풀려나기를 기다리겠나이다"(욥 14:14)라고 기도합니다. 욥은 자신이 하나님으로부터 아무런 이유도 없이 징계를 받고 있다고 생각하지만 그럼에도 하나님을 피해 도망하는 것이 아니라 풀기 어려운 고통의 문제를 하나님께 다시 여쭙고 답을 구합니다.

....

....

....

....

"그는 꽃과 같이 자라나서 시들며 그림자 같이 지나가며 머물지 아니하거늘 이와 같은 자를 주께서 눈여겨 보시나이까 나를 주 앞으로 이끌어서 재판하시나이까"(욥 14:2~3)

또한 욥은 하나님께 인생의 덧없음을 말하며 자신의 고통을 끝내주시기를 간구합니다.

"그에게서 눈을 돌이켜 그가 품꾼 같이 그의 날을 마칠 때까지 그를 홀로 있게 하옵소서"(욥 14:6)

욥에게는 이제 숨 쉬고 있는 것 자체가 고통입니다. 욥은 품꾼이 휴식을 고대하듯 차라리 생을 마감하고 죽음 이후의 휴식을 소망합니다. 물론 욥은 하나님마저 떠나버리신다면 자기 주변에 아무도 없다는 것을 압니다. 그러나 욥은 하나님으로부터도 홀로 있게 해달라고 기도합니다. 하나님의 심판의 손을 떠나 홀로 있게 해달라는 것입니다.

외로운 중에도 홀로 있게 해달라는 욥의 고백을 통해 욥의 고통의 무게가 얼마나 큰지 느낄 수 있습니다. 그러나 그 속에서 욥은 다시 일어나 소망을 가지고 하나님의 구원을 이렇게 사모합니다.

"장정이라도 죽으면 어찌 다시 살리이까 나는 나의 모든 고난의 날 동안을 참으면서 풀려나기를 기다리겠나이다 주께서는 나를 부르시겠고

나는 대답하겠나이다 주께서는 주의 손으로 지으신 것을 기다리시겠
나이다 그러하온데 이제 주께서 나의 걸음을 세시오니 나의 죄를 감찰
하지 아니하시나이까 주는 내 허물을 주머니에 봉하시고 내 죄악을 싸
매시나이다"(욥 14:14~17)

디저트 DESSERT

인생의 깊은 어둠 속에서 곤고한 날을 보내는 욥, 그 육신은
썩어 들어가 사망의 골짜기를 향하여 걸어가지만 그의 영혼만은
여전히 한 줄기 빛으로 하나님을 향하고 있습니다. 육신의 고통,
가정의 비극 그리고 세계로부터의 단절로 인한 절대 고독 속에
고투하고 있으나 욥은 하나님께서 펼치시는 인생의 처음과 나
중, 그리고 자연의 순리를 읽고 있습니다. 끝없는 곤고함과 견딜
수 없는 고통, 그리고 죽음을 원하는 육신의 몸부림 속에서도 욥
은 하나님을 아는 지식으로 버텨낼 수 있었습니다.

욥의 고백은 여전히 그의 영혼이 하나님을 주시하고 하나님
께 영원한 삶의 소망을 기대하고 있음을 잘 보여주고 있습니다.
욥은 하나님과의 관계가 끊어지지 않으리라는 믿음을 붙듭니다.
이것이 욥이 의인으로 평가받는 이유입니다.

*134*일
가슴속 울음소리 (욥 15~17장)

이제 욥과 욥의 세 친구의 세 번의 논쟁 가운데 '두 번째 논쟁'이 〈욥기〉 15장에서 21장까지 이어집니다.

첫 번째 논쟁에서 욥의 세 친구는 각자의 논리로 욥의 불의함을 밝히려 했고 욥은 그때마다 반론을 폈습니다. 이제 두 번째 논쟁을 시작한 엘리바스는 첫 번째 논쟁 때보다 더 격하게 욥을 다그치며 회개를 종용합니다.

● 첫 번째 포인트
욥의 가슴속 깊은 울음소리를 엘리바스는 가슴이 아닌 그의 머리로만 듣습니다.

욥과 욥의 세 친구 사이의 논쟁이 2차전으로 돌입합니다. 처음에 욥의 고통과 고난의 소식을 전해 듣고 욥을 찾아갈 때만 해도 그들의 마음은 '위로자의 마음'이었습니다. 그런데 그들 사이에 논쟁이 시작되면서 그들은 정죄자이자 비방자로 마음이 바뀌었습니다. 처음에 동정 어린 태도로 욥의 회개를 종용했던 엘리바스도 첫 번째 논쟁 때와는 사뭇 다르게 이제는 노골적으로 욥을 정죄합니다. 엘리바스는 자기 의를 계속 주장하는 욥을 불경건한 자로 여기며 정죄합니다.

"참으로 네가 하나님 경외하는 일을 그만두어 하나님 앞에 묵도하기를
그치게 하는구나 네 죄악이 네 입을 가르치나니 네가 간사한 자의 혀를

좋아하는구나"(욥 15:4~5)

욥은 지금 울며불며 그의 가슴속에 있는 슬픔과 고통을 쏟아내고 있습니다. 그런데 엘리바스는 욥의 말을 들으며 그 말 하나하나를 나누어서 따지고 머리로만 판단하고 평가하고 있습니다.

엘리바스는 엉뚱한 잣대를 들이대며 욥이 스스로 불리한 말을 한다고 정죄합니다. 엘리바스에게는 유리함이나 불리함을 계산할 수 있는 차가운 머리는 있으나 타인의 감정을 함께 느낄 수 있는 따뜻한 감정은 없었던 것입니다. 엘리바스는 자신의 권면을 무시하는 욥을 교만한 자로 여기며 정죄합니다.

"하나님의 오묘하심을 네가 들었느냐 지혜를 홀로 가졌느냐 네가 아는 것을 우리가 알지 못하는 것이 무엇이냐 네가 깨달은 것을 우리가 소유하지 못한 것이 무엇이냐"(욥 15:8~9)

엘리바스는 이제 대놓고 욥을 향해 목소리를 높입니다. 욥이 스스로 세상의 지혜를 갖고 있다고 생각하며 자신들이 내놓는 가르침을 교만하게 물리친다고 생각했기 때문입니다.

엘리바스는 온갖 수사를 동원하여 자신의 지식과 지혜를 뽐내지만 그것은 인간의 눈과 귀로 보고 들은 것, 그리고 경험한 것의 한계 안에 있을 수밖에 없습니다. 그러므로 엘리바스가 욥에게 소리 높여 외치는 그것 또한, 인간의 한계 안에서 하는 이야기일 뿐 진리일 수는 없습니다. 종국에는 욥도, 엘리바스를 비롯한 친구들도 하나님을 바로 알지 못했다는 사실이 드러나게 됩니다. 그러니 땅에 발을 딛고 사는 한, 우리들이 무엇인가에 대해 안다고 말하는 것이 얼마나 불완전할 수밖에 없는 것인지 다시 깨닫게 됩니다.

● 두 번째 포인트
엘리바스는 인과율만을 근거로 '악인'과 '악인의 형벌' 그리고 '악인의 최후'에 대해 말합니다.

엘리바스는 옛날부터 내려오는 인과율에 의해 모든 것이 다 해석된다며 '악인'에 대해, '악인이 당할 형벌'에 대해, '악인의 최후'에 대해 이야기합니다.

"내가 네게 보이리니 내게서 들으라 내가 본 것을 설명하리라 이는 곧 지혜로운 자들이 전하여 준 것이니 그들의 조상에게서 숨기지 아니하였느니라"(욥 15:17~18)

엘리바스가 인과율을 통해 알고 있는 '악인'에 대한 그의 지식(?)은 다음과 같습니다.

첫째, 악인은 정한 때까지 일평생 고통을 당한다는 것입니다.

"그의 일평생에 고통을 당하며 포악자의 햇수는 정해졌으므로"(욥 15:20)

둘째, 악인에게는 결국 멸망시키는 자가 나타난다는 것입니다.

"그의 귀에는 무서운 소리가 들리고 그가 평안할 때에 멸망시키는 자가 그에게 이르리니"(욥 15:21)

셋째, 악인은 어두운 곳에서 나올 소망이 없고 결국 악의 보응이 다가온다는 것입니다.

"그가 어두운 데서 나오기를 바라지 못하고 칼날이 숨어서 기다리느니라"(욥 15:22)

넷째, 악인은 떠돌며 음식을 구하다 죽음의 공포 가운데 살게 된다는 것입니다.

"그는 헤매며 음식을 구하여 이르기를 어디 있느냐 하며 흑암의 날이 가까운 줄을 스스로 아느니라"(욥 15:23)

다섯째, 악인은 고통 속에서 두려워하다가 결국 죽는다는 것입니다.

"환난과 역경이 그를 두렵게 하며 싸움을 준비한 왕처럼 그를 쳐서 이기리라"(욥 15:24)

이제 엘리바스는 '악인이 형벌을 받는 이유'에 대해 이야기합니다.

....
....
....
....

첫째, 사람이 악인이 되고 그로 인해 형벌을 받는 이유는 그가 하나님을 대적하고 교만했기 때문이라는 것입니다.

"이는 그의 손을 들어 하나님을 대적하며 교만하여 전능자에게 힘을 과시하였음이니라 그는 목을 세우고 방패를 들고 하나님께 달려드니"(욥 15:25~26)

둘째, 하나님을 떠나 물질만 좇았기 때문이라는 것입니다.

"그의 얼굴에는 살이 찌고 허리에는 기름이 엉기었고"(욥 15:27)

셋째, 하나님의 통치가 있는 곳에 거하지 않았기 때문이고 하나님의 통치와 상관없이 살았기 때문이라는 것입니다.

"그는 황폐한 성읍, 사람이 살지 아니하는 집, 돌무더기가 될 곳에 거주하였음이니라"(욥 15:28)

마지막으로 엘리바스는 욥에게 '악인의 최후'에 대해 말합니다.

첫째, 악인은 최후에 그의 재산이 보존되지 못한다는 것입니다.

"그는 부요하지 못하고 재산이 보존되지 못하고 그의 소유가 땅에서 증식되지 못할 것이라"(욥 15:29)

둘째, 악인은 소망이 없이 살다가 결국 망한다는 것입니다.

"어두운 곳을 떠나지 못하리니 불꽃이 그의 가지를 말릴 것이라 하나님의 입김으로 그가 불려가리라 그가 스스로 속아 허무한 것을 믿지 아니할 것은 허무한 것이 그의 보응이 될 것임이라"(욥 15:30~31)

셋째, 악인에게는 그 어떤 결실도 없다는 것입니다.

"그의 날이 이르기 전에 그 일이 이루어질 것인즉 그의 가지가 푸르지 못하리니 포도 열매가 익기 전에 떨어짐 같고 감람 꽃이 곧 떨어짐 같으리라 경건하지 못한 무리는 자식을 낳지 못할 것이며 뇌물을 받는 자의 장막은 불탈 것이라"(욥 15:32~34)

엘리바스는 자기의 주장을 펼치기 위해 이렇게 욥에게 '악인'과 '악인의 형벌'과 그리고 '악인의 최후'에 대해 말하면서 욥이 자신의 논리에 무릎 꿇기를 바라고 있습니다. 엘리바스의 이 주장은 참으로 한심한 논리라고 평가할 수밖에 없고 욥의 고통에 벽돌을 한 장 더 얹는 것일 뿐이었습니다.

● 세 번째 포인트

욥은 자신의 친구들을 '재난을 주는 위로자들'로 정의합니다.

엘리바스의 길고 긴 주장을 다 듣고 욥은 친구들을 '재난을 주는 위로자들'이라고 정의합니다. 욥의 친구들은 욥이 당한 상황에 대하여 비통한 마음은 있지만 그 고통을 함께 나누고자 하는 마음은 없었습니다. 그래서 욥을 교훈하려 할 뿐 욥의 아픔이나 곤고함의 짐을 함께 지려 하지는 않았습니다.

....

....

....

....

"이런 말은 내가 많이 들었나니 너희는 다 재난을 주는 위로자들이로 구나 헛된 말이 어찌 끝이 있으랴 네가 무엇에 자극을 받아 이같이 대답하는가"(욥 16:2~3)

욥은 지금 친구들이 자신의 위로자가 되지 않고 자신을 조롱하고 정죄하고 있다고 말합니다. 욥이 친구들에게 진심으로 듣고 싶었던 말은 따뜻한 위로였습니다. 참 위로자는 때에 맞는 말과 마음에 기쁨을 주는 말을 할 줄 아는 사람입니다.

● 네 번째 포인트
욥은 또다시 자신의 절망적인 처지를 확인합니다.

욥은 친구들의 정죄로 인해 또다시 자신의 절망적인 처지를 확인합니다.

"나의 기운이 쇠하였으며 나의 날이 다하였고 무덤이 나를 위하여 준비되었구나 나를 조롱하는 자들이 나와 함께 있으므로 내 눈이 그들의 충동함을 항상 보는구나"(욥 17:1~2)

욥의 친구들도 그리고 가까운 이웃들도 더 이상 이전의 욥을 기억하지 않습니다. 많은 이들 앞에서 의롭고 존귀하였던 욥의 모습이 한순간에 그저 멸시와 모멸의 대상이 되어버린 것입니다. 아무도 욥에게 기대하는 사람이 없습니다. 아무도 욥의 고통을 알아주지 않습니다. 그에게 오는 것은 오직 경멸하는 시선뿐입니다. 이제 욥이 하나님께 하나님의 보호와 중보를 원하는 호소를 합니다.

> "청하건대 나에게 담보물을 주소서 나의 손을 잡아 줄 자가 누구리이까 주께서 그들의 마음을 가리어 깨닫지 못하게 하셨사오니 그들을 높이지 마소서"(욥 17:3~4)

욥은 자신의 소망이 죽음뿐이라고 말합니다. 그 외에는 희망이 없다고 되뇌입니다. 욥은 친구들과의 논쟁에서 더 이상 자신의 주장을 펼치는 것도 체념합니다. 욥의 심령은 약할 대로 약해져 있습니다. 욥은 이제 하나님께 자신의 처지를 하소연하는 길밖에 없다고 생각했습니다. 욥은 오직 하나님 안에서만 희망의 불빛이 있다고 생각했습니다. 욥의 이 생각은 지혜롭고 옳은 생각이었습니다.

● 다섯 번째 포인트
욥은 이제 친구들과의 무익한 논쟁에서 벗어나고 싶어 합니다.

욥은 말합니다.

....

....

....

....

"그러므로 의인은 그 길을 꾸준히 가고 손이 깨끗한 자는 점점 힘을 얻느니라 너희는 모두 다시 올지니라 내가 너희 중에서 지혜자를 찾을 수 없느니라"(욥 17:9~10)

욥은 그 어두컴컴한 곳에서 '하나님의 진리'라는 한 줄기 빛을 발견합니다. 현재의 상황 속에서는 잘못된 생각을 하는 친구들이 우세한 것처럼 보일지라도 결국 그들의 존재는 오래 못 간다는 사실, 즉 의인이 잠시 고난을 받을지라도 결국 옳은 길을 계속 가는 한 승리하게 된다는 사실을 말입니다. 하지만 욥은 여전히 친구들에게 정직하지 못한 자로, 그리고 죄 있는 자로 몰리고 있었습니다. 그것은 욥의 마음에 상처를 더했습니다. 그럼에도 욥은 자신의 의를 지키면서 자신의 길을 가는 것으로 힘을 얻는다고 고백합니다.

욥은 이제 친구들과의 무익한 논쟁에서 벗어나고 싶어 합니다. 친구들의 말은 욥에게 아무런 위로도, 그리고 고통도 해결해 주지 못하기 때문이었습니다. 그래서 욥은 정직하다고 자청하는 자들, 스스로 죄 없다고 생각하는 자들, 그 모든 사람이 자신 앞에 선다 해도 그들 중에서 참 지혜를 찾을 수 없다고 말합니다.

욥은 어느 누구도 자신의 위로자가 될 수 없고 자신에게는 오직 하나님밖에 없다고 고백합니다.

지금 욥이 감당해야 하는 아픔은 욥이 당하는 현실적인 고통
의 문제와 더불어 욥을 정죄하는 그의 친구들, 그리고 여전히 침
묵하고 계신 하나님으로 인해 더욱 무겁게 다가오고 있습니다.
그러나 하나님께서는 이런 욥을 눈동자와 같이 지켜보시며 욥의
고통과 함께하고 계십니다.

*135*일
오직 소망의 대상 (욥 18~19장)

답답한 욥의 마음과는 아랑곳없이 시간이 갈수록 욥의 친구들의 말은 점점 더 거칠어져만 갑니다. 빌닷의 발언에는 욥에 대한 어떠한 동정심도 없습니다. 단지 선악에 따른 상벌이라는 대립 구도에 따라 욥에 대한 정죄함만이 있을 뿐입니다. 자신을 죄인으로만 몰아세우는 친구들 앞에서 이제 욥은 자신을 불쌍히 여겨달라고 부탁합니다.

"나의 친구야 너희는 나를 불쌍히 여겨다오 나를 불쌍히 여겨다오 하나님의 손이 나를 치셨구나"(욥 19:21)

그러나 욥의 친구들은 욥의 아픔을 진심으로 이해하지 않고 함께 아파하지도 않습니다. 욥은 홀로 고통 가운데 놓인 것입니다. 욥은 이제 아무것도 바랄 수 없는 상황에서 마지막 남은 단 하나의 희망인 하나님 뵈올 날만을 소망합니다.

성경통독 BIBLETONGDOK

《일년일독 통독성경》 욥기 18~19장

통通으로 숲이야기 ; 통숲 TONG OBSERVATION

● 첫 번째 포인트
빌닷은 시종일관 욥을 과격한 태도로 책망합니다.

욥의 친구 빌닷은 처음부터 끝까지 과격한 태도로 욥을 책망하기만 합니다. 친구들의 뾰족한 말들로 인해 욥이 아파하며 반박했던 말들이 오히려 그들을 더 화나게 만들었던 것입니다. 빌닷이 답답하다며 욥에게 소리칩니다.

"깨달으라 그 후에야 우리가 말하리라"(욥 18:2)

지금 욥과 욥의 친구들 가운데 누가 하나님의 뜻을 깨닫고 있습니까? '깨닫다'라는 것은 곧 이해한다는 것입니다. 그런데 욥은 아직 자신의 고난이 전혀 이해되지 않았습니다. 그래서 오히려 죄 없는 자신이 왜 이러한 고통을 받아야 하는지 하나님께 질문했던 것입니다. 욥은 친구들에게, 이해는 고사하고 비난까지 받자 이제 그들에게 반박을 펼치는 중입니다.

빌닷 또한 하나님을 이해하기는커녕 자신의 친구인 욥 한 명조차도 전혀 이해하지 못하고 있습니다. 오히려 빌닷은 고통의 늪에서 괴로워하며 슬퍼하고 있는 욥을 고통 가운데에서 꺼내주려 하기보다 더 힘들게 하고 있습니다. 빌닷은 친구들의 충고를 받아들이지 않는다며 욥에게 대놓고 불쾌함을 드러내며 질책하기 시작합니다.

"너희가 어느 때에 가서 말의 끝을 맺겠느냐 깨달으라 그 후에야 우리가 말하리라 어찌하여 우리를 짐승으로 여기며 부정하게 보느냐"(욥 18:2~3)

인생들이 하나님을 온전히 이해한다는 것은 불가능한 일입니다. 하지만 욥은 지금까지 자신을 사랑하고 동행해주셨던 하나님께서 끝까지 자신과 함께하실 것이라는 믿음만은 확고하게 지키고 있습니다. 해석되지 않는 고난 가운데에서도 욥은 끝내 하나님에 대한 믿음만은 놓지 않고 확실하게 붙잡고 있는 것입니다.

● 두 번째 포인트

빌닷이 말하고 있는 악인은 구체적으로 욥을 빗대어 하는 말입니다.

빌닷은 욥에게 악인이 반드시 멸망하게 된다는 것을 자세히 설명합니다. 이는 사실 욥이 악인이라며 욥을 정죄하는 것이었습니다. '악인의 멸망'에 대해서 빌닷이 다음과 같이 말합니다.

첫째, 악인의 빛은 사라진다고 말합니다.

"악인의 빛은 꺼지고 그의 불꽃은 빛나지 않을 것이요"(욥 18:5)

둘째, 악인의 걸음은 피곤해진다고 말합니다.

"그의 활기찬 걸음이 피곤하여지고 그가 마련한 꾀에 스스로 빠질 것이니"(욥 18:7)

셋째, 악인은 그물에 빠지고 올가미에 걸리고 덫에 치이고 올무에 얽힌다고 말합니다.

"이는 그의 발이 그물에 빠지고 올가미에 걸려들며 그의 발 뒤꿈치는 덫에 치이고 그의 몸은 올무에 얽힐 것이며"(욥 18:8~9)

넷째, 악인은 무서움에 쫓긴다고 말합니다.

"무서운 것이 사방에서 그를 놀라게 하고 그 뒤를 쫓아갈 것이며"(욥

18:11)

다섯째, 악인은 기근과 질병을 만나며 결국 사망으로 향한다고 말합니다.

"그의 힘은 기근으로 말미암아 쇠하고 그 곁에는 재앙이 기다릴 것이며 질병이 그의 피부를 삼키리니 곧 사망의 장자가 그의 지체를 먹을 것이며"(욥 18:12~13)

여섯째, 악인의 기업은 끊어진다고 말합니다.

"그가 의지하던 것들이 장막에서 뽑히며 그는 공포의 왕에게로 잡혀가고"(욥 18:14)

일곱째, 악인의 자손은 끊어진다고 말합니다.

"그는 그의 백성 가운데 후손도 없고 후예도 없을 것이며 그가 거하던 곳에는 남은 자가 한 사람도 없을 것이라"(욥 18:19)

지금 빌닷이 말하고 있는 악인은 구체적으로 욥을 빗대어 하는 말입니다. 빌닷은 더 이상 욥의 친구도 그리고 욥의 위로자도 아니었습니다. 그의 머리에는 선과 악의 구분만 있을 뿐이고 그의 입술에는 남을 정죄하는 판단만 있을 뿐입니다.

지금 빌닷이 욥에게 퍼붓는 말은 악담 중의 악담이요, 욥과 같이 고통을 당하는 자 앞에서는 도저히 할 수 없는 말입니다. 빌닷의 말은 저주와 별반 다를 것이 없습니다.

"회개할 줄 모르는 욥이 예전에는 부자였지만 이제는 굶주리고 있다.", "그의 병은 결국 그를 죽음으로 이끌 것이다.", "악인의 뿌리는 마를 것이며 악인의 가지는 시들어 버릴 것이다." 빌닷의 이 언어에는 욥에 대한 어떠한 동정심도 없었습니다. 죄인은 당연히 그렇게 큰 재앙을 당해야 한다는 거친 언어만이 계속될 뿐이었습니다.

● 세 번째 포인트

욥은 자기에게 고통을 주시는 분이 하나님이시라고 토로합니다.

욥이 고통 가운데 친구들에게 고백한 말들입니다.

첫째, 하나님께서 자신에게 **빠져나올 수 없는 고통**을 주셨다고 말합니다.

"내 길을 막아 지나가지 못하게 하시고 내 앞길에 어둠을 두셨으며"(욥 19:8)

둘째, 하나님께서 자신을 낮추셨다고 말합니다.

"나의 영광을 거두어가시며 나의 관모를 머리에서 벗기시고"(욥 19:9)

셋째, 하나님께서 희망까지도 모두 **뽑아버리셨다**고 말합니다.

"사면으로 나를 헐으시니 나는 죽었구나 내 희망을 나무 뽑듯 뽑으시

고"(욥 19:10)

넷째, 하나님께서 자신을 원수로 대하듯 공격하셨다고 말합니다.

"나를 향하여 진노하시고 원수 같이 보시는구나 그 군대가 일제히 나아와서 길을 돋우고 나를 치며 내 장막을 둘러 진을 쳤구나"(욥 19:11~12)

다섯째, 하나님께서 자신의 가족과 친구들과 이웃들 모두를 멀어지게 하셨다고 말합니다.

"나의 형제들이 나를 멀리 떠나게 하시니 나를 아는 모든 사람이 내게 낯선 사람이 되었구나 … 나의 가까운 친구들이 나를 미워하며 내가 사랑하는 사람들이 돌이켜 나의 원수가 되었구나"(욥 19:13~19)

욥은 하나님께서 자신에게 너무 많은 고통을 주셨다고 말합니다. 그리고 하나님께서 자신을 더 이상 앞으로 나갈 수 없게 어두움으로 길을 막으셨다고 좌절합니다.

욥은 자신이 이미 모든 사람으로부터 버림을 받았고 충분히 비웃음을 받았다고 말합니다. 그러나 욥은 이 고통이 하나님께 왔음으로, 괴롭지만 자신이 탄원할 수 있는 분도 하나님밖에 없음을 알고 있습니다.

그래서 욥은 고통 중에도 항상 하나님께로 시선을 향합니다. 하나님만이 욥의 진심을 알아주실 것이고 자신이 악한 사람이 아니라는 것을 믿어주고 변호해주실 것이라고 믿었기 때문입니다.

● 네 번째 포인트
욥은 이제 친구들에게 자신을 불쌍히 여겨달라고 부탁합니다.

친구들의 조롱을 받는 고통은 욥에게 육신의 고통보다 더한 아픔이었습니다. 욥은 이제 더 이상 친구들의 변론에 맞서 싸울 힘조차 없습니다. 자신을 죄인으로 몰아세우는 친구들 앞에 그저 "나를 불쌍히 여겨다오"(욥 19:21)라는 말밖에 할 말이 없습니다. 지금 욥이 친구들에게 바라는 것은 정확한 원리나 원칙이 아닙니다. 옛 조상들이 알려주었던 지혜의 말도 아닙니다. 다만 욥이 친구들에게 요구하는 것은 자신을 불쌍히 여겨달라는 것입니다.

"나의 친구야 너희는 나를 불쌍히 여겨다오 나를 불쌍히 여겨다오 하나님의 손이 나를 치셨구나"(욥 19:21)

욥은 그가 당하는 고통이 하나님께로부터 왔다는 것을 알고 있습니다. 그러므로 친구들만큼은 자신의 슬픔에 동참해달라는 것입니다.

● 다섯 번째 포인트

욥이 바라고 소망할 대상은 오직 하나님뿐입니다.

친구들에게 자신을 불쌍히 여겨달라고까지 부탁했던 욥은 부활을 확신하며 하나님께 의로운 심판을 호소합니다.

"내가 알기에는 나의 대속자가 살아 계시니 마침내 그가 땅 위에 서실 것이라 내 가죽이 벗김을 당한 뒤에도 내가 육체 밖에서 하나님을 보리라"(욥 19:25~26)

여기에서 '대속자'는 히브리어로 '가알(גאל)'입니다. 이는 '되찾다', '무르다', '구해내다'라는 뜻으로 '기업 무를 자', '복수자', '구속자'를 의미합니다. 즉, 율법에서 가장 가까운 친족이 기업 무를 자의 책임을 갖는다는 것을 의미합니다.

"만일 네 형제가 가난하여 그의 기업 중에서 얼마를 팔았으면 그에게 가까운 기업 무를 자가 와서 그의 형제가 판 것을 무를 것이요"(레 25:25)

욥은 이 고통 속에 있는 자신을 구해내고 자신의 명예를 회복시켜주실 분이 오직 하나님이심을 고백합니다. 욥이 바라고 소망할 대상은 오직 하나님 한 분밖에 없습니다. 그래서 욥은 그 고통 가운데 자신의 구원자가 살아 계심을 고백합니다. '하나님이 나를 돌보시리라'는 확신이 욥에게 있었던 것입니다.

욥은 죽음의 세계 이후까지도 하나님을 신뢰하고 있습니다. 지금 살아 있는 동안에도 그리고 이후 그의 모든 여정도 하나님께서 지키시리라는 믿음이 지독한 고통의 현실에서 이렇게 찬란하게 피어오르고 있었던 것입니다.

디저트 DESSERT

욥의 세 친구는 원래 욥을 위로하기 위해 찾아왔습니다.

"그들이 욥을 위문하고 위로하려 하여 서로 약속하고 오더니"(욥 2:11)

그러나 지금 욥의 친구들이 욥을 향하여 내뱉는 말은 위로가 아닌 가시 같은 말들뿐입니다. 그들의 말 자체가 완전히 틀리지는 않습니다. 하나님께서 공의로우시다는 것과 하나님께서 재앙 또한 주관하신다는 것은 분명한 사실입니다. 하지만 지금 고난을 받을 죄를 찾지 못하는 욥의 입장에서 그들의 말은 엉뚱한 누명을 뒤집어씌우는 격이었습니다. 따라서 약이 아닌 독이 되는 언사들이었습니다.

욥에게도 하나님께서 공의로우시다는 것과 하나님께서 재앙 또한 주관하신다는 사실을 아는 지혜는 넘치게 있습니다. 그러나 욥이 친구들의 말에 동의하지 않는 것은 단지 친구들이 자신의 처지를 동정하거나 위로하지 않아서가 아니라 그들이 충고하며 내뱉는 말들이 자신의 고난에 적용되지 않는 말이기 때문이었습니다.

욥이 아무리 그 설명을 해보지만 욥의 친구들은 자신들이 보고 믿는 것을 계속 밀어붙이고만 있습니다. 그래서 욥은 세상의 어떤 것도 의지하지 않고 오직 하늘의 하나님만을 의지하고 있습니다. 하나님만이 우리의 반석이시고 요새이시며 하나님만이 우리의 피난처이십니다.

*136*일
진실한 사랑이 없는 친구들 (욥 20~21장)

욥은 소발의 주장에 대해 세상에 가득한 모순들을 열거하며 의인은 번성하고 악인은 쇠하게 되는 것이 진리이기는 하지만, 현실에는 꼭 그렇지 않은 경우도 많이 있다고 주장합니다.

성경통독 BIBLETONGDOK

《일년일독 통독성경》 욥기 20~21장

....
....
....
....

● 첫 번째 포인트

소발은 욥이 지쳐 자신들의 의견을 듣지 않자 몹시 흥분하며 자기의 변론을 또다시 시작합니다.

소발이 욥을 정죄하며 비난하는 강도가 점점 세집니다. 친구들의 변론에 욥이 때로는 간곡하게, 때로는 강경하게 자신의 의로움을 강조하자 적잖이 마음이 조급해졌기 때문입니다. 하나님께서 욥에게 주신 곤경은 그 누구도 쉽게 이겨내기 어려운 일들이었습니다. 생각만 해도 떨리고 소름이 끼칠 만한 일들입니다. 그런데 욥의 친구들은 실제로 자신들은 당해 보지도 않았으면서 욥의 상황에 대해 그저 몇 가지 논리로 논쟁하기에 급급했던 것입니다.

소발은 욥을 정죄하며 악인은 일시적으로 번영할 수 있지만 결과적으로는 반드시 파멸함을 말하며 악인에 대한 하나님의 심판을 주장합니다. 그러나 욥이 소발의 주장에 동의하지 않자 소발은 몹시 흥분하며 또다시 자기의 변론을 시작합니다.

"내 초조한 마음이 나로 하여금 대답하게 하나니 이는 내 중심이 조급함이니라 내가 나를 부끄럽게 하는 책망을 들었으므로 나의 슬기로운

마음이 나로 하여금 대답하게 하는구나"(욥 20:2~3)

이미 소발에게는 욥에 대한 배려 같은 것은 찾아볼 수가 없습니다. 소발은 욥에게 일어난 일이 하나님께서 행하신 일이라는 것을 상상도 못했을뿐더러 무조건 자기의 주장을 관철시키려는 욕심에 사로잡혀 있었습니다. 소발에게 욥은 자신의 말에 굴복하지 않는 그저 '죄인'일 뿐입니다. 그러나 욥은 그 순간에도 정금처럼 단련되어가고 있었습니다.

● 두 번째 포인트
소발은 하나님께서 아버지의 죄를 아들에게 갚으신다는 우매한 주장을 폅니다.

소발은 자기 논리를 주장하기 위해 하나님께서 아버지의 죄를 아들에게 갚으신다는 논리를 전개했습니다.

"그의 아들들은 가난한 자에게 은혜를 구하겠고 그도 얻은 재물을 자기 손으로 도로 줄 것이며"(욥 20:10)

소발의 친구 엘리바스 또한 같은 주장을 했습니다.

"그의 자식들은 구원에서 멀고 성문에서 억눌리나 구하는 자가 없으며"(욥 5:4)

....

....

....

....

이 주장에 대해 욥이 말합니다.

"하나님은 그의 죄악을 그의 자손들을 위하여 쌓아 두시며 그에게 갚으실 것을 알게 하시기를 원하노라 자기의 멸망을 자기의 눈으로 보게 하며 전능자의 진노를 마시게 할 것이니라"(욥 21:19~20)

이 주장은 예수님의 시대까지 계속되었으나 예수님께서는 날 때부터 맹인 된 사람에 대해 부모의 죄의 대가로 그가 맹인이 되었다는 논리를 인정하지 않으셨습니다.

"제자들이 물어 이르되 랍비여 이 사람이 맹인으로 난 것이 누구의 죄로 인함이니이까 자기니이까 그의 부모니이까 예수께서 대답하시되 이 사람이나 그 부모의 죄로 인한 것이 아니라 그에게서 하나님이 하시는 일을 나타내고자 하심이라"(요 9:2~3)

소발의 논리는 매우 어리석고 우매한 주장이었고 그들의 마음에는 하나님의 사랑과 은혜 그리고 긍휼의 마음은 손톱만큼도 없었습니다. 소발의 본심은 욥에 대한 시기와 질투를 욥의 고난으로 보상을 삼은 것이었습니다. 그러면서 소발은 자신의 입술에 하나님을 운운하며 자신의 검은 속내를 하나님의 이름으로 포장하고 있었던 것입니다. 욥은 이 모든 것을 견디며 정금같이 단련되어가고 있었습니다. 이를 하나님께서 지켜보고 계십니다.

● 세 번째 포인트
소발은 욥의 재산이 사라진 것이 욥이 악하기 때문에 하나님께서
벌하신 것이라고 노골적으로 이야기합니다.

욥은 자신의 재산으로 인해 혹시 자식들이 죄를 짓지는 않았
을까 하여 수없이 하나님께 번제를 드렸던 하나님의 사람입니다
(욥 1:5). 사실 욥의 재산과 그의 죄는 아무런 상관관계가 없었습니
다. 그런데 소발은 자신의 판단과 잣대로 소유의 많고 적음과 그
자체를 가지고 인간의 도덕성, 나아가 하나님의 심판을 운운하는
엉뚱한 생각을 가지고 있었습니다. 소발은 욥에게 악인이 잠시
잠깐은 형통할 수 있지만 이는 일시적인 것이라고 말합니다.

"네가 알지 못하느냐 예로부터 사람이 이 세상에 생긴 때로부터 악인
이 이긴다는 자랑도 잠시요 경건하지 못한 자의 즐거움도 잠깐이니라"
(욥 20:4~5)

그리고 소발은 계속해서 악인의 번영은 잠깐 눈에 보였다가
사라지는 것으로 헛된 꿈과 같은 것이라고 말합니다. 그러므로
악인은 반드시 파멸한다고 주장합니다.

"그의 음식이 창자 속에서 변하며 뱃속에서 독사의 쓸개가 되느니라"
(욥 20:14)

소발은 지난날 욥에게 있었던 모든 형통을 그저 악인의 자랑과 잠깐의 즐거움으로 보고 있습니다. 결국 욥이 악인의 길로 가고 있다는 것입니다. 그러나 이는 소발의 착각이었습니다. 욥은 하나님 앞에 의인이었기 때문입니다. 소발의 헛소리는 계속됩니다. 소발은 욥을 악인으로 규정하고 결국 하나님의 두려운 심판을 받게 될 것이라고 주장합니다.

"풍족할 때에도 괴로움이 이르리니 모든 재난을 주는 자의 손이 그에게 임하리라"(욥 20:22)

"하늘이 그의 죄악을 드러낼 것이요 땅이 그를 대항하여 일어날 것인즉 그의 가산이 떠나가며 하나님의 진노의 날에 끌려가리라"(욥 20:27~28)

〈욥기〉에 나오는 소발을 비롯한 욥의 친구들의 말은 결코 '아멘' 해서는 안 되는 구절임을 명심해야 합니다.

● 네 번째 포인트
욥은 의인이 복을 받고 악인이 고난을 받는다는 친구들의 주장과는 사뭇 다른 현실을 말합니다.

욥은 악인이 멸망한다는 소발의 인과율적 논리에 대해 반박합니다. 그리고 친구들에게 세상에 가득 찬 모순들에 대해 열거합니다. 소발을 비롯한 친구들이 끝도 없이 주장하는 의인의 행복과 악인의 고난이 현실에서는 전혀 맞지 않다는 것을 피력합니다. 그리고 악인이 멸망한다는 인과율적 논리에 대해 반박합니다. 현실에서는 악인들이 형통하는 경우도 많다는 것입니다.

> "어찌하여 악인이 생존하고 장수하며 세력이 강하냐 그들의 후손이 앞에서 그들과 함께 굳게 서고 자손이 그들의 목전에서 그러하구나 그들의 집이 평안하여 두려움이 없고 하나님의 매가 그들 위에 임하지 아니하며 그들의 수소는 새끼를 배고 그들의 암소는 낙태하는 일이 없이 새끼를 낳는구나 그들은 아이들을 양 떼 같이 내보내고 그들의 자녀들은 춤추는구나 그들은 소고와 수금으로 노래하고 피리 불어 즐기며 그들의 날을 행복하게 지내다가 잠깐 사이에 스올에 내려가느니라"(욥 21:7~13)

욥의 친구들은 자신들의 논리가 옳다고 스스로를 합리화하며 악인은 반드시 벌을 받는다고 주장합니다. 그러나 사실 현실 속에서 벌을 받지 않고 평안히 죽음을 맞이하는 악인들도 많이 있습니다. 그러므로 욥의 친구들의 주장은 모순입니다. 그리고 그들은 욥을 향해 정죄하면서 정작 그들 자신은 제외되어 있습니다. 그 기준으로 자신들의 삶은 돌아보지 않는 것입니다. 그러므로 이 또한 모순입니다. 그들은 남을 판단함에 있어서는 누구보다 날카롭고 자기 자신에 대해서는 과하게 관대한 자들입니다.

● 다섯 번째 포인트

욥은 악인에게 대한 징계는 보류될 수 있고 의인 역시 악인과 함께 죽음을 경험한다고 말합니다.

악인이 멸망한다는 인과율적 논리에 대해 욥은 계속해서 그의 친구들에게 반박합니다.

"그의 달 수가 다하면 자기 집에 대하여 무슨 관계가 있겠느냐 그러나 하나님께서는 높은 자들을 심판하시나니 누가 능히 하나님께 지식을 가르치겠느냐 어떤 사람은 죽도록 기운이 충실하여 안전하며 평안하고 그의 그릇에는 젖이 가득하며 그의 골수는 윤택하고 어떤 사람은 마음에 고통을 품고 죽으므로 행복을 맛보지 못하는도다 이 둘이 매 한가지로 흙 속에 눕고 그들 위에 구더기가 덮이는구나"(욥 21:21~26)

욥은 행복과 불행을 오가며 행불행을 느끼는 주체는 사람이지만 행불행의 주관자는 하나님이시라는 것과 행복도 불행도 이 땅에서 얻는 잠깐의 감정이라는 사실을 깨닫습니다. 인생의 극과 극을 경험한 욥이었기에 인간의 한계에 대해 더 많이 자각했던 것입니다.

"깊도다 하나님의 지혜와 지식의 풍성함이여, 그의 판단은 헤아리지 못할 것이며 그의 길은 찾지 못할 것이로다 누가 주의 마음을 알았느냐 누가 그의 모사가 되었느냐 누가 주께 먼저 드려서 갚으심을 받겠느냐 이는 만물이 주에게서 나오고 주로 말미암고 주에게로 돌아감이라 그에게 영광이 세세에 있을지어다 아멘"(롬 11:33~36)

디저트 DESSERT

하나님께서 의로운 자를 구원하시고 불의한 자를 심판하시는 것은 성경 전체를 관통하는 주제 가운데 하나이지만 하나님은 인생들의 논리로 다 설명할 수 있는 분이 아닙니다. 비록 이 세상에 의인이 고난을 당하고 악인이 득세하는 부조리가 가득하다고 할지라도 그것으로 인해 하나님의 거룩하심과 공의로우심에 흠이 갈 수는 없습니다.

하나님께서는 모든 일에 정한 때가 있으신 분이며 하나님의 때에 모든 선과 악이 명명백백하게 드러날 것이기 때문입니다.

....

....

....

....

*137*일
하나님을 갈망하는 욥 (욥 22~24장)

　　욥과 욥의 세 친구의 마지막 논쟁이 시작됩니다. 이번에도 엘리바스가 먼저 포문을 엽니다. 엘리바스는 이제 대놓고 욥이 온갖 악행을 일삼는 자라고 규정합니다.

　　"온전하고 정직하여 하나님을 경외하며 악에서 떠난 자"(욥 1:1)라는 것이 욥에 대한 하나님의 평가였습니다. 그런데 엘리바스는 '욥이 죄를 지었기 때문에 벌을 받은 것'이라는 주장을 끝까지 관철시키기 위해 이제는 욥이 실제 범하지도 않은 죄악들을 추측하며 억지까지 부리고 있습니다. 욥의 친구들을 통해 인간의 교만이 어디까지 갈 수 있는지를 보게 됩니다.

성경통독 BIBLETONGDOK

《일년일독 통독성경》 욥기 22~24장

통通으로 숲이야기 ; 통숲 TONG OBSERVATION

● 첫 번째 포인트
엘리바스는 욥이 짓지 않은 죄까지 구체적으로 언급하며 욥을 죄인으로 호도합니다.

욥과 욥의 세 친구의 마지막 논쟁입니다. 엘리바스가 먼저 입을 엽니다. 엘리바스는 자기주장의 논리적 타당성을 위해 이제는 거짓말까지 서슴지 않습니다. 엘리바스는 욥이 행하지도 않은 죄악들까지도 행했다고 주장합니다. 자기 논리의 모순에 빠진 사람들의 곡해가 이렇게까지 심할 수 있을까 싶을 정도입니다. 엘리바스는 '욥이 죄를 지었기 때문에 벌을 받은 것'이라는 주장을 끝까지 관철시키기 위해 자신이 직접 보지도 않았고 실제 욥이 범하지도 않은 죄악들과 범행들을 추측하며 억지를 부립니다.

"네 악이 크지 아니하냐 네 죄악이 끝이 없느니라"(욥 22:5)

엘리바스는 당시 부자들이 저질렀을 법한 죄를 욥도 저질렀을 것이라며 '욥의 죄'라는 것들을 나열하기 시작합니다.

"까닭 없이 형제를 볼모로 잡으며 헐벗은 자의 의복을 벗기며 목마른 자에게 물을 마시게 하지 아니하며 주린 자에게 음식을 주지 아니하였구나 권세 있는 자는 토지를 얻고 존귀한 자는 거기에서 사는구나 너는 과부를 빈손으로 돌려보내며 고아의 팔을 꺾는구나"(욥 22:6~9)

그러나 앞서 살펴보았듯이 욥의 실제 모습은 그렇지 않았습니다.

"그와 같이 온전하고 정직하여 하나님을 경외하며 악에서 떠난 자는 세상에 없느니라"(욥 1:8)

욥이 이후에 엘리바스의 말 때문에 지난날의 자신을 회상했나 봅니다.

"내가 언제 가난한 자의 소원을 막았거나 과부의 눈으로 하여금 실망하게 하였던가 나만 혼자 내 떡덩이를 먹고 고아에게 그 조각을 먹이지 아니하였던가 실상은 내가 젊었을 때부터 고아 기르기를 그의 아비처럼 하였으며 내가 어렸을 때부터 과부를 인도하였노라 만일 내가 사람이 의복이 없이 죽어가는 것이나 가난한 자가 덮을 것이 없는 것을 못본 체 했다면 만일 나의 양털로 그의 몸을 따뜻하게 입혀서 그의 허리가 나를 위하여 복을 빌게 하지 아니하였다면 만일 나를 도와 주는 자가 성문에 있음을 보고 내가 주먹을 들어 고아를 향해 휘둘렀다면 내 팔이 어깨 뼈에서 떨어지고 내 팔 뼈가 그 자리에서 부스러지기를 바라노라 나는 하나님의 재앙을 심히 두려워하고 그의 위엄으로 말미암아 그런 일을 할 수 없느니라"(욥 31:16~23)

이제 곧 그간의 엘리바스의 모든 잘못된 말에 대해 하나님께서 엘리바스를 크게 책망하실 것입니다.

"여호와께서 욥에게 이 말씀을 하신 후에 여호와께서 데만 사람 엘리바스에게 이르시되 내가 너와 네 두 친구에게 노하나니 이는 너희가 나를 가리켜 말한 것이 내 종 욥의 말 같이 옳지 못함이니라"(욥 42:7)

엘리바스는 "네 이웃에 대하여 거짓 증거하지 말라"(출 20:16)라는 죄를 저지른 것입니다.

● 두 번째 포인트
엘리바스는 욥이 조롱받는 것이 당연하다고 말합니다.

엘리바스는 욥이 당하는 고통은 하나님의 심판의 결과이므로 다른 이들에게 조롱받는 것이 당연하다고 말합니다.

"의인은 보고 기뻐하고 죄 없는 자는 그들을 비웃기를 우리의 원수가

망하였고 그들의 남은 것을 불이 삼켰느니라 하리라"(욥 22:19~20)

그러나 엘리바스의 논리는 하나님의 섭리에 대해서는 전혀
모르면서 무조건 이 땅에서의 고통은 죄 때문이라고 단정하는
인과율적인 해석을 기계적으로 내린 것에 불과했습니다. 그래서
엘리바스는 욥이 행한 악의 결과로 이 같은 고통이 임한 것이라
고 단정했던 것입니다.

"그러므로 올무들이 너를 둘러 있고 두려움이 갑자기 너를 엄습하

며 어둠이 너로 하여금 보지 못하게 하고 홍수가 너를 덮느니라"(욥

22:10~11)

"네가 악인이 밟던 옛적 길을 지키려느냐"(욥 22:15)

엘리바스의 이 논리는 노아 때 악인들의 죄를 하나님께서 심
판하신 것처럼 지금 욥이 당하는 고난은 '악인 욥'에 대한 하나님
의 진노의 심판이 욥에게 임한 것이라는 주장입니다.

"하나님이 노아에게 이르시되 모든 혈육 있는 자의 포악함이 땅에 가

득하므로 그 끝 날이 내 앞에 이르렀으니 내가 그들을 땅과 함께 멸하

리라"(창 6:13)

그러므로 엘리바스는 욥에게 회개하여 죄로부터 회복할 것
을 권고합니다.

"너는 하나님과 화목하고 평안하라 그리하면 복이 네게 임하리라"(욥 22:21)

"너는 그에게 기도하겠고 그는 들으실 것이며 너의 서원을 네가 갚으리라 네가 무엇을 결정하면 이루어질 것이요 네 길에 빛이 비치리라 사람들이 너를 낮추거든 너는 교만했노라고 말하라 하나님은 겸손한 자를 구원하시리라"(욥 22:27~29)

엘리바스는 욥에게 정직한 척하는 자라고 비꼬면서 동시에 욥이 교만한 자라고 비난합니다. 그러면서 하나님께서 겸손한 자를 구원하신다는 말을 덧붙입니다. 친구에게 이렇게 날카로운 흉기 같은 말로 상처를 내는 엘리바스가 욥에게 '겸손하라'는 권면을 덧붙인 이유는 친구를 생각하는 마음에서 우러나온 조언이라기보다는 자기 의를 내세우며 욥을 멸시하는 표현일 뿐이었습니다.

● 세 번째 포인트
욥은 인내하며 침묵하시는 하나님을 바라봅니다.

욥은 친구들의 논리보다 하나님께 나아가 자신의 고난을 해석받기를 원하고 있습니다.

"내가 어찌하면 하나님을 발견하고 그의 처소에 나아가랴 어찌하면 그 앞에서 내가 호소하며 변론할 말을 내 입에 채우고 내게 대답하시는 말씀을 내가 알며 내게 이르시는 것을 내가 깨달으랴"(욥 23:3~5)

"거기서는 정직한 자가 그와 변론할 수 있은즉 내가 심판자에게서 영원히 벗어나리라"(욥 23:7)

욥은 친구들과의 대화가 무익하다는 사실을 확실하게 깨닫습니다. 그러자 욥은 더 이상 자기 주변의 상황에 기대를 걸지 않습니다. 욥은 오직 침묵하시는 하나님만을 바라봅니다. 욥은 하나님 앞에 가고자 애타게 몸부림치며 하나님을 간절히 찾고 있습니다. 욥은 자기가 당한 일을 가지고 하나님 앞에 나아가는 것이 유일한 해결책이라고 믿고 있습니다.

● 네 번째 포인트
욥은 고난 가운데 하나님의 섭리를 향하여 한 걸음 더 다가갑니다.

욥은 하나님의 섭리를 믿습니다.
"그러나 내가 가는 길을 그가 아시나니 그가 나를 단련하신 후에는 내가 순금 같이 되어 나오리"(욥 23:10)

하나님께서는 한 번도 의인에게 아무런 이유 없이 고통을 안겨주시지 않으셨습니다. 악인에겐 심판을 내리시고 혹은 징계를 통해 뼈아픈 가르침을 주십니다. 그런데 심판도 징계도 굳이 필요 없는 의인에게 어떤 고난이 임했다면 그것은 그를 한 차례 더 빚어 더욱 큰 기쁨과 영광을 안겨주시려는 하나님의 큰 섭리인 것입니다.

욥의 고통이 앞으로도 더 계속될 것이지만 이 고난은 결코 무의미하지 않습니다. 욥은 자신을 단련하시고 순수한 정금으로 만드시고자 하는 하나님의 분명한 목적이 있다는 것을 알고 있습니다. 때문에 욥은 아직 그의 고난이 해석되지는 않지만 하나님을 향한 믿음과 신뢰만은 결코 저버리지 않습니다. 욥의 고통 뒤에 영광이 기다리고 있듯이, 고통의 절정에 있었던 예수님의 십자가 사건도 그 큰 고통 이면에 찬란한 영광이 숨어 있었습니다.

〈히브리서〉 기자는 예수님께서 그 앞에 있는 기쁨을 위하여 십자가를 참으셨다고 증언하고 있습니다.

"믿음의 주요 또 온전하게 하시는 이인 예수를 바라보자 그는 그 앞에 있는 기쁨을 위하여 십자가를 참으사 부끄러움을 개의치 아니하시더니 하나님 보좌 우편에 앉으셨느니라"(히 12:2)

● 다섯 번째 포인트
욥은 자신이 부자였을 때에 잘 보지 못했던 현실을 체험합니다.

욥이 나열하는 부당한 불의가 난무하는 현실은 다음과 같습니다.

"어떤 사람은 땅의 경계표를 옮기며 양 떼를 빼앗아 기르며 고아의 나귀를 몰아 가며 과부의 소를 볼모 잡으며 가난한 자를 길에서 몰아내나니 세상에서 학대 받는 자가 다 스스로 숨는구나 그들은 거친 광야의 들나귀 같아서 나가서 일하며 먹을 것을 부지런히 구하니 빈 들이 그들의 자식을 위하여 그에게 음식을 내는구나 밭에서 남의 꼴을 베며 악인이 남겨 둔 포도를 따며 의복이 없어 벗은 몸으로 밤을 지내며 추워도 덮을 것이 없으며 산중에서 만난 소나기에 젖으며 가릴 것이 없어 바위를 안고 있느니라 어떤 사람은 고아를 어머니의 품에서 빼앗으며 가난한 자의 옷을 볼모 잡으므로 그들이 옷이 없어 벌거벗고 다니며 곡식 이삭을 나르나 굶주리고 그 사람들의 담 사이에서 기름을 짜며 목말라 하면서 술 틀을 밟느니라"(욥 24:2~11)

"성 중에서 죽어가는 사람들이 신음하며 상한 자가 부르짖으나 하나님이 그들의 참상을 보지 아니하시느니라"(욥 24:12)

욥은 부자였을 때에는 잘 보지 못했던 현실을 보고 있습니다.

....

....

....

....

가난하고 병든 자신의 처지에서 보이는 세상의 죄악을 처절하게 경험하고 있는 것입니다. 욥이 병들고 가난한 사람들의 처지에서 세상의 죄악을 올바로 파악할 수 있게 된 것은 하나님께서 욥에게 고난을 통해 주신 또 다른 은혜였습니다. 이 은혜 가운데 욥은 악인은 결국 멸망할 것이라고 확신하며 하나님의 심판을 믿습니다.

"그들은 잠깐 동안 높아졌다가 천대를 받을 것이며 잘려 모아진 곡식 이삭처럼 되리라"(욥 24:24)

곡식 이삭은 여름내 그냥 내버려두었다가 가을 추수 때가 되면 순식간에 베어버립니다. 이처럼 때가 되었을 때 하나님께서 심판하십니다. 그러므로 악인의 형통을 부러워할 필요가 없습니다. 의인은 그 믿음으로 말미암아 하루하루 충성되게 살 것입니다. 다만 하나님의 때가 이르면 하나님께서 분명 악인을 심판하시고 의인을 구원하실 것입니다.

"둘 다 추수 때까지 함께 자라게 두라 추수 때에 내가 추수꾼들에게 말하기를 가라지는 먼저 거두어 불사르게 단으로 묶고 곡식은 모아 내 곳간에 넣으라 하리라"(마 13:30)

디저트 DESSERT

욥은 엘리바스의 변론을 더 이상 문제 삼지 않습니다. 친구들과의 대화가 무익하다는 사실을 깨달았기 때문입니다.

이제 욥은 하나님께서 모든 사정을 헤아려주시기 바라며 하나님과 대화하기를 갈망합니다. 욥은 자신이 당하는 고통이 하나님의 뜻이라는 사실을 깨닫습니다. 이 고통이 결코 무의미하지 않으며 자신을 단련하시고 순수한 정금으로 만들고자 하시는 분명한 목적이 하나님께 있다는 것입니다.

때로 의인이 고통을 당하고 악인이 형통한 것처럼 보일 때가 있습니다. 그러나 분명한 것은 인간으로서는 하나님의 섭리를 다 헤아릴 수 없으며 다만 하나님의 때가 이르면 하나님께서 분명 악인을 심판하시고 의인을 구원하신다는 것입니다.

*138*일
심판 날을 기다리는 욥 (욥 25~31장)

빌닷의 세 번째 논리를 끝으로 욥과 욥의 세 친구의 논쟁이 끝이 납니다.

"엄위하신 창조주 하나님 앞에서 피조물인 인간들은 벌레나 다름없다."라는 빌닷의 발언은 이전까지의 주장과 별로 다를 바가 없었습니다. 욥은 빌닷의 주장을 그저 짧은 단편적인 지식이라고 반론합니다. 욥은 자신의 고난을 계속 죄악의 문제로 해석하는 친구들의 비난 앞에서 오직 하나님의 판결 듣기를 소망합니다.

《일년일독 통독성경》 욥기 25∼31장

● 첫 번째 포인트
빌닷은 욥의 자녀들이 죽게 된 것도 욥의 모든 고난도 욥의 죄악 때문이라고 끝까지 주장합니다.

이미 욥기 8장에서 욥의 자녀들이 죽게 된 것을 그들의 죄 때문이라고 정죄했던 빌닷은 계속해서 욥의 고난을 욥의 죄악의 문제로 해석합니다. 그러면서 빌닷은 짧고 단편적인 하나님에 대한 지식을 가지고 하나님과 인간을 대조하며 하나님의 위대하심과 인간의 의롭지 못함에 대해 별 가치 없는 주장을 폅니다.

빌닷의 의도는 욥도 역시 의롭지 못한 인간일 뿐임으로 욥이 당하는 고통은 인간이기 때문에 당하는 고통임을 인정하라는 것입니다. 빌닷은 자기 자신의 입으로 사람들의 삶을 벌레 같은 인생, 구더기 같은 인생이라고 표현합니다. 사람은 어쩔 수 없이 죄를 지을 수밖에 없는 존재라는 것입니다. 빌닷의 그럴듯하게 들리는 주장은 다음과 같습니다.

"하나님은 주권과 위엄을 가지셨고 높은 곳에서 화평을 베푸시느니라"
(욥 25:2)

"하물며 구더기 같은 사람, 벌레 같은 인생이랴"(욥 25:6)

"그런즉 하나님 앞에서 사람이 어찌 의롭다 하며 여자에게서 난 자가
어찌 깨끗하다 하랴"(욥 25:4)

그러나 빌닷의 이 논리와 달리 이미 인간은 하나님의 손으로
창조되었고 하나님과의 관계 속에서 존재 의미를 갖습니다. 하
나님의 마음속에 인간을 위한 진한 사랑과 깊은 생각이 담겨 있
음을 간과해서는 안 됩니다. 빌닷은 하나님과의 위대함과 아울
러 인간을 긍휼히 여기시는 하나님의 세미한 손길을 함께 보았
어야 했습니다. 그럴 때 욥이 당하는 고통을 함께 아파하며 진심
으로 위로할 수 있었는데 빌닷은 그렇지 못했습니다.

빌닷의 말은 고통당하는 욥에게는 경우에 합당한 말이 아니
었습니다. 그 어떤 인간이 살아 계신 하나님 앞에 의로울 수 있으
며 또한 다 같은 죄인인 처지에서 누가 누구를 정죄할 수 있겠습
니까? 그러나 욥의 친구 빌닷은 계속해서 욥을 정죄하며 고통과
궁지에 몰린 욥을 더 깊은 수렁 속으로 밀어내고 있었습니다. 빌
닷은 마치 자신은 의인인 것처럼 교만하여 어떻게든 욥을 정죄

하기에만 급급했습니다.

● 두 번째 포인트
욥은 빌닷의 하나님에 대한 지식이 너무나 제한적이며 단편적이라
고 말합니다.

빌닷의 짧은 지식에 근거한 논리에 대해 욥은 반어법, 비유법
등을 사용해 반론을 제기합니다. 자신을 죄인으로 몰아가며 하
나님의 권능과 위엄을 막연하게 표현한 빌닷의 발언에 대해 욥
은 반어법을 사용하며 반론을 펼칩니다.

욥을 향해 던져진 빌닷의 말은 마치 허공을 떠도는 말과 같았
습니다. 때문에 욥은 비아냥대며 빌닷을 향해 귀한(?) 깨우침을
주어서 고맙다고 말합니다.

"네가 힘 없는 자를 참 잘도 도와 주는구나 기력 없는 팔을 참 잘도 구원
하여 주는구나 지혜 없는 자를 참 잘도 가르치는구나 큰 지식을 참 잘
도 자랑하는구나 네가 누구를 향하여 말하느냐 누구의 정신이 네게서
나왔느냐"(욥 26:2~4)

그러면서 욥은 과연 어느 누가 빌닷의 말을 듣고 설득이 되겠
느냐고 반문합니다. 얄팍하고 단편적인 지식을 바탕으로 언급한

빌닷의 말에 그 누구도 귀를 기울여주지 않을 것이라는 말입니다. 욥은 빌닷의 주장을 무익하고 잘못된 것이라고 말합니다. 욥은 하나님에 대한 지식으로 자신을 공격하는 빌닷을 향해 더 구체적이며 차원이 높은 하나님에 대한 지식으로 빌닷을 공격합니다.

"보라 이런 것들은 그의 행사의 단편일 뿐이요 우리가 그에게서 들은 것도 속삭이는 소리일 뿐이니 그의 큰 능력의 우렛소리를 누가 능히 헤아리랴"(욥 26:14)

욥은 하나님에 대한 빌닷의 지식이 매우 제한적이며 단편적이라고 말했습니다. 그러나 욥의 이러한 발언 또한 하나님의 입장에서는 극히 제한적일 뿐이었습니다. 사실 모든 인간이 마찬가지일 것입니다. 아무리 뛰어난 인간이라 할지라도 그 누가 하나님의 기묘하심과 위대하심을 다 알 수 있겠습니까?

● 세 번째 포인트
욥은 자신의 의로움을 주장하며 하나님의 심판을 기다립니다.

고난 중에 있는 욥을 향한 욥의 친구들의 융단폭격과도 같은 비난과 정죄들은 욥에게 정말 견디기 힘든 아픔이었습니다. 하지만 욥은 친구들에게 끝내 자신의 의로움을 주장합니다.

....
....
....
....

"결코 내 입술이 불의를 말하지 아니하며 내 혀가 거짓을 말하지 아니

하리라 나는 결코 너희를 옳다 하지 아니하겠고 내가 죽기 전에는 나의

온전함을 버리지 아니할 것이라 내가 내 공의를 굳게 잡고 놓지 아니하

리니 내 마음이 나의 생애를 비웃지 아니하리라"(욥 27:4~6)

그러면서 욥은 자신을 괴롭히는 자들, 불의한 자들을 책망합
니다.

"나의 원수는 악인 같이 되고 일어나 나를 치는 자는 불의한 자 같이 되

기를 원하노라 불경건한 자가 이익을 얻었으나 하나님이 그의 영혼을

거두실 때에는 무슨 희망이 있으랴"(욥 27:7~8)

의인이 상을 받고 악인이 벌을 받는 것은 하나님께서 섭리하
시는 세상의 이치입니다. 그러나 지금 잠시 잠깐의 고통이나 행
복이 선과 악에 대한 상벌로 직결되는 것은 아닙니다. 비록 악인
들이 이 땅에서 이익을 얻고 영화를 누릴 수 있으나 그들에게는
장래에 소망이 없습니다.

욥은 그러하기에 악인들은 결코 하나님을 기뻐할 수 없다고
말합니다. 반면 의인들은 삶의 질고 속에서 고통을 당한다 할지
라도 영원에 잇대어 살기에 소망이 있으며 하나님으로 인해 기
뻐할 수 있는 것입니다. 욥은 '악인이 결국에는 심판을 받는다'는
사실을 말합니다.

"그의 자손은 번성하여도 칼을 위함이요 그의 후손은 음식물로 배부르지 못할 것이며"(욥 27:14)

"부자로 누우려니와 다시는 그렇지 못할 것이요 눈을 뜬즉 아무것도 없으리라"(욥 27:19)

"하나님은 그를 아끼지 아니하시고 던져 버릴 것이니 그의 손에서 도망치려고 힘쓰리라"(욥 27:22)

악인의 후손은 멸망하고 악인의 재물은 결국 없어질 것입니다. 그리고 악인은 비참한 모습이 되어 조롱받을 것입니다. 욥이 친구들 앞에서 이렇게 당당하게 주장하는 이유는 자신의 의로움에 대한 강한 믿음과 자신감이 있었기 때문입니다. 욥은 자신의 의로움을 주장하며 하나님의 심판을 기다립니다.

● 네 번째 포인트
욥은 과거 하나님의 복을 받았던 자신의 모습을 회상합니다.

욥이 고통을 받기 이전에 존경을 받던 자신의 삶, 그리고 영광스러웠던 의인의 삶을 회상합니다. 신앙고백과도 같은 욥의 회상은 다음과 같습니다.

첫째, 욥은 존경받는 사람이었습니다.

"그 때에는 내가 나가서 성문에 이르기도 하며 내 자리를 거리에 마련하기도 하였느니라 나를 보고 젊은이들은 숨으며 노인들은 일어나서 서며"(욥 29:7~8)

욥은 백성들의 존경받는 지도자로 백성들의 재판을 담당하는 장로와 같은 역할을 수행했습니다. 욥의 입에서는 지혜의 말들이 흘러나왔으며 많은 사람이 그러한 욥의 결정을 존중했습니다. 욥은 다시 그 시절로 돌아가고 싶어 합니다.

둘째, 욥은 많은 이들에게 베푼 선한 일들로 인해 축복받는 사람이었습니다.

"귀가 들은즉 나를 축복하고 눈이 본즉 나를 증언하였나니 이는 부르짖는 빈민과 도와 줄 자 없는 고아를 내가 건졌음이라"(욥 29:11~12)

셋째, 욥은 정의를 행하는 사람이었습니다.

"내가 의를 옷으로 삼아 입었으며 나의 정의는 겉옷과 모자 같았느니라"(욥 29:14)

하나님의 복과 인간의 사명은 아주 밀접한 상관성이 있습니다. 어떤 이들은 하나님께서 복을 부어주시면 욥처럼 의로울 수 있으리라고 생각합니다. 사탄도 바로 그 부분을 빌미로 삼아 하나님께 욥을 시험할 수 있도록 허락을 받았던 것입니다(욥 2:4~5).

사탄은 욥이 고난과 환난을 당하게 된다면 그가 하나님을 저주하며 의로운 행동을 할 수 없을 것이라고 생각한 것입니다. 하지만 욥은 아직까지 한 번도 하나님을 저주하지 않았습니다. 자신의 입장을 하나님께서 돌아보시고 자비를 베풀어달라고 간구했습니다. 욥의 이러한 태도를 통해 욥이 어떠한 사람인지를 알수 있습니다. 욥은 의를 옷으로 삼아 입었으며 정의를 겉옷과 모자처럼 장식하고 다닌 사람이었습니다.

넷째, 욥은 모두에게 인정받는 지도자였습니다.

"내가 말한 후에는 그들이 말을 거듭하지 못하였나니 나의 말이 그들에게 스며들었음이라 … 내가 그들의 길을 택하여 주고 으뜸되는 자리에 앉았나니 왕이 군대 중에 있는 것과도 같았고 애곡하는 자를 위로하는 사람과도 같았느니라"(욥 29:22~25)

욥의 과거는 참으로 영광스럽고 존귀한 삶이었습니다. 그러나 욥의 현재는 하나님께로부터 버림받은 듯한 참담하고 곤고한 처지일 뿐입니다. 그래서 욥의 입술에는 한탄이 저절로 나올 뿐이었습니다.

"이제는 그들이 나를 노래로 조롱하며 내가 그들의 놀림거리가 되었으며 그들이 나를 미워하여 멀리 하고 서슴지 않고 내 얼굴에 침을 뱉는도다 이는 하나님이 내 활시위를 늘어지게 하시고 나를 곤고하게 하심으로 무리가 내 앞에서 굴레를 벗었음이니라"(욥 30:9~11)

욥은 지난날 모든 사람에게 인정받고 존경받는 사람이었으나 이제는 조롱받는 신세가 되었다고 탄식합니다. 이러한 욥의 탄식은 그의 고통스러운 삶을 하나님께서 만드셨다는 사실로 인해 더욱 큰 고통이 되고 있습니다.

그러나 하나님의 피조물인 인간은 어떤 일을 만난다 하더라도 자신이 처한 상황으로 인해 하나님을 원망하고 불평할 수는 없습니다. 인생을 향한 하나님의 궁극적인 생각은 재앙이 아니라 평안이요 소망이기 때문입니다. 또한 하나님께서는 우리 인생들을 때로는 사망의 음침한 골짜기를 지나게도 하시지만 결국은 우리를 푸른 초장과 쉴 만한 물가로 인도하십니다.

"여호와의 말씀이니라 너희를 향한 나의 생각을 내가 아나니 평안이요 재앙이 아니니라 너희에게 미래와 희망을 주는 것이니라"(렘 29:11)

"내 영혼을 소생시키시고 자기 이름을 위하여 의의 길로 인도하시는도다 내가 사망의 음침한 골짜기로 다닐지라도 해를 두려워하지 않을 것은 주께서 나와 함께 하심이라 주의 지팡이와 막대기가 나를 안위하시나이다"(시 23:3~4)

● 다섯 번째 포인트
욥은 자신의 도덕적, 사회적 그리고 신앙적인 의로움을 주장합니다.

....

....

....

....

욥은 이제 하나님 앞에서 '만일 내가 … 죄를 범했다면 … 벌을 받을 것'이라는 맹세로 자신의 의로움을 조목조목 알립니다.

첫째, 욥은 자신이 도덕적으로 의로웠다고 말합니다.

"만일 내가 허위와 함께 동행하고 내 발이 속임수에 빨랐다면 하나님께서 나를 공평한 저울에 달아보시고 그가 나의 온전함을 아시기를 바라노라"(욥 31:5~6)

"만일 내 걸음이 길에서 떠났거나 내 마음이 내 눈을 따랐거나 내 손에 더러운 것이 묻었다면 내가 심은 것을 타인이 먹으며 나의 소출이 뿌리째 뽑히기를 바라노라"(욥 31:7~8)

둘째, 욥은 자신이 사회적인 잣대로 판단해도 의로웠다고 말합니다.

"만일 나를 도와 주는 자가 성문에 있음을 보고 내가 주먹을 들어 고아를 향해 휘둘렀다면 내 팔이 어깨 뼈에서 떨어지고 내 팔 뼈가 그 자리에서 부스러지기를 바라노라"(욥 31:21~22)

"실상은 내가 젊었을 때부터 고아 기르기를 그의 아비처럼 하였으며 내가 어렸을 때부터 과부를 인도하였노라"(욥 31:18)

욥이 그동안 가난한 자, 과부, 고아와 같은 사회적 약자들을 외면하지 않고 마치 아버지처럼 돌보았음을 이야기합니다. 이는 하나님의 사람으로서 마땅히 행해야 할 의로움이었습니다.

셋째, 욥은 자신이 신앙적으로도 의로웠다고 말합니다.

"만일 내가 내 소망을 금에다 두고 순금에게 너는 내 의뢰하는 바라 하였다면 … 그것도 재판에 회부할 죄악이니 내가 그리하였으면 위에 계신 하나님을 속이는 것이리라"(욥 31:24~28)

가장 친했던 친구들마저 자신을 정죄하는 상황에서 욥이 하나님을 향해 자신의 의로움을 이렇게 주장한 것입니다. 세 친구와의 대화가 더 이상 진행될 수 없는 시점에서 욥은 전능하신 하나님의 판결을 듣고 싶었습니다. 욥은 그동안 자신이 행했던 모습들을 열거하며 오직 하나님께 인정받고 싶어 합니다.

디저트 DESSERT

〈욥기〉에 나오는 답답한 오해들을 살펴보면 다음과 같습니다.

첫째, 욥의 친구들은 모두 욥에게 죄가 있다고 오해했습니다.

"네 손에 죄악이 있거든 멀리 버리라"(욥 11:14)

둘째, 사탄은 욥이 하나님의 복을 받았기 때문에 하나님의 자랑이 된 것이라고 오해했습니다.

"사탄이 여호와께 대답하여 이르되 욥이 어찌 까닭 없이 하나님을 경외하리이까 주께서 그와 그의 집과 그의 모든 소유물을 울타리로 두르

심 때문이 아니니이까 주께서 그의 손으로 하는 바를 복되게 하사 그의

소유물이 땅에 넘치게 하셨음이니이다"(욥 1:9~10)

셋째, 욥의 아내는 욥의 고난을 두고 하나님께서 욥을 저주하

신 것이라고 오해했습니다.

"그의 아내가 그에게 이르되 당신이 그래도 자기의 온전함을 굳게 지

키느냐 하나님을 욕하고 죽으라"(욥 2:9)

넷째, 욥은 자신의 의로움을 하나님께서 인정해주시지 않으

셔서 고통을 주신 것이라고 오해했습니다.

"나의 정당함을 물리치신 하나님"(욥 27:2)

이제 어리석은 인생들의 이 모든 오해를 풀어주실 분은 오직

살아 계신 하나님 한 분뿐입니다.

*139*일
하나님과의 대면 임박 (욥 32~37장)

욥과 욥의 세 친구 사이에서 진행되던 논쟁에 작은 전환이 일어납니다. 엘리바스와 빌닷과 소발 외에 욥의 또 다른 친구인 엘리후의 말이 시작되는데 엘리후가 어느 시점부터 이 논쟁에 합류하게 되었는지는 잘 모르겠습니다. 어쨌든 지금까지 욥과 세 친구 사이에서 벌어진 논쟁을 듣고만 있었던 엘리후가 더 이상 문제의 해결점이 보이지 않자 이 논쟁에 직접 뛰어듭니다.

엘리후는 욥이 당하는 고난이 죄의 결과라는 논리로 말하지는 않습니다. 엘리후는 욥이 의로운지 아닌지가 중요한 것이 아니라 욥이 하나님 앞에서 어떠한 자세를 취하느냐가 중요하다고 말합니다.

그러나 엘리후는 여기에서 더 나아가 고통 가운데 있는 인생들의 처절한 부르짖음은 헛되다고 주장하며 하나님께서는 인생들의 그 부르짖음에 관심도 없으시고 영향도 받지 않으신다는 엉뚱한 말을 하기 시작합니다. 엘리후의 논리도 다른 친구들처럼 별 가치가 없습니다. 욥은 잠시나마 엘리후의 말에 귀를 기울이다가 더 이상 친구들과의 논쟁은 가치가 없다는 것을 확인하게 됩니다.

성경통독 BIBLETONGDOK

《일년일독 통독성경》 욥기 32~37장

통通으로 숲이야기 ; 통숲 TONG OBSERVATION

● 첫 번째 포인트
욥의 또 다른 친구 엘리후가 이 논쟁에 뛰어듭니다.

엘리후는 자신이 욥과 세 친구보다 나이가 어리기에 겸손하게 듣고만 있다가 더 이상 문제의 해결점이 보이지 않자 마침내 이 논쟁에 뛰어들어 자신의 논리를 피력합니다. 엘리후는 먼저 욥을 정죄하기에만 바빴던 탓에 사태의 실마리를 풀지 못하는 욥의 세 명의 친구들을 책망합니다.

스스로 지혜로운 사람인 것처럼 욥의 상황을 설명한 세 명의 친구들은 욥이 처한 고통의 현실을 정확하게 파악하지 못했고 편벽되게 논리를 전개해 나갔다는 것입니다. 엘리후는 욥의 세 친구를 이렇게 단정한 후 자신의 논리를 진술해갑니다.

"욥이 자신을 의인으로 여기므로 그 세 사람이 말을 그치니 람 종족 부스 사람 바라겔의 아들 엘리후가 화를 내니 그가 욥에게 화를 냄은 욥이 하나님보다 자기가 의롭다 함이요 또 세 친구에게 화를 냄은 그들이 능히 대답하지 못하면서도 욥을 정죄함이라"(욥 32:1~3)

엘리후는 하나님으로부터 오는 지혜에 대해 말하며 이에 기반을 둔 자신의 말을 들어보라고 말합니다.

"그러나 사람의 속에는 영이 있고 전능자의 숨결이 사람에게 깨달음을 주시나니 어른이라고 지혜롭거나 노인이라고 정의를 깨닫는 것이 아니니라 그러므로 내가 말하노니 내 말을 들으라 나도 내 의견을 말하리라"(욥 32:8~10)

"내가 자세히 들은즉 당신들 가운데 욥을 꺾어 그의 말에 대답하는 자

....

....

....

....

가 없도다 당신들이 말하기를 우리가 진상을 파악했으나 그를 추궁할 자는 하나님이시요 사람이 아니라 하지 말지니라"(욥 32:12~13)

엘리후는 그 자리에 모인 사람들 가운데 가장 나이가 어렸지만 욥과 세 친구의 말을 나름 명쾌하게 정리하면서 더 이상 듣고 있을 수만 없는 이유, 즉 자신이 나설 수밖에 없는 이유를 설명합니다. 이렇게 엘리후는 다른 친구들이 욥을 납득시키지 못하자 자신이 진리를 밝히겠다고 나선 것입니다.

● 두 번째 포인트
엘리후는 피조물인 욥은 하나님께 항변할 권리가 없다고 말합니다.

엘리후는 욥의 세 친구처럼 욥을 정죄하며 욥이 당하는 고난이 죄의 결과라는 논리로는 말하지 않습니다. 그러나 욥이 스스로 고백한 욥의 순결함에 대해서는 비판합니다. 모든 인간은 허물이 있으며 불의가 없을 수 없다는 것입니다.

엘리후가 보기에 자신을 하나님 앞에서 의롭고 순결하다고 여기는 것이 욥의 교만이라는 것입니다. 이는 앞의 세 친구처럼 엘리후도 욥을 이해하고 위로하기보다는 엄중한 판결자의 태도로 욥의 잘못을 지적한 것입니다. 엘리후 또한 교만한 자리에 서 있습니다. 엘리후는 피조물인 욥은 하나님께 항변할 권리가 없다고 말합니다.

"하나님께서 사람의 말에 대답하지 않으신다 하여 어찌 하나님과 논쟁하겠느냐 하나님은 한 번 말씀하시고 다시 말씀하시되 사람은 관심이 없도다"(욥 33:13~14)

"나와 그대가 하나님 앞에서 동일하니 나도 흙으로 지으심을 입었은즉 내 위엄으로는 그대를 두렵게 하지 못하고 내 손으로는 그대를 누르지 못하느니라"(욥 33:6~7)

더 나아가 엘리후는 죄가 없다고 주장하는 욥을 책망합니다.

"내가 그대에게 대답하리라 이 말에 그대가 의롭지 못하니 하나님은 사람보다 크심이니라"(욥 33:12)

엘리후의 논리는 인간은 하나님께서 지으신 피조물에 불과하므로 욥이 고통을 참고 견뎌내야지 하나님께 불평하거나 그 이유를 들으려 해서는 안 된다는 것입니다. 그러면서 엘리후는 이제 욥에게 자신이 지혜로운 말로 가르치겠다고 말합니다.

"욥이여 내 말을 귀담아 들으라 잠잠하라 내가 말하리라 만일 할 말이 있거든 대답하라 내가 기쁜 마음으로 그대를 의롭다 하리니 그대는 말하라 만일 없으면 내 말을 들으라 잠잠하라 내가 지혜로 그대를 가르치리라"(욥 33:31~33)

엘리후는 다시 한번 욥에게 주어진 고난의 의미를 해석해줍니다. 욥의 세 친구가 욥에게 한 여러 가지 말의 핵심은 사람은 죄 때문에 고난을 겪게 됨으로 자기의 죄를 인정하고 하나님께 용서를 구하라는 것이었습니다.

그러나 엘리후는 그것은 고난의 일면이고 더 나아가 고난을 하나님의 교육으로 해석할 수도 있다고 말합니다. 그리고 엘리후는 욥에게 귀 기울여 다른 누군가의 말이 아닌 자신의 지혜로운 말을 들으라고 말합니다. 엘리후는 이전의 욥의 세 친구와는 좀 달랐습니다. 그들보다 학식도 있었고 지혜의 깊이도 있었습니다. 하지만 엘리후 역시 욥에게 자신의 생각대로 지혜를 가르치려는 교만함을 보였습니다. 욥을 의롭게 할 수 있는 분은 어느 누구도 아닌 오직 하늘의 하나님뿐이십니다.

● 세 번째 포인트
엘리후는 욥이 고통 가운데에서 하나님의 공의를 부정하는 듯했던 언행은 잘못이라고 지적합니다.

엘리후는 욥이 의롭지 못한 부분이 있음에도 불구하고 자신의 잘못을 인정하지 않는다고 문제를 제기합니다. 엘리후는 욥이 특별히 큰 잘못을 저질러 고통을 받는 것이 아니라 하더라도 욥이 고통 가운데에서 하나님의 공의를 부정하는 듯했던 언행들은 잘못이라고 지적합니다. 그러면서 엘리후는 욥의 죄를 증명하기 위해 하나님의 공의에 대해 설명합니다.

"그러므로 너희 총명한 자들아 내 말을 들으라 하나님은 악을 행하지 아니하시며 전능자는 결코 불의를 행하지 아니하시고 사람의 행위를 따라 갚으사 각각 그의 행위대로 받게 하시나니 진실로 하나님은 악을 행하지 아니하시며 전능자는 공의를 굽히지 아니하시느니라"(욥 34:10~12)

"주께서 침묵하신다고 누가 그를 정죄하며 그가 얼굴을 가리신다면 누가 그를 뵈올 수 있으랴 그는 민족에게나 인류에게나 동일하시니 이는 경건하지 못한 자가 권세를 잡아 백성을 옭아매지 못하게 하려 하심이니라"(욥 34:29~30)

욥의 관심은 왜 하나님께서 자신의 고난에 대해 침묵하고 계시느냐는 것입니다. 사실 그 긴 침묵에 견디다 못한 욥의 하소연은 자칫 잘못하면 하나님에 대해 심각한 오해를 불러일으킬 수 있는 것입니다.

이에 세 친구는 욥의 고난의 원인에 대해 집중하며 욥이 잘못을 인정하고 회개할 것을 충고한 반면 엘리후는 욥이 자신의 처지를 한탄하면서 내뱉었던 그릇된 생각들과 태도에 대해 논리적으로 날카롭게 비판합니다. 그리고 이제 엘리후는 공의의 하나님 앞에 의문을 제기한 욥을 죄인으로 규정합니다.

> "나는 욥이 끝까지 시험 받기를 원하노니 이는 그 대답이 악인과 같음이라"(욥 34:36)

● 네 번째 포인트
엘리후는 욥에게 하나님 찬양하기를 잊지 말라고 조언합니다.

엘리후의 논리는 하나님께서는 인간에게 영향을 받지 않으시는 분이라는 것입니다.

> "그대가 범죄한들 하나님께 무슨 영향이 있겠으며 그대의 악행이 가득한들 하나님께 무슨 상관이 있겠으며 그대가 의로운들 하나님께 무엇을 드리겠으며 그가 그대의 손에서 무엇을 받으시겠느냐"(욥 35:6~7)

엘리후는 또한 하나님께서는 교만한 자의 기도에는 응답하지 않으시는 분이므로 욥에게 겸손히 회개할 것을 촉구합니다.

> "그들이 악인의 교만으로 말미암아 거기에서 부르짖으나 대답하는 자가 없음은 헛된 것은 하나님이 결코 듣지 아니하시며 전능자가 돌아보지 아니하심이라"(욥 35:12~13)

엘리후는 계속해서 욥의 교만을 지적합니다. 자신의 의를 끝까지 내세우면서 하나님이 결국은 자신의 의로운 손을 들어주실 것이라는 생각을 버리고 겸손하게 자신의 잘못을 인정하라는 것입니다. 그러면서 엘리후는 그동안 베푸신 하나님의 공의의 통치를 말합니다.

"하나님은 능하시나 아무도 멸시하지 아니하시며 그의 지혜가 무궁하사 악인을 살려두지 아니하시며 고난 받는 자에게 공의를 베푸시며 그의 눈을 의인에게서 떼지 아니하시고"(욥 36:5~7)

계속해서 엘리후의 연설이 이어집니다. 명백하고도 분명한 목소리로 엘리후는 자신의 이야기는 진실이며 자신은 전적으로 하나님 편에 서서 말하고 있다고 단언합니다.

엘리후는 욥이 고난으로 인해 마음도, 생각도 움츠러들어 힘든 상태임을 알지만 위로보다는 차라리 정직한 도전으로 새로운 영감을 불어넣어 주는 시도를 하겠다는 것입니다. 물론 엘리후는 욥의 현재 상태를 알기에 정중히 "나를 잠깐 용납하라"(욥 36:2)라고 말하며 욥을 안심시키기도 합니다. 그러나 비록 욥이 힘든 현실에 처해 있지만 그럼에도 밝히 알아야 할 진실이 무엇인지는 알아야 한다고 주장합니다.

"그대의 부르짖음이나 그대의 능력이 어찌 능히 그대가 곤고한 가운데에서 그대를 유익하게 하겠느냐 … 삼가 악으로 치우치지 말라 그대가 환난보다 이것을 택하였느니라"(욥 36:19~21)

또한 엘리후는 욥에게 하나님 찬양하기를 잊지 말라고 당부합니다.

"그대는 하나님께서 하신 일을 기억하고 높이라 잊지 말지니라 인생이 그의 일을 찬송하였느니라 그의 일을 모든 사람이 우러러보나니 먼 데서도 보느니라"(욥 36:24~25)

● 다섯 번째 포인트
엘리후에게서도 욥의 현실적 아픔을 공유하기 위해 애쓰는 모습은 찾아보기 어렵습니다.

엘리후의 마지막 연설이 계속됩니다. 엘리후는 자연 현상 속에 나타나는 하나님의 크신 섭리를 말합니다.

"하나님은 놀라운 음성을 내시며 우리가 헤아릴 수 없는 큰 일을 행하시느니라 눈을 명하여 땅에 내리라 하시며 적은 비와 큰 비도 내리게 명하시느니라"(욥 37:5~6)

"혹은 징계를 위하여 혹은 땅을 위하여 혹은 긍휼을 위하여 그가 이런 일을 생기게 하시느니라"(욥 37:13)

엘리후의 발언은 자연을 인도하시는 하나님 앞에 자연의 깊이를 알 수 없는 인생들은 그 한계를 인정하라는 것입니다. 엘리후도 다른 세 친구처럼 욥의 아픔에는 함께하지 않은 채 계속해서 입을 열어 욥에게 하나님의 무한하신 섭리와 지혜 앞에 교만하지 말고 경외할 것을 원론적으로 충고하고 있습니다.

"욥이여 이것을 듣고 가만히 서서 하나님의 오묘한 일을 깨달으라"(욥 37:14)

"전능자를 우리가 찾을 수 없나니 그는 권능이 지극히 크사 정의나 무한한 공의를 굽히지 아니하심이니라 그러므로 사람들은 그를 경외하고 그는 스스로 지혜롭다 하는 모든 자를 무시하시느니라"(욥 37:23~24)

엘리후의 말처럼 우리 인간들은 하나님의 그 깊으신 마음과 오묘한 섭리를 알 수 없습니다. 인간의 시선의 폭이 허락되는 한에서만 겨우 그 신비로움을 즐기는 일, 그 위대함 앞에 머리를 조아리는 일을 할 뿐입니다. 그러나 엘리후 또한 다른 세 친구처럼 욥의 고통과 그 고통의 이유에 대해 이해조차 못하며 어떤 해결도 가져다주지 못합니다.

　엘리후의 논리는 인간이 겪는 고통 가운데에도 인간의 이해 밖의 것이 있음을 깨닫게 합니다. 인간이 간섭할 수 없는 하나님의 고유 영역이 있다는 것입니다.

　엘리후의 발언들을 통해서 욥은 다음 장부터 시작되는 하나님과의 대면을 준비하게 되고 관심의 초점을 자기 중심에서 하나님 중심으로 이동하게 됩니다. 이것이 친구들을 통해 얻은 욥의 작은 유익이었습니다.

*140*일
욥, 하나님의 자랑이 되다 (욥 38~42장)

자신들의 주장만을 고집하는 욥의 친구들과 자신을 변호하는 욥의 끝날 줄 모르는 논쟁에 드디어 하나님께서 개입하십니다. 이로써 도무지 해결의 기미가 보이지 않던 모든 논쟁이 명쾌하게 끝이 납니다.

세상의 모든 주권이 하나님께 있다는 선언과 함께 하나님의 지혜의 말씀이 쏟아지기 시작합니다. 하나님을 향해 임의대로 판단하고 말했던 욥과 욥의 친구들은 위엄 있는 하나님의 말씀 앞에서 자기들의 입을 가릴 수밖에 없습니다.

고통의 원인을 도저히 이해할 수 없었던 욥에게 하나님께서는 하나님의 뜻대로 운행되는 창세기 1장에 속한 창조 지혜의 일부를 말씀하십니다. 그리고 하나님께서는 피조물인 인간의 지혜가 얼마나 제한적이며 편협한가를 말씀하십니다.

하나님께서는 인간의 지극히 제한적인 인과율적 지혜로는 도저히 설명할 수 없는 하나님의 창조 세계에 대해 언급하십니다. 즉 하나님의 통치에는 인간의 인과율적 지혜로 이해할 수 없는 영역, 하나님의 주권에 속한 일들이 많이 있음을 보여주십니다.

성경통독 BIBLETONGDOK

《일년일독 통독성경》 욥기 38~42장

통通으로 숲이야기 ; 통숲 TONG OBSERVATION

● 첫 번째 포인트
욥은 성경 전체를 통해 볼 때 하나님께 질문을 가장 많이 받은 사람입니다.

하나님께서 하나님을 계시하신 책인 성경에는 생각 이상으로 많은 질문이 나옵니다. 성경 속 질문들을 몇 가지만 살펴보면 다음과 같습니다.

첫 번째, 하나님께서 아담에게 질문하십니다.

"여호와 하나님이 아담을 부르시며 그에게 이르시되 네가 어디 있느냐"(창 3:9)

두 번째, 이삭이 아브라함에게 질문합니다.

" 내 아버지여 하니 그가 이르되 내 아들아 내가 여기 있노라 이삭이 이르되 불과 나무는 있거니와 번제할 어린 양은 어디 있나이까"(창 22:7)

세 번째, 모세가 하나님께 질문합니다.

"모세가 하나님께 아뢰되 내가 이스라엘 자손에게 가서 이르기를 너희의 조상의 하나님이 나를 너희에게 보내셨다 하면 그들이 내게 묻기를 그의 이름이 무엇이냐 하리니 내가 무엇이라고 그들에게 말하리이까"(출 3:13)

네 번째, 예수님께서 제자들에게 질문하십니다.

"예수께서 이르시되 너희는 나를 누구라 하느냐 베드로가 대답하여 이르되 하나님의 그리스도시니이다 하니"(눅 9:20)

다섯 번째, 베드로가 예수님께 질문합니다.

"이에 베드로가 그를 보고 예수께 여짜오되 주님 이 사람은 어떻게 되겠사옵나이까"(요 21:21)

그런데 성경 전체를 보면 하나님께서 욥에게 가장 많은 질문을 하셨다는 것을 발견하게 됩니다. 때문에 욥기 38장에 제목을 붙이자면 '하나님의 폭포수와 같은 질문들'이라고 할 수 있겠습니다.

욥의 친구들은 인과율, 즉 모든 일에는 원인이 있고 원인 없이는 어떠한 결과도 일어나지 않는다는 법칙 아래에서 욥에게 질문을 쏟아냈습니다. 이는 인간이 경험적으로 체험하고 궁금해할 수 있는 창조 지혜의 일부분일 뿐입니다. 그런데 욥은 지난 고난의 시간 동안 도저히 인과율적 이해로 해석되지 않는 질문을 가지고 탄식하며 하나님께 질문했습니다. 이제 드디어 하나님께서 입을 여십니다.

"그 때에 여호와께서 폭풍우 가운데에서 욥에게 말씀하여 이르시되"

(욥 38:1)

하나님께서는 자신의 의를 밝혀달라는 욥의 절박한 요구와 질문들에 대해 바로 답하지 않으시고 대신 욥에게 수많은 질문을 던지십니다. 욥은 하나님의 그 질문들 앞에서 서서히 자신의 무력함과 왜소함을 깨닫고 그동안의 고난들이 하나님의 깊으신 계획 안에서 이루어진 것이었음을, 그리고 자신의 의심이 부당한 것이었음을 깨닫게 됩니다.

하나님께서는 욥에게 폭포수처럼 질문하시고 이에 대한 답을 요구하십니다.

"무지한 말로 생각을 어둡게 하는 자가 누구냐 너는 대장부처럼 허리를 묶고 내가 네게 묻는 것을 대답할지니라"(욥 38:2~3)

● 두 번째 포인트
하나님께서 욥에게 하신 질문은 창세기 1장의 내용입니다.

욥을 향한 하나님의 질문은 성경의 첫 번째 책인 〈창세기〉 그것도 창세기 1장에 관한 질문이었습니다. 하나님의 창조 세계는 인간이 인과율적으로 경험할 수 있는 부분입니다. 그래서 하나님께서는 욥에게 창세기 1장 범위 내에서만 질문하신 것입니다. 하나님께서는 창조 이전의 '섭리' 이야기나 '예정' 이야기에 대해서는 질문에 포함시키지도 않으셨습니다. 오직 창세기 1장에 창조 지혜에 관련된 편린들만 가지고도 하나님의 크고 위대하심을 발견할 수 있도록 질문하신 것입니다.

하나님께서 욥에게 질문하십니다.

첫 번째, 땅에 대한 질문입니다.

"내가 땅의 기초를 놓을 때에 네가 어디 있었느냐 네가 깨달아 알았거

든 말할지니라"(욥 38:4)

두 번째, 바다에 대한 질문입니다.

"바다가 그 모태에서 터져 나올 때에 문으로 그것을 가둔 자가 누구냐"

(욥 38:8)

세 번째, 빛과 어둠의 움직임에 대한 질문입니다.

"네가 너의 날에 아침에게 명령하였느냐 새벽에게 그 자리를 일러 주

었느냐"(욥 38:12)

네 번째, 비, 눈, 우박 등 기상 현상들에 관한 질문입니다.

"네가 눈 곳간에 들어갔었느냐 우박 창고를 보았느냐"(욥 38:22)

다섯 번째, 별과 우주, 번개 등에 대한 질문입니다.

"네가 하늘의 궤도를 아느냐 하늘로 하여금 그 법칙을 땅에 베풀게 하

겠느냐"(욥 38:33)

여섯 번째, 지혜와 총명에 대한 질문입니다.

"가슴 속의 지혜는 누가 준 것이냐 수탉에게 슬기를 준 자가 누구냐"(욥

38:36)

일곱 번째, 피조물을 먹이시는 창조주에 대한 질문입니다.

"까마귀 새끼가 하나님을 향하여 부르짖으며 먹을 것이 없어서 허우적

거릴 때에 그것을 위하여 먹이를 마련하는 이가 누구냐"(욥 38:41)

자신에게 닥친 고통의 원인을 도저히 이해할 수 없었던 욥에

게 하나님께서는 하나님의 뜻대로 운행되는 하나님의 창조 세계를 말씀하십니다. 들의 백합화와 공중 나는 새와 심지어 오늘 있다가 내일 아궁이에 던져지는 들풀도 인간이 아닌 하나님의 손길에 의해 생명이 유지되는 것입니다.

욥을 향한 하나님의 질문이 계속됩니다.

"산 염소가 새끼 치는 때를 네가 아느냐 암사슴이 새끼 낳는 것을 네가 본 적이 있느냐"(욥 39:1)

"타조는 즐거이 날개를 치나 학의 깃털과 날개 같겠느냐 그것이 알을 땅에 버려두어 흙에서 더워지게 하고 발에 깨어질 것이나 들짐승에게 밟힐 것을 생각하지 아니하고 그 새끼에게 모질게 대함이 제 새끼가 아닌 것처럼 하며 그 고생한 것이 헛되게 될지라도 두려워하지 아니하나니 이는 하나님이 지혜를 베풀지 아니하셨고 총명을 주지 아니함이라"(욥 39:13~17)

하나님께서는 욥에게 하나님의 통치 세계 안에 인간의 인과율적 지혜로 이해할 수 없는 하나님의 주권에 속한 일들이 많이 있음을 타조의 예를 통해 보여주십니다. 타조의 습성은 하나님의 경영 안에 있지만 인간의 권한 밖에 있는 일입니다. 그런 일은 셀 수 없을 정도로 많습니다.

하나님께서 잿더미에 누워 있는 욥에게 질문하신 것입니다.

얼핏 보면 욥의 친구들과 같이 시비를 가리시는 것 같습니다. 그러나 하나님께서는 하나님의 질문들을 통해 욥이 스스로 답을 찾기를 바라십니다. 그를 곧바로 무대에 올려서 상급을 주시기보다는 이 모든 일련의 과정을 통해 지혜를 얻을 수 있도록 하십니다. 하나님께서는 욥이 감당할 수 없었던 큰 고통 가운데 있었던 것도, 셀 수 없이 많은 날을 하나님을 향하여 호소하며 보냈던 것도 다 아십니다. 하나님께서 우리의 형편을 아신다는 것이 욥에게 주시는 하나님의 위로요, 우리에게 주시는 위로입니다.

● 세 번째 포인트
하나님께서 욥에게 폭포수 같은 질문들을 하신 후에 이제 욥에게 답변을 요구하십니다.

폭포수와 같은 하나님의 질문들 앞에 욥이 감히 답을 하지 못합니다.

"보소서 나는 비천하오니 무엇이라 주께 대답하리이까 손으로 내 입을 가릴 뿐이로소이다 내가 한 번 말하였사온즉 다시는 더 대답하지 아니하겠나이다"(욥 40:4~5)

'비천하오니'는 히브리어로 '칼랄(קָלַל)'입니다. 이는 '보잘것

....
....
....
....

없다', '하찮다', '천하다'라는 뜻으로 욥이 주인 앞에서 비천한 종 같이 침묵할 수밖에 없는 존재라고 고백한 것입니다. 욥이 스스로를 낮추며 하나님 앞에 겸손하게 섭니다.

성경에는 욥처럼 하나님 앞에 자신을 겸손하게 고백한 사람들이 있었습니다. 바로 하나님의 사람 아브라함입니다.

"아브라함이 대답하여 이르되 나는 티끌이나 재와 같사오나 감히 주께 아뢰나이다"(창 18:27)

그리고 하나님의 사람 다윗입니다.

"나의 부르짖음을 들으소서 나는 심히 비천하니이다 나를 핍박하는 자들에게서 나를 건지소서 그들은 나보다 강하니이다"(시 142:6)

또 하나님의 사람 베드로입니다.

"시몬 베드로가 이를 보고 예수의 무릎 아래에 엎드려 이르되 주여 나를 떠나소서 나는 죄인이로소이다 하니"(눅 5:8)

또 하나님의 사람 사도 바울입니다.

"미쁘다 모든 사람이 받을 만한 이 말이여 그리스도 예수께서 죄인을 구원하시려고 세상에 임하셨다 하였도다 죄인 중에 내가 괴수니라"(딤전 1:15)

하나님께서 욥에게 말씀하십니다.

"너는 대장부처럼 허리를 묶고 내가 네게 묻겠으니 내게 대답할지니라

네가 내 공의를 부인하려느냐 네 의를 세우려고 나를 악하다 하겠느냐
네가 하나님처럼 능력이 있느냐 하나님처럼 천둥 소리를 내겠느냐"(욥
40:7~8)

그렇게 울부짖으며 찾고 또 찾았던 하나님께서 지금 바로 욥
앞에 나타나셔서 욥에게 말씀하고 계십니다. 사실 욥에게는 그
자체가 위로요, 치유였습니다.

그런데 하나님께서는 욥에게 대장부처럼 묻는 말에 대답하
라고 하십니다. 그러나 하나님의 질문은 욥이 도저히 대답할 수
없는 질문들이었습니다. 그래서 욥은 손으로 입을 가리며 하나
님 앞에 꿇습니다. 역시 욥은 하나님의 시험을 받을 만한 실력 있
는 사람입니다. 욥은 하나님의 심판에 자신을 끝까지 맡깁니다.

"보소서 나는 비천하오니 무엇이라 주께 대답하리이까 손으로 내 입을
가릴 뿐이로소이다"(욥 40:4)

● 네 번째 포인트
당대의 의인으로 칭송받던 욥도 하나님 앞에 서자 자신의 죄악을
감출 수가 없습니다.

당대 의인으로 칭송받던 욥, 하나님도 인정하셨던 욥, 사탄이

시기할 만했던 욥도 하나님을 만나 하나님 앞에 서자 자신의 죄악을 감출 수가 없었습니다. 하나님 앞에서 아무 말도 할 수가 없었습니다.

욥이 당한 고난은 하나님께서 사탄에게 허락하신 시험이었습니다. 그런데 지금 욥은 하나님 앞에서 자신의 죄를 회개합니다. 아무리 당대의 의인이라 칭송받던 욥이라도 공의의 하나님 앞에 서면 회개할 수밖에 없습니다. 이것이 피조물들의 당연한 자세입니다.

"주께서는 못 하실 일이 없사오며 무슨 계획이든지 못 이루실 것이 없는 줄 아오니 무지한 말로 이치를 가리는 자가 누구니이까 나는 깨닫지도 못한 일을 말하였고 스스로 알 수도 없고 헤아리기도 어려운 일을 말하였나이다 내가 말하겠사오니 주는 들으시고 내가 주께 묻겠사오니 주여 내게 알게 하옵소서 내가 주께 대하여 귀로 듣기만 하였사오나 이제는 눈으로 주를 뵈옵나이다 그러므로 내가 스스로 거두어들이고 티끌과 재 가운데에서 회개하나이다"(욥 42:2~6)

● 다섯 번째 포인트
욥은 고난을 통해 하늘 보석이 됩니다.

욥은 고난을 통해 하나님의 자랑, 하늘 보석이 됩니다. 또한 욥은 고난을 통해 두 가지 지혜를 얻습니다.

첫 번째, 해석되지 않은 고난을 겪으며 끝까지 하나님을 의뢰한 욥은 하나님을 뵈올 수 있는 지혜를 얻습니다.

두 번째, 고난을 겪는 자신에게 정죄의 말을 하는 친구들과의 관계를 끝까지 끊지 않았던 욥은 그들까지도 품을 수 있는 지혜를 얻습니다. 이제 하나님께서 욥을 괴롭힌 세 친구를 용서하시는 조건으로 욥을 통해 '중보기도(Mediator Prayer)'와 '중보제사(Mediator Sacrifice)'를 드릴 것을 요구하십니다.

"여호와께서 욥에게 이 말씀을 하신 후에 여호와께서 데만 사람 엘리바스에게 이르시되 내가 너와 네 두 친구에게 노하나니 이는 너희가 나를 가리켜 말한 것이 내 종 욥의 말 같이 옳지 못함이니라 그런즉 너희는 수소 일곱과 숫양 일곱을 가지고 내 종 욥에게 가서 너희를 위하여 번제를 드리라 내 종 욥이 너희를 위하여 기도할 것인즉 내가 그를 기쁘게 받으리니 너희가 우매한 만큼 너희에게 갚지 아니하리라 이는 너희가 나를 가리켜 말한 것이 내 종 욥의 말 같이 옳지 못함이라 이에 데만 사람 엘리바스와 수아 사람 빌닷과 나아마 사람 소발이 가서 여호와께서 자기들에게 명령하신 대로 행하니라 여호와께서 욥을 기쁘게 받으셨더라"(욥 42:7~9)

욥의 세 친구는 세 번의 논쟁을 통해 욥에게 했던 수많은 '헛소리'에 대해 대가를 톡톡히 치러야 했습니다. 하나님께 회개해야 했던 빌닷의 헛소리들 가운데에는 다음의 구절과 같이 우리가 자주 사용했던 말도 있습니다.

"하나님이 어찌 정의를 굽게 하시겠으며 전능하신 이가 어찌 공의를 굽게 하시겠는가 네 자녀들이 주께 죄를 지었으므로 주께서 그들을 그 죄에 버려두셨나니 네가 만일 하나님을 찾으며 전능하신 이에게 간구하고 또 청결하고 정직하면 반드시 너를 돌보시고 네 의로운 처소를 평안하게 하실 것이라 네 시작은 미약하였으나 네 나중은 심히 창대하리라"(욥 8:3~7)

사탄의 모든 시험을 끝내 이겨내고 정금처럼 단련된 하늘 보석 욥에게 하나님께서는 놀라운 복을 전보다 갑절이나 더해주십니다.

"여호와께서 욥의 말년에 욥에게 처음보다 더 복을 주시니 그가 양 만 사천과 낙타 육천과 소 천 겨리와 암나귀 천을 두었고 또 아들 일곱과 딸 셋을 두었으며"(욥 42:12~13)

이처럼 하나님께서 하나님의 사람들을 시험하신 것은 결국 그 시험을 통해 하나님의 큰 복을 주시기 위함입니다. 그러므로 하나님께서 주시는 것은 고난과 시험까지도 하나님의 은혜입니다.

"내가 가는 길을 그가 아시나니 그가 나를 단련하신 후에는 내가 순금
같이 되어 나오리라"(욥 23:10)

"내가 말하겠사오니 주는 들으시고 내가 주께 묻겠사오니 주여 내게
알게 하옵소서 내가 주께 대하여 귀로 듣기만 하였사오나 이제는 눈으
로 주를 뵈옵나이다 그러므로 내가 스스로 거두어들이고 티끌과 재 가
운데에서 회개하나이다"(욥 42:4~6)

연단도 복입니다. 창세후 하나님께서 인간들에게 허락하신
'인과율'만으로는 하나님의 창세전 예정, 섭리, 그리고 창세후 죄
지은 인간 아담에게 베푸신 긍휼, 은혜 등을 깨달을 수 없습니다.
뿐만 아니라 하나님께서 욥에게 허락하신 연단도 창세후 인과율
적 논리만으로는 다 헤아릴 수 없습니다. '의인 욥의 고난'을 연
단으로 잘 이해해야 결국 그리스도 예수의 고난을 알 수 있게 됩
니다.

욥은 그가 당한 깊은 연단 끝에 하나님의 놀라운 복을 받습니
다. 하나님께서 욥을 신뢰하는 마음으로 사탄에게 자신 있게 욥
을 시험해보라고 허락하셨던 것입니다. 그것으로 이미 욥은 복
된 사람입니다.

연단은 인간에게 쓸모없는 어떤 것이 아니라 내 안에 단련된 믿음을 만드는 과정입니다. 인간의 아픔과 함께 눈물 흘리시며 많은 것을 사랑으로 품어주시는 하나님, 그 하나님 안에서 우리 인생은 하늘 보석으로 빚어지게 됩니다.

욥과 하나님의 깊은 만남이 이루어지면서 〈욥기〉는 이렇게 대단원의 막을 내립니다.

141일

시와 찬미 (시 1~2, 4~9편)

〈시편〉은 하나님께 올려드리는 찬양과 경배를 위해 쓰인 이스라엘의 기도서이자 찬양의 책입니다. 여러 명의 저자가 쓴 총 150편의 시편은 다윗의 시 73편, 아삽의 시 12편, 고라 자손이 시 11편, 그리고 솔로몬, 모세 등의 저자와 다수의 저자 미상의 시로 이루어져 있습니다.

〈시편〉은 하나님께 도움을 요청하는 '탄원시', 공동체나 개인이 찬양하는 '찬양시', 하나님의 왕권을 찬양하는 '메시아 예언시'를 비롯한 '제왕시', 교훈과 지혜를 가르치는 '지혜시', 성전에서 드리는 예배에 관한 '예배시', 하나님께 드리는 회개의 '참회시' 등 총 150편으로 구성되어 있습니다.

성경통독 BIBLETONGDOK

《일년일독 통독성경》 시편 1~2, 4~9편

통通으로 숲이야기 ; 통숲 TONG OBSERVATION

● 첫 번째 포인트
시편 1편은 구약성경 전체의 내용을 압축하고 있습니다.

시편 1편은 의인과 악인의 삶을 대조하면서 의인으로 사는 사람들이 얼마나 복된지를 노래합니다. 그래서 〈시편〉을 읽는 이들에게 바로 이 복된 의(義)의 길로 나아오라고 초대합니다. 그리고 구약성경에서 가장 중요한 여호와의 율법을 강조하면서 여호와의 율법을 묵상하는 사람을 '시냇가에 심은 나무'로 표현합니다.

"복 있는 사람은 악인들의 꾀를 따르지 아니하며 죄인들의 길에 서지 아니하며 오만한 자들의 자리에 앉지 아니하고 오직 여호와의 율법을 즐거워하여 그의 율법을 주야로 묵상하는도다 그는 시냇가에 심은 나무가 철을 따라 열매를 맺으며 그 잎사귀가 마르지 아니함 같으니 그가 하는 모든 일이 다 형통하리로다 악인들은 그렇지 아니함이여 오직 바람에 나는 겨와 같도다 그러므로 악인들은 심판을 견디지 못하며 죄인들이 의인들의 모임에 들지 못하리로다 무릇 의인들의 길은 여호와께서 인정하시나 악인들의 길은 망하리로다"(시 1:1~6)

이처럼 시편 1편은 150편이나 되는 모든 시편의 전주곡으로 구약성경 전체의 내용을 시와 찬미로 압축하고 있습니다.

● 두 번째 포인트
세상을 다스리는 분은 만왕의 왕이신 우리 하나님이십니다.

시편 2편은 '제왕시'라고 불립니다. 그 이유는 '만왕의 왕이신 하나님께서 세상을 다스리신다'는 주제와 밀접한 관련성을 가지고 있기 때문입니다. 이와 같은 시편의 '제왕시', 곧 '메시아 예언시'들은 시편 2편, 16편, 22편, 24편, 45편, 72편, 그리고 110편 등이 있습니다.

시편 2편 기자는 하나님께서 우리의 왕이시라는 사실이 얼마나 감사한 일인지 밝히 드러냅니다.

"어찌하여 이방 나라들이 분노하며 민족들이 헛된 일을 꾸미는가 세상

....

....

....

....

의 군왕들이 나서며 관원들이 서로 꾀하여 여호와와 그의 기름 부음 받은 자를 대적하며 우리가 그들의 맨 것을 끊고 그의 결박을 벗어 버리자 하는도다 하늘에 계신 이가 웃으심이여 주께서 그들을 비웃으시리로다 그 때에 분을 발하며 진노하사 그들을 놀라게 하여 이르시기를 내가 나의 왕을 내 거룩한 산 시온에 세웠다 하시리로다 내가 여호와의 명령을 전하노라 여호와께서 내게 이르시되 너는 내 아들이라 오늘 내가 너를 낳았도다"(시 2:1~7)

하나님의 비웃음의 대상이 된 무리들의 구호는 한마디로 "하나님으로부터 벗어나 자유하자!"라는 것이었습니다. 그들은 하나님께 속함이 참 자유가 아닌 속박이라고 생각했습니다. 그러나 시편 기자는 하나님이 우리의 왕이 되시고 우리가 하나님의 백성이 된다는 사실이 얼마나 감사한 일인지 시편 2편의 끝 절에서 밝히고 있습니다.

"여호와께 피하는 모든 사람은 다 복이 있도다"(시 2:12)

여호와께 피하는 사람, 그는 시편 1편에서 말하는 의인이요, 여호와의 율법을 즐거워하여 묵상하는 자와 같은 사람입니다. 그는 오직 하나님만을 의지하는 자입니다.

시편 3편은 [107일]에 사무엘하 15장 말씀과 함께 통독했습니다. 시편 3편은 다윗이 아들 압살롬의 쿠데타를 피해 도망하던 때에 썼던 시입니다. 그러므로 시편 3편을 다시 묵상하고 싶으신 분은 [107일] 편을 다시 한번 공부하면 좋을 것입니다.

● 세 번째 포인트
다윗은 "나의 왕, 나의 하나님이여 내가 부르짖는 소리를 들으소서"라고 기도합니다.

시편 4편과 5편은 시편 3편과 마찬가지로 압살롬의 쿠데타와 관련된 시로 추정됩니다. 시편 4편과 5편에서 다윗은 아들 압살롬의 쿠데타를 피해 도망하면서 하나님께서 도와주시기를 간절히 구하고 있습니다.

"내 의의 하나님이여 내가 부를 때에 응답하소서 곤란 중에 나를 너그럽게 하셨사오니 내게 은혜를 베푸사 나의 기도를 들으소서"(시 4:1)

다윗은 주변의 적지 않은 자들이 헛된 일을 좋아하고 거짓을 꾸미며 의의 제사를 드리기는커녕 여호와를 의지하지도 않는다고 고백합니다. 어떤 사람들은 "하나님이 과연 계시기는 한 것이냐?"는 등 "우리에게 선을 보일 자 누구뇨?"라는 질문까지 합니다. 더 나아가 그들의 형편은 하나님 없이도 곡식과 새 포도주로 풍요롭기만 합니다. 그러나 하나님께서는 아직 어떤 조치도 취하지 않고 계십니다. 그럼에도 불구하고 다윗은 흔들림 없이 하나님 앞에서 기도합니다.

"의의 제사를 드리고 여호와를 의지할지어다"(시 4:5)

의의 제사는 형식적인 제사가 아닌 마음을 찢고 상한 심령으로 회개하는 제사입니다.

"하나님께서 구하시는 제사는 상한 심령이라 하나님이여 상하고 통회하는 마음을 주께서 멸시하지 아니하시리이다"(시 51:17)

이제 다윗은 환난 중에도 오직 하나님만이 평안을 주신다고 노래합니다.

"내가 평안히 눕고 자기도 하리니 나를 안전히 살게 하시는 이는 오직 여호와이시니이다"(시 4:8)

다윗의 인생에는 크고 작은 위기들이 끊임없이 많았습니다. 그런 가운데서도 다윗은 "내가 평안히 눕고 자기도 하리니"라고 고백합니다. 다윗의 안전을 지켜주시는 분이 오직 여호와이시기 때문입니다. 크고 작은 위기에서도, 이런저런 아픔과 고통 속에서도 다윗의 마음은 평안하기만 했습니다. 그 평안은 하나님이 주신 것이기에 어느 누구도 **빼앗을** 수 없는 것이었습니다.

"여호와께서 자기를 위하여 경건한 자를 택하신 줄 너희가 알지어다 내가 그를 부를 때에 여호와께서 들으시리로다 너희는 떨며 범죄하지

말지어다 자리에 누워 심중에 말하고 잠잠할지어다 (셀라)"(시 4:3~4)

〈시편〉에 자주 등장하는 '셀라(סֶלָה)'는 히브리어입니다. 이는 '들어 올리다', '높이다'라는 뜻의 동사인 '살랄'에서 유래한 히브리어 '셀라'를 음역한 말입니다.

구약성경에서 '셀라'는 〈시편〉과 〈하박국〉에서만 사용되었으며 예배 음악에서 사용했던 일종의 기호로, 시를 읽을 때 특정한 행동을 하도록 지시한 것으로 추측합니다. 일반적으로는 소리 높여 찬양하는 것을 의미합니다.

한편 시편 4편과 5편에서 다윗은 하나님을 "나의 왕 나의 하나님"이라고 부르고 있습니다. 당시 다윗은 자기 아들 압살롬의 쿠데타를 피해 도망하고 있기는 했으나 다윗의 신분은 여전히 이스라엘의 왕이었습니다. 그런데 다윗은 하나님을 자신의 왕이라고 부르며 하나님께 도움을 구하는 기도를 드리고 있습니다. 이 사람이 바로 하나님의 사람 '다윗'입니다.

"나의 왕, 나의 하나님이여 내가 부르짖는 소리를 들으소서 내가 주께 기도하나이다"(시 5:2)

"나의 왕 나의 하나님"이란 표현은 하나님 편에서 볼 때 하나님께서 얼마나 바라고 기다리셨던 일이었는지 모릅니다. 일찍이 출애굽의 목적으로 처음 제시된 말씀이었기 때문입니다.

"너희를 내 백성으로 삼고 나는 너희의 하나님이 되리니"(출 6:7)

● 네 번째 포인트
다윗은 뼈가 떨리고 심지어 영혼까지 떨리고 있다고 고백합니다.

시편 150편 가운데 7개의 시가 '참회시'입니다. '참회시'에는
시편 6편을 비롯해 시편 32편, 38편, 39편, 51편, 130편, 그리고
143편이 있습니다.

시편 6편에서 다윗은 자신에게 닥친 고난이 자신의 죄 때문
임을 깨닫고 처절하게 하나님께 회개하며 하나님의 용서와 자비
를 구하고 있습니다. 하나님께 버림받을지도 모른다는 두려움과
하나님에게서 끊어질지도 모른다는 걱정으로 다윗의 몸과 영혼
은 떨고 있습니다.

"여호와여 주의 분노로 나를 책망하지 마시오며 주의 진노로 나를 징
계하지 마옵소서 여호와여 내가 수척하였사오니 내게 은혜를 베푸소
서 여호와여 나의 뼈가 떨리오니 나를 고치소서 나의 영혼도 매우 떨리
나이다 여호와여 어느 때까지니이까"(시 6:1~3)

다윗은 시편 7편에서 하나님만이 자신의 피난처임을 고백합
니다. 그리고 온 세상을 다스리시는 하나님의 판결만이 최종 판

결이라고 하나님을 높입니다.

"여호와 내 하나님이여 내가 주께 피하오니 나를 쫓아오는 모든 자들에게서 나를 구원하여 내소서 건져낼 자가 없으면 그들이 사자 같이 나를 찢고 뜯을까 하나이다"(시 7:1~2)

"여호와께서 만민에게 심판을 행하시오니 여호와여 나의 의와 나의 성실함을 따라 나를 심판하소서 악인의 악을 끊고 의인을 세우소서 의로우신 하나님이 사람의 마음과 양심을 감찰하시나이다 나의 방패는 마음이 정직한 자를 구원하시는 하나님께 있도다 하나님은 의로우신 재판장이심이여 매일 분노하시는 하나님이시로다"(시 7:8~11)

● 다섯 번째 포인트
다윗은 사람에게 모든 피조물을 다스리는 권한을 주신 하나님을 소리 높여 찬양합니다.

시편 8편과 9편은 다윗의 찬양으로 '예배시'입니다. 다윗은 창조된 하나님의 피조물들의 아름다움을 노래하며 하나님의 형상을 따라 빚어진 인간을 하나님께서 각별히 생각하심을 감사하며 찬양합니다. 마치 하나님의 창조 이야기(창 1~2장)의 '화답시'와도 같습니다. 사실 우리 눈에 보이는 피조물의 크기는 너무 커

....

....

....

....

서 한눈에 다 볼 수 없습니다.

개인들이 각자 서 있는 자리에서 보는 것은 피조물의 극히 일부에 지나지 않습니다. 다윗은 자신의 눈에 보이는 것이 다가 아님을 알지만 그럼에도 용기내어 하나님의 피조물들이 "어찌 그리 아름다운지" 하며 감탄사를 연발하고 있습니다. 하나님의 창조 세계의 신비를 생각하면 그럴 수밖에 없습니다.

"여호와 우리 주여 주의 이름이 온 땅에 어찌 그리 아름다운지요 주의 영광이 하늘을 덮었나이다 … 주의 손가락으로 만드신 주의 하늘과 주께서 베풀어 두신 달과 별들을 내가 보오니 사람이 무엇이기에 주께서 그를 생각하시며 인자가 무엇이기에 주께서 그를 돌보시나이까"(시 8:1~4)

하나님께서는 사람을 지으실 때, 다른 피조물들과 달리 손수 흙으로 빚으시고, 코에 생기를 불어넣어 만드셨습니다. 사람이 무엇이기에 그 큰 은혜를 누리는 것입니까! 다윗은 인간에게 모든 피조물을 다스리는 권한을 주신 하나님을 더욱 소리 높여 찬양합니다. 그리고 다윗은 온 우주 만물에 충만한 하나님의 영광을 찬양하면서 동시에 원수들과 보복자들에 대한 기억을 더듬고 있습니다. 바로 이 점이 이 시의 아름다운 노랫말을 더욱 빛나게 합니다. 원수들과 보복자들로 말미암아 죽음의 위기를 수차례

넘기며 치열한 삶을 살았던 다윗의 찬양이기에 말로 다 할 수 없는 깊이가 이 시에 배어 있습니다.

> "여호와 우리 주여 주의 이름이 온 땅에 어찌 그리 아름다운지요 주의 영광이 하늘을 덮었나이다 주의 대적으로 말미암아 어린 아이들과 젖먹이들의 입으로 권능을 세우심이여 이는 원수들과 보복자들을 잠잠하게 하려 하심이니이다"(시 8:1~2)

다윗은 천지를 지으신 하나님께서 사람을 생각하시며 돌보심이 참으로 놀랍다고 찬양합니다.

> "사람이 무엇이기에 주께서 그를 생각하시며 인자가 무엇이기에 주께서 그를 돌보시나이까"(시 8:4)

♫사람이 무엇이관대 주께서 저를 생각하시며

인자가 무엇이관대 저를 권고하시나이까

하나님께서는 모든 인생에 대해 세밀한 계획들을 가지고 계십니다. 사람이 무엇이기에! 사람을 지으시기 전에 다른 모든 피조물을 만드시고 사람에게 다스리는 권한을 주신 하나님의 놀라운 계획에 다윗은 더욱 소리 높여 찬양합니다.

하나님께서는 친히 창조하신 아름다운 세상을 우리 인간들에게 위임하셨습니다. 다윗은 한낱 피조물에 불과한 우리를 부르시어 하나님이 만드신 아름다운 세상을 관리하게 하신 하나님

....
....
....
....

의 은혜에 감탄하며 이렇게 찬양합니다.

"여호와 나의 하나님이여 주께서 행하신 기적이 많고 우리를 향하신
주의 생각도 많아 누구도 주와 견줄 수가 없나이다 내가 널리 알려 말
하고자 하나 너무 많아 그 수를 셀 수도 없나이다"(시 40:5)

복 있는 사람은 하나님의 말씀을 따라 사는 사람이며 하나님
의 말씀을 다른 그 어떤 것보다도 즐거워하며 주야로 묵상하는
사람입니다.

"복 있는 사람은 악인들의 꾀를 따르지 아니하며 죄인들의 길에 서지
아니하며 오만한 자들의 자리에 앉지 아니하고 오직 여호와의 율법을
즐거워하여 그의 율법을 주야로 묵상하는도다 그는 시냇가에 심은 나
무가 철을 따라 열매를 맺으며 그 잎사귀가 마르지 아니함 같으니 그가
하는 모든 일이 다 형통하리로다 악인들은 그렇지 아니함이여 오직 바
람에 나는 겨와 같도다 그러므로 악인들은 심판을 견디지 못하며 죄인
들이 의인들의 모임에 들지 못하리로다 무릇 의인들의 길은 여호와께
서 인정하시나 악인들의 길은 망하리로다"(시 1:1~6)

....

....

....

....

*142*일
오직 주만 나의 복입니다 (시 10~18편)

　하나님 앞에서 정직하겠다는 결심만큼 완벽한 결심은 세상에 없습니다. 이는 자신의 죄를 모두 인정한다는 겸손이며 하나님의 의로움에 자신을 내어 맡기겠다는 믿음입니다. 이러한 사실이 다윗의 시편 속에 고스란히 드러나고 있습니다.

　　"여호와여 의의 호소를 들으소서 나의 울부짖음에 주의하소서 거짓 되지 아니한 입술에서 나오는 나의 기도에 귀를 기울이소서"(시 17:1)

　다윗은 주의 말씀을 좇아 기도하겠노라고 고백합니다. 여호와 앞에서 자신의 모습을 이렇게 정직하게 드러냈기에 다윗은

211

언제나 새롭게 출발할 수 있었습니다.

성경통독 BIBLETONGDOK

《일년일독 통독성경》 시편 10~18편

통通으로 숲이야기 ; 통숲 TONG OBSERVATION

● 첫 번째 포인트

다윗은 "여호와의 말씀은 흙 도가니에 일곱 번 단련한 은과 같다"
라고 고백합니다.

시편 11편은 다윗의 '지혜시'입니다.

"여호와께서는 그의 성전에 계시고 여호와의 보좌는 하늘에 있음이여
그의 눈이 인생을 통촉하시고 그의 안목이 그들을 감찰하시도다"(시
11:4)

다윗은 하나님의 눈이 인생을 통촉하시고 하나님의 안목이
사람들을 감찰하신다고 노래합니다. 하나님께서 말씀하시는 '의
인'은 죄가 없는 사람이 아니라 자신의 죄를 고백하고 믿음으로
하나님 앞에 나아가는 사람입니다.

다윗이 일평생 온갖 위험에 처하면서도 그 중심을 흐트러뜨리지 않고 끝까지 하나님의 사람으로 살아갈 수 있었던 것은 언제나 하나님께서 자신을 돌보고 계신다는 흔들리지 않는 확고한 믿음을 가지고 있었기 때문입니다.

어느 시편 기자는 하나님께서 지금도 우리를 바라보고 계시다는 것을 이렇게 말합니다.

"백성 중의 어리석은 자들아 너희는 생각하라 무지한 자들아 너희가 언제나 지혜로울까 귀를 지으신 이가 듣지 아니하시랴 눈을 만드신 이가 보지 아니하시랴"(시 94:8~9)

또한 다윗은 시편 12편을 통해서 의인과 악인을 구분하는 중요한 기준 가운데 하나가 바로 '입술의 말'이라고 정의합니다. 악인은 그의 입술에서 나오는 말을 통해 알 수 있습니다. 악인의 입술에는 거짓이 가득하기 때문입니다. 두 마음으로부터 시작되는 아첨하는 말은 자신을 자랑하며 하나님을 모독합니다.

다윗을 둘러싸고 있는 악인들의 입술은 가련한 자와 궁핍한 자의 마음을 더욱더 아프게 했습니다. 그러나 주변의 현실이 그러면 그럴수록 다윗은 하나님의 신실한 말씀에 더욱 의지할 따름입니다. 거짓의 말들이 자신을 공격하는 현실 속에서 다윗은 하나님의 말씀을 통해 새 힘을 얻었던 것입니다. 하나님의 말씀은 세상 가운데 궁핍과 눌림을 당하는 이들을 구원하는 능력입니다.

"여호와의 말씀은 순결함이여 흙 도가니에 일곱 번 단련한 은 같도다"
(시 12:6)

어디에도 믿을 만한 참말이 없기에 다윗은 언제나 정직하신 하나님의 말씀에 귀 기울입니다. 이와 같이 하나님의 말씀의 순결함을 깨달은 다윗은 "여호와의 말씀이 흙 도가니에 일곱 번 단련하여 불순물이 전혀 없는 은과 같다."라고 고백합니다. 그것은 순결한 말씀에 대한, 영원토록 변함없으신 하나님에 대한 찬양이었습니다.

약한 자를 끝까지 지켜주시는 하나님에 대한 찬양이요, 우리를 구원하시는 하나님에 대한 감격의 찬양이었습니다.

● 두 번째 포인트
다윗은 '주의 장막에 머무를 수 있는 사람'에 대해 말합니다.

다윗은 그의 지혜시인 시편 15편의 첫머리에서 "여호와여 주의 장막에 머무를 자 누구오며 주의 성산에 사는 자 누구오니이까"(시 15:1)라고 먼저 묻고 이 물음에 대해 스스로 답을 합니다. 이는 다윗이 그의 인생을 어떻게 살 것인가에 대한 스스로의 다짐과도 같습니다. 다윗은 '주의 장막에 머무를 수 있는 사람'의 자격을 다음과 같이 구체적으로 그립니다.

정직한 자, 공의를 실천하는 자, 진실을 말하는 자, 남의 허물을 말하지 않는 자, 이웃에게 악을 행하거나 비방하지 않는 자, 망령된 자를 멸시하는 자, 여호와를 두려워하는 자를 존대하는 자, 서원을 지키는 자, 대금업을 하지 않는 자, 뇌물을 받고 무죄한 자를 해하지 않는 자입니다.

한마디로 정리한다면 하나님을 경외하는 사람, 그리고 자신의 믿음을 이웃 사랑으로 실천하는 사람입니다. 아는 것만으로는 흔들릴 수도 있고, 변할 수도 있습니다. 그러나 행하는 자는 요동치 않습니다. 행함의 내용이 바로 하나님의 말씀이기 때문입니다.

"내 형제들아 만일 사람이 믿음이 있노라 하고 행함이 없으면 무슨 유익이 있으리요 그 믿음이 능히 자기를 구원하겠느냐"(약 2:14)

● 세 번째 포인트
다윗은 "주밖에 나의 복이 없다"라고 고백합니다.

다윗의 '메시아 예언시'인 시편 16편에서 다윗은 오직 하나님

....

....

....

....

의 이름만이 자신에게 복이라고 고백합니다.

"하나님이여 나를 지켜 주소서 내가 주께 피하나이다 내가 여호와께
아뢰되 주는 나의 주님이시오니 주 밖에는 나의 복이 없다 하였나이다
땅에 있는 성도들은 존귀한 자들이니 나의 모든 즐거움이 그들에게 있
도다"(시 16:1~3)

다윗은 절체절명의 위기 속에서도 하나님의 구원을 노래합
니다. 이는 생명의 근원이 되시는 하나님을 믿고 부활과 영생을
확신하는 다윗의 신앙고백의 시입니다.

"이는 주께서 내 영혼을 스올에 버리지 아니하시며 주의 거룩한 자를
멸망시키지 않으실 것임이니이다"(시 16:10)

다윗의 이 고백은 이후에 베드로와 사도 바울이 인용합니다.
먼저 베드로의 인용입니다.

"미리 본 고로 그리스도의 부활을 말하되 그가 음부에 버림이 되지 않
고 그의 육신이 썩음을 당하지 아니하시리라 하더니"(행 2:31)

이어서 사도 바울의 인용입니다.

"또 다른 시편에 일렀으되 주의 거룩한 자로 썩음을 당하지 않게 하시
리라 하셨느니라"(행 13:35)

다윗은 또 고백합니다.

"여호와는 나의 산업과 나의 잔의 소득이시니 나의 분깃을 지키시나이

다"(시 16:5)

하나님을 믿는 사람은 자신이 가진 모든 소유가 다 하나님으로부터 온 것임을 알고 헛되이 욕심 내지 않으며, 만약 하나님이 이 모든 것을 한순간에 다 거두어가실지라도 원래의 주인이 하나님이심을 알기에 그 일로 낙심하지 않을 수 있습니다. 도자기가 자기를 만든 도공에게 가타부타 말할 수 없는 것과 같습니다.

"여호와여, 이제 주는 우리 아버지시니이다 우리는 진흙이요 주는 토기장이시니 우리는 다 주의 손으로 지으신 것이니이다"(사 64:8)

이 믿음 때문에 다윗은 어떠한 형편에서도 하나님에 대한 믿음이 흔들리지 않았습니다.

"나를 훈계하신 여호와를 송축할지라 밤마다 내 양심이 나를 교훈하도다 내가 여호와를 항상 내 앞에 모심이여 그가 나의 오른쪽에 계시므로 내가 흔들리지 아니하리로다"(시 16:7~8)

● 네 번째 포인트
다윗은 "주의 형상으로 만족하겠다"라고 고백합니다.

시편 17편은 다윗이 쫓기는 위기 상황 가운데 쓴 '탄원시'입니다. 다윗은 자신이 곤고함에 처해 있을 때마다 불평과 불만을 쏟아놓기보다는 하나님 앞에 자신의 처지를 고백하며 곤고함에서 구해주실 것을 기도합니다.

다윗은 정치인이자, 군인이었고 이스라엘을 강력한 나라로 이끌었던 위대한 왕이었습니다. 〈사무엘상·하〉를 통독하면서 정치인 다윗을 만났다면, 〈시편〉을 통해서는 다윗이 얼마나 깊은 기도의 사람이었는지를 알게 됩니다.

다윗은 이스라엘의 왕이 되어 하나님의 공의와 정의를 실현했던 사람입니다. 목동으로 태어난 다윗이 이스라엘 역사에서 가장 월등한 왕으로 남게 된 것은 하나님과의 교제, 기도를 통해서 언제나 샘솟는 충만한 능력을 얻었기 때문입니다. 한편 다윗을 대적하는 악인들은 보물을 쌓아 두는 자들이었습니다. 그들의 자녀들도 이 땅에서 풍요롭게 살고 있습니다.

"여호와여 이 세상에 살아 있는 동안 그들의 분깃을 받은 사람들에게서 주의 손으로 나를 구하소서 그들은 주의 재물로 배를 채우고 자녀로 만족하고 그들의 남은 산업을 그들의 어린 아이들에게 물려 주는 자니이다 나는 의로운 중에 주의 얼굴을 뵈오리니 깰 때에 주의 형상으로 만족하리이다"(시 17:14~15)

악인들은 자신들의 남은 산업 곧 풍요를 그들의 자녀에게 물려주어 계속 이 땅에 보물을 쌓아두고자 했습니다. 그러나 다윗은 자신의 보물을 하늘에 쌓아둔 사람이었습니다.

> "너희를 위하여 보물을 땅에 쌓아 두지 말라 거기는 좀과 동록이 해하
> 며 도둑이 구멍을 뚫고 도둑질하느니라 오직 너희를 위하여 보물을 하
> 늘에 쌓아 두라"(마 6:19~20)

● 다섯 번째 포인트
다윗은 "내가 주를 사랑하나이다"라고 신실하게 고백합니다.

　다윗의 '찬양시'인 시편 18편은 다윗이 왕으로 즉위할 때 자신의 인생을 돌아보며 하나님께 감사하며 지은 시입니다. 때문에 시편 18편은 사무엘하 22장과 대동소이합니다. 다윗은 하나님을 신뢰하며 견뎌온 역경의 시절을 아름다운 신앙고백으로 바꾸어 감사의 노래를 드립니다.

🎵 나의 힘이 되신 여호와여 내가 주님을 사랑합니다
주는 나의 반석이시요 나의 요새시라

> "나의 힘이신 여호와여 내가 주를 사랑하나이다 여호와는 나의 반석이
> 시요 나의 요새시요 나를 건지시는 이시요 나의 하나님이시요 내가 그
> 안에 피할 나의 바위시요 나의 방패시요 나의 구원의 뿔이시요 나의 산
> 성이시로다 내가 찬송 받으실 여호와께 아뢰리니 내 원수들에게서 구

원을 얻으리로다"(시 18:1~3)

다윗의 삶은 평탄한 것과는 거리가 멀었습니다. 다윗이 10대 때부터 세상의 중심으로 나와서 겪은 삶의 고초들은 상상 그 이상이었습니다. 그러나 다윗의 중심에는 언제나 하나님을 향한 믿음이 고정되어 있었습니다. 생명의 위협이 극에 달한 순간에도 다윗은 하나님을 신뢰했습니다. 그러기에 다윗은 언제나 힘이 있었습니다.

"하나님의 도는 완전하고 여호와의 말씀은 순수하니 그는 자기에게 피하는 모든 자의 방패시로다"(시 18:30)

다윗은 여러 차례 사울을 죽일 기회가 있었지만 끝까지 사울의 몸에 손을 대지 않았습니다. 다윗은 제사장 나라 기준으로 하나님의 기름 부음을 받은 사울을 죽일 수가 없었습니다. 하지만 그 대가는 실로 컸습니다. 하나님의 뜻대로 살기 위해 다윗은 생명의 위협을 오가며 도망자로 오랜 시간을 견뎌야 했습니다.

하나님의 말씀을 지키는 것이 비록 지금 당장은 자신의 생명을 위협하는 것처럼 보이지만 그럼에도 다윗은 분명하게 알고 있었습니다. 자신이 하나님의 말씀을 지켰기에 사울의 손에서도 피할 수 있었고 지금까지 많은 대적의 위협으로부터도 살아남을 수 있었다는 사실을 말입니다. 믿음의 사람에게 고난은 단지 장

애물이 아니라 하나님의 사람으로 단련시키는 과정입니다.

디저트 DESSERT

다윗은 하나님을 향한 굳건한 믿음이 있었기에 매일의 순간 순간을 하나님께 의탁하며 하나님의 침묵 앞에서도 견딜 수 있었습니다.

다윗은 자신이 어떠한 형편에 있든지 하나님께서 자신을 돌보고 계신다고 확신했습니다. 다윗의 이 믿음은 일평생 흔들린 적이 없습니다. 그래서 결국 다윗은 하나님께서 인정하시는 놀라운 '다윗의 길'을 만들게 됩니다.

143일

율법, 송이꿀보다 달다 _(시 19~27편)

다윗은 위협이 끊이지 않는 삶을 살았지만 그 위협보다 더 용기 있게 삶을 살았습니다. 다윗은 아버지의 양을 지키기 위해 곰과 사자와 맞섰으며 골리앗 앞에서도 당당하게 맞섰고 사울의 칼날을 피하면서도 하나님을 향한 그의 믿음을 끝까지 지킨 사람이었습니다.

다윗은 대적과 원수들이 들끓는 상황 속에서도 결코 두려워하지 않았습니다. 하나님께서 빛과 구원이 되어주셨기 때문입니다.

"여호와는 나의 빛이요 나의 구원이시니 내가 누구를 두려워하리요"

....

....

....

....

(시 27:1)

다윗은 두려움에 휩싸일 때마다 이렇게 기도하면서 자신의 두려운 마음을 다시 용기로 바꾸어냈습니다. 다윗의 용기의 근원은 언제나 하나님을 신뢰하는 믿음이었습니다.

성경통독 BIBLETONGDOK

《일년일독 통독성경》 시편 19~27편

통通으로 숲이야기 ; 통숲 TONG OBSERVATION

● 첫 번째 포인트
다윗은 율법(모세오경)이 송이꿀보다 달다고 고백합니다.

다윗은 어려서부터 아버지 이새에게 율법(모세오경)을 배웠습니다. 이는 오래전 모세의 당부가 이루어진 것입니다.

먼저 모세의 당부를 기억해보면 다음과 같습니다.

"오늘 내가 네게 명하는 이 말씀을 너는 마음에 새기고 네 자녀에게 부지런히 가르치며 집에 앉았을 때에든지 길을 갈 때에든지 누워 있을 때에든지 일어날 때에든지 이 말씀을 강론할 것이며"(신 6:6~7)

....

....

....

....

"내가 오늘 네게 명령한 이 명령은 네게 어려운 것도 아니요 먼 것도 아니라 … 오직 그 말씀이 네게 매우 가까워서 네 입에 있으며 네 마음에 있은즉 네가 이를 행할 수 있느니라"(신 30:11~14)

아버지 이새에게 모세오경을 배운 다윗의 놀라운 고백은 다음과 같습니다.

"여호와의 율법은 완전하여 영혼을 소성시키며 여호와의 증거는 확실하여 우둔한 자를 지혜롭게 하며 여호와의 교훈은 정직하여 마음을 기쁘게 하고 여호와의 계명은 순결하여 눈을 밝게 하시도다 여호와를 경외하는 도는 정결하여 영원까지 이르고 여호와의 법도 진실하여 다 의로우니 금 곧 많은 순금보다 더 사모할 것이며 꿀과 송이꿀보다 더 달도다"(시 19:7~10)

다윗은 '지혜시'인 시편 19편에서 하나님께서 창조하신 하늘과 태양을 바라보며 하나님께 영광을 돌립니다. 다윗은 하나님의 율법의 완전하심을 찬양하며 여호와의 법이 자신의 삶을 다스린다고 고백합니다.

다윗은 모세오경에 근거하여 역경의 시간들을 견디어냈고 이제 다시 그 사실을 상기하고 있습니다. 깊은 탄식이 수도 없이 반복되는 상황 속에서도 다윗은 자신의 입을 지키고 자신의 생각과 마음을 지키기 위해서 말씀을 묵상했습니다.

다윗은 시편 19편의 전반부인 1절에서 6절까지를 통해 하나님이 일반계시인 창조를 노래하며 하나님께 영광을 돌리고 있습니다.

"하늘이 하나님의 영광을 선포하고 궁창이 그의 손으로 하신 일을 나타내는도다 날은 날에게 말하고 밤은 밤에게 지식을 전하니"(시 19:1~2)

그리고 후반부인 시편 19편 7절에서 14절까지를 통해서는 하나님의 특별계시인 율법의 완전성과 인간에게 미치는 유익에 대해 노래합니다.

"자기 허물을 능히 깨달을 자 누구리요 나를 숨은 허물에서 벗어나게 하소서 또 주의 종에게 고의로 죄를 짓지 말게 하사 그 죄가 나를 주장하지 못하게 하소서 그리하면 내가 정직하여 큰 죄과에서 벗어나겠나이다 나의 반석이시요 나의 구속자이신 여호와여 내 입의 말과 마음의 묵상이 주님 앞에 열납되기를 원하나이다"(시 19:12~14)

다윗에게는 한 가지 간절한 소원이 있었습니다. 곧 그의 입의 말과 마음의 묵상이 하나님 앞에 열납되는 것입니다.

다윗은 하나님의 말씀으로 경계를 받으라고 말합니다. 다윗이 하나님의 말씀을 꿀과 송이꿀보다 더 달게 여길 수 있었던 것은 바로 그 말씀이 자신의 허물을 깨닫게 해주기 때문입니다.

하나님의 율례와 계명과 법도가 자신을 옥죄는 사슬이 아니라 오히려 어리석은 자신을 죄에서 자유하게 하는 은총이며 사랑임을 다윗은 알고 있었던 것입니다. 부족한 인간이 "나의 반석이시요 나의 구속자이신 하나님이시여"라고 기도할 수 있다는 것, 그 자체가 신앙의 신비요, 하나님의 능력입니다.

● 두 번째 포인트
"엘리 엘리 라마 사박다니"라는 말은 처음에는 다윗이, 그리고 1,000년 후에는 예수님께서 외치십니다.

다윗은 마치 욥의 경우처럼 자신의 부르짖음에도 응답하지 않으시는 하나님의 침묵으로 인해 깊이 탄식합니다. 그러나 다윗의 탄식은 원망이나 절망으로 이어지지 않습니다. 결국 하나님께서 당신의 얼굴을 숨기지 않으시고 다윗의 부르짖음에 응답하시기 때문입니다.

이것은 다윗의 인생 속에서 수차례 반복된 체험이었습니다. 고난과 하나님의 도우심을 반복적으로 체험하면서 다윗은 메시아로 오실 예수님에 대해 찬양하는 시를 짓습니다. 시편 22편은 고난받으시는 예수님, 시편 23편은 목자 되신 예수님, 그리고 시편 24편은 영광의 왕 예수님을 예언하고 있습니다.

"엘리 엘리 라마 사박다니" 이 말씀은 예수님께서 십자가 위에서 시편 22편 1절의 말씀을 인용하신 것입니다.

"내 하나님이여 내 하나님이여 어찌 나를 버리셨나이까 어찌 나를 멀리 하여 돕지 아니하시오며 내 신음 소리를 듣지 아니하시나이까"(시 22:1)

다윗의 깊은 탄식이 쏟아져 나오고 있습니다. 아무도 자신을 도와주지 않고, 이제 하나님마저 자신을 버리신 것 같습니다. 아무리 부르짖어도 응답하지 아니하십니다. 그러나 다윗은 알고 있습니다. 자신의 조상들이 하나님을 의뢰하고 의지하였을 때에 하나님께서 건지셨던 것처럼 끝까지 하나님을 붙든다면 하나님께서도 결코 버리지 아니하신다는 것을 말입니다.

다윗의 탄식은 이후 예수님의 외침과 동일합니다. 시편 22편의 말씀처럼 1,000년 후 악한 무리들이 예수님을 에워싸며 예수님의 손과 발에 못을 박았습니다.

"제구시쯤에 예수께서 크게 소리 질러 이르시되 엘리 엘리 라마 사박다니 하시니 이는 곧 나의 하나님, 나의 하나님, 어찌하여 나를 버리셨나이까 하는 뜻이라"(마 27:46)

다윗은 또한 적들이 자신의 겉옷을 나누며 속옷을 제비뽑는다고 탄식합니다.

"내 겉옷을 나누며 속옷을 제비 뽑나이다"(시 22:18)

이 또한 1,000년 후에 예수님께 그대로 일어나게 됩니다. 십자가 아래에서 로마 군인들이 예수님의 겉옷을 나누며 속옷을 제비뽑았습니다.

"군인들이 서로 말하되 이것을 찢지 말고 누가 얻나 제비 뽑자 하니 이는 성경에 그들이 내 옷을 나누고 내 옷을 제비 뽑나이다 한 것을 응하게 하려 함이러라 군인들은 이런 일을 하고"(요 19:24)

● 세 번째 포인트
다윗은 "여호와는 나의 목자"라고 고백합니다.

성경 속에는 하나님과 이스라엘과의 관계가 여러 가지 비유로 표현되어 있습니다. 하나님을 이야기하면서 이사야 선지자는 하나님을 '왕'(사 6:5)으로 표현하고, 호세아 선지자는 하나님을 '아버지'(호 11:1)로, 에스겔 선지자를 비롯한 몇몇 선지자들은 하나님을 '남편'(겔 23장)으로 표현했습니다.

다윗은 시편 18편에서 하나님을 반석, 요새, 바위, 방패, 구원의 뿔, 산성 등으로 표현합니다. 그런데 다윗에게 있어서 가장 내

세우고 싶은 표현이 있다면 그것은 아마 '목자'일 것입니다. 왜냐하면 다윗은 자신이 목자 출신으로서 목자가 얼마나 정성껏 양을 돌보는지 잘 알고 있기 때문입니다. 그래서 다윗은 그의 '찬양시'인 시편 23편에서 다음과 같이 하나님을 노래합니다.

"여호와는 나의 목자시니 내게 부족함이 없으리로다 그가 나를 푸른 풀밭에 누이시며 쉴 만한 물 가로 인도하시는도다"(시 23:1~2)

다윗은 소년 시절 아버지의 양 떼를 맡아 돌보던 경험이 있습니다. 그때 다윗은 사자와 곰의 위협에서 양을 보호하기 위해 열심히 물매질을 연마했습니다. 그의 탁월한 물매 솜씨로 양들은 안전을 보장받을 수 있었습니다. 이러한 다윗에게 하나님께서 목자가 되어주셨던 것입니다.

"나는 선한 목자라 선한 목자는 양들을 위하여 목숨을 버리거니와"(요 10:11)

"그러므로 염려하여 이르기를 무엇을 먹을까 무엇을 마실까 무엇을 입을까 하지 말라 이는 다 이방인들이 구하는 것이라 너희 하늘 아버지께서 이 모든 것이 너희에게 있어야 할 줄을 아시느니라"(마 6:31~32)

다윗은 또한 사망의 음침한 골짜기를 다닐지라도 하나님께서 자신을 돌보아주신다고 노래합니다.

"내가 사망의 음침한 골짜기로 다닐지라도 해를 두려워하지 않을 것은

....

....

....

....

주께서 나와 함께 하심이라 주의 지팡이와 막대기가 나를 안위하시나이다"(시 23:4)

양은 목자가 함께 가기 때문에 그 어느 곳도 두렵지 않습니다. 목자의 지팡이와 막대기는 양이 가려는 길을 막아서기도 합니다. 혹 대열에서 빠져나와 잘못된 길을 가려 하면 지팡이와 막대기가 급히 와서 가던 길을 정지시킵니다. 그러므로 양에게 목자의 지팡이와 막대기는 저주가 아니라 사랑입니다. 하나님의 징계는 바른길로 이끄는 큰 사랑인 것입니다.

● 네 번째 포인트
다윗은 "만군의 여호와께서는 곧 영광의 왕"이시라고 고백합니다.

다윗의 '메시아 예언시'이자 '제왕시'인 시편 24편에서 다윗은 영광의 왕 예수님을 노래합니다. 이 시편은 다윗이 법궤를 예루살렘에 안치할 즈음에 드린 감사의 찬양으로 보입니다.

"문들아 너희 머리를 들지어다 영원한 문들아 들릴지어다 영광의 왕이 들어가시리로다 영광의 왕이 누구시냐 강하고 능한 여호와시요 전쟁에 능한 여호와시로다 문들아 너희 머리를 들지어다 영원한 문들아 들릴지어다 영광의 왕이 들어가시리로다 영광의 왕이 누구시냐 만군의

....

....

....

....

여호와께서 곧 영광의 왕이시로다 (셀라)"(시 24:7~10)

이스라엘은 한때 언약궤를 블레셋에게 빼앗긴 적도 있었습니다. 그렇게 오랜 시간 이곳저곳을 옮겨 다니던 언약궤를 예루살렘성으로 모신 날 다윗은 너무 좋아 마치 어린아이같이 하나님 앞에서 뛰놀았습니다. 다윗은 온 이스라엘과 함께 이 시편으로 하나님의 영광을 찬양합니다.

"여호와의 산에 오를 자가 누구며 그의 거룩한 곳에 설 자가 누구인가 곧 손이 깨끗하며 마음이 청결하며 뜻을 허탄한 데에 두지 아니하며 거짓 맹세하지 아니하는 자로다"(시 24:3~4)

한편 다윗은 하나님의 산에 오를 자가 누구인지를 묻습니다. 하나님께 나아가는 사람, 곧 하나님께 예배하는 사람의 자세가 어떠해야 하는가에 대한 말씀입니다.

하나님을 예배하는 그리스도인은 먼저 손이 깨끗하며 마음이 성결한 사람입니다. 우리의 마음과 행동이 하나님 보시기에 부끄럽지 않아야 한다는 것입니다. 뜻을 허탄한 데 두지 않고 아름다워야 합니다. 우리 안에 거짓이 사라질 때 하나님과의 영적인 교제가 시작됩니다. 예배의 자리로 나아가기 전, 하나님께서는 우리에게 예배자의 거룩한 삶을 요구하십니다. 예배자의 거룩한 삶이야말로 진정한 예배로 나아가는 필수 조건입니다.

"하나님은 영이시니 예배하는 자가 영과 진리로 예배할지니라"(요 4:24)

● 다섯 번째 포인트
다윗은 "내가 종일 주를 기다리나이다"라고 고백합니다.

다윗의 '탄원시'인 시편 25편은 히브리어 알파벳순으로 쓰인 '답관체(acrostic, 踏冠體)'의 시입니다. 이는 히브리 문학의 표현 방법 가운데 하나로, '머리를 밟아가는 형식'이라는 뜻처럼 각 행의 첫 글자로 시작하는 것입니다. 예를 들어 히브리어 알파벳 'א, ב, ג, ד', 'a, b, c, d', 혹은 'ㄱ, ㄴ, ㄷ, ㄹ' 순서로 생각한다면 예를 들어 '갈 것이다, 나갈 것이다, 들어 올릴 것이다' 등으로 배열하여 쓰는 형식의 시입니다. 시편 25편과 34편, 119편, 그리고 〈예레미야애가〉 등이 이 형식으로 쓰였습니다.

다윗은 자신의 '탄원시'인 시편 25편에서 자신을 향해 달려오는 원수들에게서 구해달라고 하나님께 기도를 드립니다. 이는 다윗의 행동이 하나님 앞에 완전히 의롭기 때문이 아닙니다. 오히려 다윗은 자신의 죄악이 크다고 고백합니다. 그러나 다윗은 하나님의 이름으로 자신을 용서하여 달라고 간구합니다.

아무런 죄악도 범하지 않아야만 하나님께 구원을 간구할 수 있다면 이 세상의 어느 누구도 하나님께 기도할 수 없습니다. 다윗은 하나님의 긍휼과 인자하심을 의지하여 하나님의 은혜를 간구합니다.

"여호와여 주의 도를 내게 보이시고 주의 길을 내게 가르치소서 주의 진리로 나를 지도하시고 교훈하소서 주는 내 구원의 하나님이시니 내가 종일 주를 기다리나이다"(시 25:4~5)

다윗은 주의 도와 주의 길을 보여달라고 간구합니다. 하나님을 믿는 신앙인들은 자신의 길을 가는 사람이 아닙니다. 하나님의 도(道)를 좇아가는 사람이며, 하나님의 길을 가는 사람입니다. 하나님께서는 언제나 당신의 진리로 우리를 지도하시고 교훈하십니다. 인생의 행복은 하나님의 교훈을 듣는 것에서부터 시작됩니다. 또한 다윗은 외로운 자리에서도 은혜를 구하는 기도를 합니다.

"주여 나는 외롭고 괴로우니 내게 돌이키사 나에게 은혜를 베푸소서 내 마음의 근심이 많사오니 나를 고난에서 끌어내소서"(시 25:16~17)

다윗이 끝까지 하나님의 사람이었던 이유는 이처럼 행여 죄의 길로 갔다가도 반드시 다시 그 길에서 돌이켜 하나님께 회개했기 때문입니다. 그래서 하나님께 사죄의 은총을 받고 하나님의 길에서 떠나지 않았던 것입니다. 이것이 하나님께서 진정으로 기뻐하시는 삶입니다.

디저트 DESSERT

다윗은 기나긴 고난의 시간을 보냈습니다. 다윗이 걸어온 역경의 시간은 너무 길고 혹독했습니다. 그러나 다윗은 하나님의 약속을 잊지 않았습니다. 다윗은 하나님께서 끝까지 자신과 함께하실 것이라는 사실을 의심하지 않고 늘 하나님을 찬양했습니다.

우리 또한 주의 지팡이와 막대기가 안위해주실 것을 믿고 기뻐하며 찬양하는 복된 삶을 살아가기를 소망합니다.

*144*일
노염은 잠깐, 은총은 평생 (시 28~33편)

다윗은 하나님의 소리가 백향목을 꺾으며 화염을 가르고 광야를 진동시키신다고 노래합니다.

"여호와의 소리가 힘 있음이여 여호와의 소리가 위엄차도다"(시 29:4)

다윗은 하나님의 권능과 위엄을 '여호와의 소리', 즉 우렛소리, 화염, 진동의 이미지로 웅장하게 표현합니다.

다윗에게 하나님은 역동적인 능력의 하나님이셨습니다. 다윗은 권능의 왕 하나님께 이스라엘에 힘을 주시고 평강의 복을 주실 것을 간구하며 찬양합니다.

《일년일독 통독성경》시편 28~33편

● 첫 번째 포인트

다윗은 하나님께 "내가 부르짖으오니 내게 귀를 막지 마소서"라고 간절하게 아룁니다.

다윗은 시편 28편과 같은 내용의 기도를 여러 번 드렸을 것입니다.

"여호와여 내가 주께 부르짖으오니 나의 반석이여 내게 귀를 막지 마소서"(시 28:1)

다윗은 이렇게 기도하며 자신의 고달픈 형편과 처지를 하나님께 토로했습니다. 악을 행하는 자들이 언제나 다윗을 위협하고 있었기에 다윗은 한시도 기도의 끈을 놓을 수가 없었습니다. 다윗은 언제나 기도 가운데 힘을 얻었습니다. 다윗이 왕으로서 국가를 통치하며 이스라엘을 강성한 나라로 만들었던 비결은 바로 하나님과의 관계 속에서 늘 기도로 깊이 들어갔기 때문입니다.

"여호와여 내가 주께 부르짖으오니 나의 반석이여 내게 귀를 막지 마소서 주께서 내게 잠잠하시면 내가 무덤에 내려가는 자와 같을까 하나이다 내가 주의 지성소를 향하여 나의 손을 들고 주께 부르짖을 때에 나의 간구하는 소리를 들으소서"(시 28:1~2)

하나님에 대한 다윗의 여러 표현을 살펴보면 '나의 반석', '나의 힘', '나의 방패' 등입니다. 이 때문에 다윗의 시는 하나님의 마음을 기쁘게 해드렸을 뿐 아니라 반석과 힘과 요새가 되어주신 하나님을 간증하는 진정한 노래가 되었습니다.

다윗은 하나님께 기도하며 악인들이 당장에는 모든 것이 잘되는 것처럼 보이지만 결국 그들은 하나님의 공의로운 심판을 통해 패망의 길로 갈 것을 확신하며 고난 중에도 그의 믿음을 굳건히 합니다.

"악인과 악을 행하는 자들과 함께 나를 끌어내지 마옵소서 그들은 그 이웃에게 화평을 말하나 그들의 마음에는 악독이 있나이다 그들이 하는 일과 그들의 행위가 악한 대로 갚으시며 그들의 손이 지은 대로 그들에게 갚아 그 마땅히 받을 것으로 그들에게 갚으소서"(시 28:3~4)

다윗은 악인들의 특징으로 '표리부동(表裏不同, 겉으로 드러나는 말과 속으로 가지는 생각이 다름)'을 고발합니다. 그들은 말로는 화평을 말합니다. 그러나 그 마음에는 악독이 가득합니다.

다윗이 말한 악인의 또 한 가지 특징은 '거짓'입니다. 그리고 미움이 가득한 마음입니다. 다윗은 하나님께 악인들이 행하는 악한 행위대로 그들을 처벌하시라고 탄원합니다. 이것은 주의 백성들이 하나님께 구원을 받는 것과 대조적입니다. 다윗은 악인들이 패망의 길로 가는 것과 대비해 의인들이 가게 되는 번성의 길을 또한 노래합니다.

"주의 백성을 구원하시며 주의 산업에 복을 주시고 또 그들의 목자가 되시어 영원토록 그들을 인도하소서"(시 28:9)

의인은 마음으로부터 하나님을 찬양합니다. 하나님께서는 의인의 마음을 보시며 그들을 번성하게 하십니다.

● 두 번째 포인트

다윗은 "하나님의 노염은 잠깐이요 하나님의 은총은 평생"이라고 하나님을 찬양합니다.

시편 30편, 이 짧은 시에 '여호와'라는 말이 열 번이나 나옵니다. 이는 다윗이 그의 일생을 보호해주신 하나님께 감사와 찬양을 돌리는 것입니다.

다윗은 형통할 때나 그렇지 않을 때나 언제나 하나님을 의지했습니다. 다윗은 하나님께서 자신의 슬픔을 변하게 하여 춤이 되게 하셨으며, 슬픔의 베옷을 벗기고 기쁨으로 띠를 띠우셨다고 고백합니다. 언제나 하나님을 바라보며 참된 기쁨을 누렸던 다윗은 참으로 지혜로운 하나님의 사람입니다.

> "주의 성도들아 여호와를 찬송하며 그의 거룩함을 기억하며 감사하라 그의 노염은 잠깐이요 그의 은총은 평생이로다 저녁에는 울음이 깃들 일지라도 아침에는 기쁨이 오리로다 내가 형통할 때에 말하기를 영원히 흔들리지 아니하리라 하였도다"(시 30:4~6)

다윗은 큰 위기 가운데서 구원해주신 하나님을 생각하며 감사를 드리고 있습니다. 다윗은 한때 잠시 잠깐의 교만으로 하나님의 노여움을 산 적이 있습니다. 그러나 다윗에게 하나님의 노여움은 잠깐이었고 은총은 평생이었습니다.

다윗의 이 시편에 나타난 하나님은 마치 자식의 잘못에 대해 매를 드는 부모와 같습니다. 자식의 잘못에 대해 매를 들기는 하지만 자식의 울음 섞인 호소에 마음 아파하고 더 좋은 것을 자식에게 채워주려는 부모의 모습입니다.

하나님께서 때로는 우리를 징계하시지만 그 이유가 우리를 향한 사랑 때문이라는 사실을 기억해야 합니다. 우리가 이 사실을 생각하며 산다면 하나님께 대한 감사가 언제나 끊이지 않을 것입니다.

"내 아들아 여호와의 징계를 경히 여기지 말라 그 꾸지람을 싫어하지 말라 대저 여호와께서 그 사랑하시는 자를 징계하시기를 마치 아비가 그 기뻐하는 아들을 징계함 같이 하시느니라"(잠 3:11~12)

하나님의 용서와 은혜를 입은 다윗은 다음과 같이 기쁨을 노래합니다.

"주께서 나의 슬픔이 변하여 내게 춤이 되게 하시며 나의 베옷을 벗기고 기쁨으로 띠 띠우셨나이다 이는 잠잠하지 아니하고 내 영광으로 주를 찬송하게 하심이니 여호와 나의 하나님이여 내가 주께 영원히 감사하리이다"(시 30:11~12)

● 세 번째 포인트
다윗은 "나의 앞날이 주의 손에 있다"라고 고백합니다.

다윗의 '탄원시'인 시편 31편에서 다윗은 하나님을 두려워하는 자에게 하나님께서 베푸시는 은혜가 크다고 고백합니다. 다윗은 악인의 손에서 의인을 건지시는 하나님을 의뢰하며 하나님의 크신 은혜를 바라는 사람들에게 강하고 담대하라고 힘주어 말합니다.

....
....
....
....

"여호와여 그러하여도 나는 주께 의지하고 말하기를 주는 내 하나님이시라 하였나이다 나의 앞날이 주의 손에 있사오니 내 원수들과 나를 핍박하는 자들의 손에서 나를 건져 주소서 주의 얼굴을 주의 종에게 비추시고 주의 사랑하심으로 나를 구원하소서"(시 31:14~16)

다윗은 너무나 절박한 상황 속에서 하나님께 도움을 요청하는 기도를 드리고 있습니다. 원수들의 손에서 건져주시고 견고한 바위와 구원의 산성이 되어 은혜를 베풀어주시기를 기도합니다. 감당하기 힘든 위기 때문에 신앙의 다짐과 구원의 호소가 이렇게 뒤엉켜져 함께 나오고 있습니다.

"그들이 나를 위하여 비밀히 친 그물에서 빼내소서 주는 나의 산성이시니이다"(시 31:4)

"여호와여 내가 고통 중에 있사오니 내게 은혜를 베푸소서"(시 31:9)

"내가 모든 대적들 때문에 욕을 당하고 내 이웃에게서는 심히 당하니"(시 31:11)

"내가 무리의 비방을 들었으므로 사방이 두려움으로 감싸였나이다 그들이 나를 치려고 함께 의논할 때에 내 생명을 빼앗기로 꾀하였나이다"(시 31:13)

다윗은 고난 중에 자신의 생명과 영혼을 하나님께 맡깁니다.

"내가 나의 영을 주의 손에 부탁하나이다 진리의 하나님 여호와여 나

....

....

....

....

를 속량하셨나이다"(시 31:5)

이는 살고 죽는 것이 모두 하나님의 손에 달려 있다는 믿음이며 절대적 순종을 맹세하는 다윗의 고백입니다.

이후에 예수님도 스데반도 다윗의 이 기도를 인용했습니다.

"예수께서 큰 소리로 불러 이르시되 아버지 내 영혼을 아버지 손에 부탁하나이다 하고 이 말씀을 하신 후 숨지시니라"(눅 23:46)

"그들이 돌로 스데반을 치니 스데반이 부르짖어 이르되 주 예수여 내 영혼을 받으시옵소서"(행 7:59)

● 네 번째 포인트

다윗은 "허물의 사함을 받고 그 죄가 가려진 자는 복이 있다"라고 노래합니다.

다윗의 '참회시'인 시편 32편에서 다윗은 허물과 죄에 대해서 말합니다. 다윗은 입을 열지 않았을 때는 뼈가 쇠할 정도로 종일 신음할 수밖에 없었다고 말합니다. 영과 육이 모두 병들게 된다는 것입니다. 하지만 하나님 앞에 허물들을 숨기지 않고 고백하였더니 곧 죄악을 사해주셨다고 증거합니다. 다윗은 이로써 용서의 은혜를 입게 됩니다.

"허물의 사함을 받고 자신의 죄가 가려진 자는 복이 있도다 마음에 간 사함이 없고 여호와께 정죄를 당하지 아니하는 자는 복이 있도다 내가 입을 열지 아니할 때에 종일 신음하므로 내 뼈가 쇠하였도다 주의 손이 주야로 나를 누르시오니 내 진액이 빠져서 여름 가뭄에 마름 같이 되었나이다 (셀라) 내가 이르기를 내 허물을 여호와께 자복하리라 하고 주께 내 죄를 아뢰고 내 죄악을 숨기지 아니하였더니 곧 주께서 내 죄악을 사하셨나이다 (셀라)"(시 32:1~5)

다윗은 우리아 사건에 대해 회개한 후 용서받음에 대해 감사하며 이 시를 썼습니다. 이 시를 통해 다윗은 자신의 범죄와 회개, 용서와 기쁨의 전 과정을 간증합니다. 이미 용서의 은혜를 경험한 다윗은 이 시편을 읽는 독자들을 향해 자신의 허물과 죄를 끌어안고 끙끙거리지 말고 부끄럽고 수치스럽지만, 하나님 앞에 하나도 남김없이 토해내는 것이 지혜로운 일임을 마스길(Maskil), 즉 교훈적인 시로 읊고 있습니다.

이 시편은 성 어거스틴(St. Augustine)이 가장 애독했던 시편이라고 합니다. 그래서 어거스틴은 죽기 전에 누워 있던 방 벽에 이 시편을 새겨 놓았다고 합니다. 아마도 그는 이 시편을 자주 읽으면서 젊은 시절에 명예와 돈에 대한 욕심, 그리고 이단 종교에의 심취 등 자신이 저질렀던 잘못들과 죄에 찌들었던 삶에 대한 기억들을 들춰보았을 것입니다. 그리고 주님을 의지하며 주님께 그 모든 것을 고백하며 나아간 이후 새로워진 자신의 삶을 회상하며 미소 지었을 것입니다.

다윗은 죄가 하나님과의 관계를 단절시킨다고 말합니다. 그래서 눈물로 하나님께 회개합니다. 다윗은 그 회개로 인해 하나님과의 관계가 다시 회복되고 영적인 건강을 되찾을 수 있었습니다.

● 다섯 번째 포인트
여호와는 민족들의 사상들을 무효하게 하십니다.

다윗의 시로 추정되는 저자 미상의 '예배시'인 시편 33편에서 시인은 지나온 자신의 생애 가운데 친히 개입하셔서 돌보아주신 하나님을 기억하며 찬양합니다. 그리고 현재 자신의 삶 가운데 살아 역사하시며 자신과 동행해주시는 하나님을 찬양합니다. 시인은 모든 만물의 찬양을 받으시기에 합당하신 하나님께 마음껏 영광을 돌리고 있습니다.

"여호와께서 나라들의 계획을 폐하시며 민족들의 사상을 무효하게 하시도다 여호와의 계획은 영원히 서고 그의 생각은 대대에 이르리로다

여호와를 자기 하나님으로 삼은 나라 곧 하나님의 기업으로 선택된 백

성은 복이 있도다"(시 33:10~12)

시인은 많은 군대와 군마가 동원된 처절한 전투와 사망과 굶

주림의 역경을 경험한 사람입니다. 이 모든 절체절명의 위기를

오직 하나님의 도우심으로 극복하고 하나님께 감사와 찬양을 드

립니다.

위기와 결핍 속에서도 하나님을 경외하는 자에게는 소망이

있습니다. 하나님께서 오직 주를 바라는 사람을 외면하지 않으

시고 인자를 베풀어주시기 때문입니다.

"너희 의인들아 여호와를 즐거워하라 찬송은 정직한 자들이 마땅히

할 바로다 수금으로 여호와께 감사하고 열 줄 비파로 찬송할지어다

새 노래로 그를 노래하며 즐거운 소리로 아름답게 연주할지어다"(시

33:1~3)

시인은 찬양의 조건이 특정한 기분과 나의 상황에 따라서 좌

우되는 것이 아니라고 말합니다. 단순히 기분이 좋을 때나 즐거

울 때 찬양하는 것으로 제한하지 않습니다. 시인은 하나님을 사

랑하며 하나님의 은혜를 받는 자들이라면 자신이 처한 상황이 아

니라 자신이 존재한다는 이유만으로도 마땅히 찬양해야 할 사명

을 갖고 있음을 분명히 말합니다.

"이 백성은 내가 나를 위하여 지었나니 나를 찬송하게 하려 함이니라"
(사 43:21)

하나님께서 찬양받기에 합당하신 이유는 다음과 같습니다.

첫째, 하나님은 정직, 진실, 공의, 정의, 인자의 하나님이시기 때문입니다.

"여호와의 말씀은 정직하며 그가 행하시는 일은 다 진실하시도다 그는 공의와 정의를 사랑하심이여 세상에는 여호와의 인자하심이 충만하도다"(시 33:4~5)

둘째, 하나님은 창조주이시기 때문입니다.

"여호와의 말씀으로 하늘이 지음이 되었으며 그 만상을 그의 입 기운으로 이루었도다"(시 33:6)

셋째, 하나님은 모든 인생을 살피시는 전능하신 하나님이시기 때문입니다.

"여호와께서 하늘에서 굽어보사 모든 인생을 살피심이여"(시 33:13)

넷째, 하나님은 구원의 하나님이시기 때문입니다.

"여호와는 그를 경외하는 자 곧 그의 인자하심을 바라는 자를 살피사 그들의 영혼을 사망에서 건지시며 그들이 굶주릴 때에 그들을 살리시는도다"(시 33:18~19)

다윗은 위기의 순간에 "여호와여 내가 주께 부르짖으오니 나의 반석이여 내게 귀를 막지 마소서 주께서 내게 잠잠하시면 내가 무덤에 내려가는 자와 같을까 하나이다 내가 주의 지성소를 향하여 나의 손을 들고 주께 부르짖을 때에 나의 간구하는 소리를 들으소서"(시 28:1~2)라고 기도하며 하늘의 문을 열었습니다. 다윗은 긴급한 상황 가운데 늘 하나님께 부르짖었습니다. 얼마나 큰 위기였는지 자신이 마치 무덤에 내려가는 자와 같다고 합니다.

그리스도인에게는 위기의 순간마다 하나님께 연락할 수 있는 직통전화가 있습니다. 생사의 갈림길에 서 있을지라도 하나님의 성전을 향해 두 손을 들어 기도하면 하나님께서는 그 기도를 들으십니다. 이것이 성도들에게 주시는 놀라운 특권 중에 특권입니다.

145일
불의를 행하는 자들을 시기하지 말라 (시 35~41편)

　　다윗은 이스라엘을 공의와 정의로 다스렸던 왕입니다. 그런데 다윗은 그 모든 공로를 하나님께 돌립니다. 하나님께서는 인자하신 분이요, 성실하신 분이요, 의로우신 분이라고 노래합니다. 다윗은 하나님의 인자하심이 어찌나 크고 보배로운지 인생들이 주의 날개 그늘 아래에서 쉴 때, 그들에게 참된 안식이 임한다고 고백합니다.

　　"하나님이여 주의 인자하심이 어찌 그리 보배로우신지요 사람들이 주의 날개 그늘 아래에 피하나이다"(시 36:7)

....

....

....

....

다윗은 국가든, 개인이든 부강해지는 비결, 그리고 행복할 수 있는 비결은 바로 하나님의 날개 그늘에 피하는 것이라는 사실을 알고 있었습니다.

성경통독 BIBLETONGDOK

《일년일독 통독성경》 시편 35~41편

통通으로 숲이야기 ; 통숲 TONG OBSERVATION

● 첫 번째 포인트
다윗은 하나님께 "나와 싸우는 자와 싸우소서"라고 간구했습니다.

다윗이 도망 다닐 때 지은 '탄원시'인 시편 35편에서 다윗은 사울에게 억울한 일을 당하고, 끊임없이 생명의 위협을 당하면서도 사울에게 복수하거나 공격할 계획을 세우지 않겠다고 고백합니다. 왜냐하면 다윗은 제사장 나라 기준에 따라 하나님의 임명권을 끝까지 존중했기 때문입니다. 그러면서 다윗은 오히려 하나님께 다음과 같은 부탁을 드리고 있습니다.

"여호와여 나와 다투는 자와 다투시고 나와 싸우는 자와 싸우소서 방패와 손 방패를 잡으시고 일어나 나를 도우소서 창을 빼사 나를 쫓는 자의 길을 막으시고 또 내 영혼에게 나는 네 구원이라 이르소서 내 생명을 찾는 자들이 부끄러워 수치를 당하게 하시며 나를 상해하려 하는 자들이 물러가 낭패를 당하게 하소서"(시 35:1~4)

다윗은 견디기 힘든 모욕을 감당하면서도 오직 하나님을 향하여 끝까지 기도합니다. 이는 사사로운 복수의 개념이 아니라 공의와 정의의 하나님께 악인에 대한 징계를 요구한 것입니다. 다윗은 하나님을 악인과 싸우시는 전쟁의 용사로 묘사하며 하나님께 대적들을 맡기고 있습니다.

다윗은 자기 일과 하나님의 일을 정확하게 구분합니다. 자신이 아무리 억울한 일을 당하고 생명의 위협을 당한다고 해도 악인에게 복수하거나 먼저 공격하겠다는 계획은 세우지 않습니다.

"여호와여 주께서 이를 보셨사오니 잠잠하지 마옵소서 주여 나를 멀리하지 마옵소서 나의 하나님, 나의 주여 떨치고 깨셔서 나를 공판하시며 나의 송사를 다스리소서 여호와 나의 하나님이여 주의 공의대로 나를 판단하사 그들이 나로 말미암아 기뻐하지 못하게 하소서"(시 35:22~24)

다윗은 끝내 하나님 앞에서 자신이 지켜야 할 선을 넘지 않습니다. 오직 하나님만이 인생을 재판하시는 분이라는 믿음을 갖고 있었기 때문입니다.

● 두 번째 포인트
다윗은 "불의를 행하는 자들을 시기하지 말라"라고 권고합니다.

다윗은 자신의 목숨이 위태로운데도 불구하고 행악자로 인하여 불평하지 않습니다. 그리고 오히려 공정한 재판장이신 하나님 앞에 섰을 때 자신이 똑같은 행악자가 되지 않기 위해 몸부림칩니다.

"악을 행하는 자들 때문에 불평하지 말며 불의를 행하는 자들을 시기하지 말지어다 그들은 풀과 같이 속히 베임을 당할 것이며 푸른 채소 같이 쇠잔할 것임이로다"(시 37:1~2)

다윗은 행악자로 인하여 불평하지 말자고 스스로 다짐합니다. 이는 다윗 일생에 있어 매우 중요한 각오였습니다. 사실 따지고 들면, 다윗도 얼마든지 불평할 수 있었습니다. 그러나 다윗은 이 문제의 해결책을 다음과 같이 제시합니다.

첫째, 하나님을 의지함으로 억울한 일이나 생명의 위기 앞에서 하나님의 도우심을 받는 것입니다.

둘째, 하나님의 공의를 믿으며 끝까지 선을 행하는 것입니다.

마지막 날에 각 사람의 행위대로 보응하실 하나님을 향한 믿음을 놓지 않는 자세가 끝내 승리를 가져다줄 것입니다. 또한 다윗은 악인을 대하는 자세에 대해 말합니다.

"여호와 앞에 잠잠하고 참고 기다리라 자기 길이 형통하며 악한 꾀를
이루는 자 때문에 불평하지 말지어다 분을 그치고 노를 버리며 불평
하지 말라 오히려 악을 만들 뿐이라 진실로 악을 행하는 자들은 끊어
질 것이나 여호와를 소망하는 자들은 땅을 차지하리로다 잠시 후에는
악인이 없어지리니 네가 그 곳을 자세히 살필지라도 없으리로다 그러
나 온유한 자들은 땅을 차지하며 풍성한 화평으로 즐거워하리로다"(시
37:7~11)

여기에서 '잠잠하다'는 히브리어로 '다맘(דָּמַם)'입니다. 이는
단순히 '침묵'의 뜻이 아니라 하나님의 섭리를 믿고 의지하여 평
안히 기다리는 상태를 말합니다.

악을 악으로 대하는 것은 하나님의 방법이 아닙니다. 악인을
악으로 대하면 그도 악인이 될 뿐입니다. 하나님의 백성은 심판
자 되신 하나님의 공의를 전적으로 의뢰하며 때를 기다려야 합
니다. 하나님의 때에 악인은 자세히 살필지라도 없을 것입니다.
하나님을 소망하는 자, 온유한 자는 하나님께 땅을 기업으로 받
을 것입니다.

"여호와께서 기다리시나니 이는 너희에게 은혜를 베풀려 하심이요 일
어나시리니 이는 너희를 긍휼히 여기려 하심이라 대저 여호와는 정의

의 하나님이심이라 그를 기다리는 자마다 복이 있도다"(사 30:18)

"악에게 지지 말고 선으로 악을 이기라"(롬 12:21)

"온유한 자는 복이 있나니 그들이 땅을 기업으로 받을 것임이요"(마 5:5)

● 세 번째 포인트

다윗은 인생이 "한 뼘 길이만큼 짧다"라고 정의합니다.

다윗의 '참회시'인 시편 39편에서 다윗은 악인 앞에서 자신의 입에 재갈을 먹이겠다고 결심하고 하나님께만 자신의 소망을 두겠노라고 다짐합니다. 오직 심판은 하나님의 손에 있다는 믿음으로 자신의 말과 행위를 지키는 다윗의 모습은 그의 굳건한 믿음을 보여줍니다.

"내가 말하기를 나의 행위를 조심하여 내 혀로 범죄하지 아니하리니 악인이 내 앞에 있을 때에 내가 내 입에 재갈을 먹이리라 하였도다 내가 잠잠하여 선한 말도 하지 아니하니 나의 근심이 더 심하도다 내 마음이 내 속에서 뜨거워서 작은 소리로 읊조릴 때에 불이 붙으니 나의 혀로 말하기를 여호와여 나의 종말과 연한이 언제까지인지 알게 하사 내가 나의 연약함을 알게 하소서 주께서 나의 날을 한 뼘 길이만큼 되게 하시매 나의 일생이 주 앞에는 없는 것 같사오니 사람은 그가 든든히 서 있는 때에도 진실로 모두가 허사뿐이니이다 (셀라) 진실로 각 사람은 그림자 같이 다니고 헛된 일로 소란하며 재물을 쌓으나 누가 거둘는지 알지 못하나이다 "(시 39:1~6)

이렇게 다윗은 "인생이 이러이러하다"라고 다음의 다섯 가지로 정의하고 있습니다.

첫째, 다윗은 인생이 '한 뼘 길이만큼 짧다'고 정의합니다.

둘째, 다윗은 인생이 '주 앞에는 없는 것 같이 짧다'고 정의합니다.

셋째, 다윗은 인생이 '든든히 서 있는 때까지도 모두 허사'라고 정의합니다.

넷째, 다윗은 인생이 '그림자와 같다'고 정의합니다.

다섯째, 다윗은 인생이 '헛된 일로 소란하다'고 정의합니다.

그러므로 다윗은 고백합니다.

"여호와여 나의 종말과 연한이 언제까지인지 알게 하사 내가 나의 연약함을 알게 하소서"(시 39:4)

하나님과 출애굽의 역사를 동역했던 모세 또한 이같이 고백했습니다.

"주의 목전에는 천 년이 지나간 어제 같으며 밤의 한 순간 같을 뿐임이

니이다"(시 90:4)

● 네 번째 포인트
다윗은 "여호와께서 기가 막힐 웅덩이에서 자신을 들어 올리신다"
라고 감탄합니다.

다윗의 '찬양시'인 시편 40편에서 다윗은 고난 가운데에도 포
기하거나 좌절하지 않고 하나님께서 결국 들으실 것이라는 확신
속에 간구하며 하나님의 도우심을 기다립니다. 그 결과 다윗은
깊은 웅덩이와 수렁으로부터 건져주시는 하나님의 은혜를 경험
합니다.

"내가 여호와를 기다리고 기다렸더니 귀를 기울이사 나의 부르짖음을
들으셨도다 나를 기가 막힐 웅덩이와 수렁에서 끌어올리시고 내 발을
반석 위에 두사 내 걸음을 견고하게 하셨도다 새 노래 곧 우리 하나님
께 올릴 찬송을 내 입에 두셨으니 많은 사람이 보고 두려워하여 여호와
를 의지하리로다"(시 40:1~3)

다윗은 정말 아찔한 형편 속에서도 자기 마음대로 미리 포기
하거나 좌절하지 않습니다. 그래서 절체절명의 위기에서 건짐을
받는 놀라운 경험을 하게 됩니다. 다윗 평생에 이와 같은 일이 한

두 번 일어난 일이 아닙니다.

삶 속에서 매 순간 하나님의 도우심을 경험한 다윗은 하나님께서 자신을 위하여 행하신 기적과 자신을 위하여 품으신 생각이 한없이 많아서 셀 수도 없다고 진심을 담아 고백합니다.

"여호와 나의 하나님이여 주께서 행하신 기적이 많고 우리를 향하신 주의 생각도 많아 누구도 주와 견줄 수가 없나이다 내가 널리 알려 말하고자 하나 너무 많아 그 수를 셀 수도 없나이다"(시 40:5)

● 다섯 번째 포인트
다윗은 "나의 가까운 친구도 나를 대적한다"라고 하나님께 토로합니다.

다윗의 '지혜시'인 시편 41편에서 다윗은 그의 몸이 연약해진 상황에서 가까운 친구들이 자신을 향해 칼을 빼 들고 위협하고 있다고 토로합니다. 예를 들어 다윗의 책사였던 아히도벨 같은 친구입니다. 그는 더 이상 친구가 아니라 적입니다. 다윗은 하나님 앞에 나와 마음을 쏟아놓습니다.

"나를 미워하는 자가 다 하나같이 내게 대하여 수군거리고 나를 해하려고 꾀하며 이르기를 악한 병이 그에게 들었으니 이제 그가 눕고 다시 일어나지 못하리라 하오며 내가 신뢰하여 내 떡을 나눠 먹던 나의 가까운 친구도 나를 대적하여 그의 발꿈치를 들었나이다"(시 41:7~9)

하나님의 도우심을 구하는 다윗의 기도는 절규에 가깝습니다. 마치 짐승들이 주인을 향해 뒷발질하는 모습을 표현한 "발꿈치를 들었나이다"라는 말처럼 은혜를 악으로 갚는 배신, 특히 가까운 자의 배신은 참으로 견디기 어려운 잊히지 않는 깊은 상처가 됩니다.

이후에 예수님께서도 가룟 유다의 배신에 대해 말씀하실 때에 이 구절을 인용하셨습니다.

"내가 너희 모두를 가리켜 말하는 것이 아니니라 나는 내가 택한 자들이 누구인지 앎이라 그러나 내 떡을 먹는 자가 내게 발꿈치를 들었다 한 성경을 응하게 하려는 것이니라"(요 13:18)

다윗은 원수에게 복수하는 일에 인생을 바치기보다는 수많은 사람을 끌어안으며 살아왔습니다. 사울과 그의 사람들을 그렇게 대했고 또 많은 정적을 끌어안으며 살아왔습니다. 공의의 하나님을 신뢰하고 복수는 하나님께 맡기라는 모세의 유언이 다윗의 가슴 깊숙한 곳에 박혀 있었기에 다윗은 복수심에 끌려다니는 인생을 살지 않을 수 있었습니다.

이 같은 상황에서도 다윗은 하나님 앞에 나아가 마음을 쏟아놓고 하나님께 긍휼을 구하며 일어납니다.

디저트 DESSERT

다윗의 인생은 마치 한 편의 드라마 같습니다. 다윗이 사무엘을 통해 하나님의 기름 부음을 받은 이후 그 어려운 시기를 견디어낼 수 있었던 힘이 어디에 있었겠습니까? 그 답은 바로 "나의 소망은 주께 있나이다"라는 다윗의 고백이었습니다.

비록 다윗이 왕이요, 이스라엘의 주권자였지만 다윗의 소망은 권력이나 국가가 아니었습니다. 이스라엘이 강성하다 하더라도 그것도 쉬 지나가는 것이요, 하나님만이 변함없이 자신에게 소망이시라는 것을 다윗은 너무나도 잘 알고 있었습니다.

....

....

....

....

*146*일

새벽에 하나님이 도우십니다 (시 42~50, 53편)

'역사순 성경 읽기'에 따라 시편 51편은 [105일] 사무엘하 11장에서 12장 말씀과 함께, 시편 52편은 [97일] 사무엘상 22장 말씀과 함께 이미 통독했습니다.

다윗의 고백처럼 하나님은 우리의 피난처이시고 우리의 힘과 도움이십니다. 따라서 하나님의 자녀인 우리는 어떠한 형편 가운데 있다 해도 낙심할 이유가 없습니다. 우리는 하나님의 사람 다윗처럼 언제나 하나님께서 주시는 용기로 다시 일어설 수 있기 때문입니다.

《일년일독 통독성경》 시편 42~50, 53편

 통通으로 숲이야기 ; 통숲 TONG OBSERVATION

● 첫 번째 포인트
시인은 스스로 "너는 하나님께 소망을 두라"라고 다짐합니다.

시편 42편은 '고라 자손의 마스길(교훈)'이자 '하나님의 성전이 있는 시온을 그리워하며 지은 시'입니다.

시인은 "하나님은 없다"는 조롱의 말을 듣고 하루 종일 눈물로 음식을 삼을 만큼 어려움과 고통 속에 있습니다. 하지만 그런 때일수록 간절히 하나님을 갈망하며 하나님의 얼굴을 구합니다. 시인은 마치 메마른 땅에서 목말라 물을 찾아 헤매는 사슴과 같이 하나님의 응답을 갈망합니다.

"하나님이여 사슴이 시냇물을 찾기에 갈급함 같이 내 영혼이 주를 찾기에 갈급하니이다 내 영혼이 하나님 곧 살아 계시는 하나님을 갈망하나니 내가 어느 때에 나아가서 하나님의 얼굴을 뵈올까 사람들이 종일 내게 하는 말이 네 하나님이 어디 있느뇨 하오니 내 눈물이 주야로 내

음식이 되었도다"(시 42:1~3)

그리고 시인은 예루살렘을 떠나 있는 가운데 하나님의 성전이 있는 그곳을 사모하며 노래합니다.

"내가 전에 성일을 지키는 무리와 동행하여 기쁨과 감사의 소리를 내며 그들을 하나님의 집으로 인도하였더니 이제 이 일을 기억하고 내 마음이 상하는도다"(시 42:4)

하지만 시인은 자신의 영혼이 낙심이 되므로 오히려 하나님을 기억한다고 고백합니다.

"내 영혼아 네가 어찌하여 낙심하며 어찌하여 내 속에서 불안해 하는가 너는 하나님께 소망을 두라 그가 나타나 도우심으로 말미암아 내가 여전히 찬송하리로다"(시 42:5)

시인은 낙심하고 불안해하는 자신의 영혼을 향해 "하나님께 소망을 두라"라고 명령합니다. 이는 찬양으로 유명한 시편 42편과 43편에 반복적으로 등장하는 후렴구입니다.

"내 영혼아 네가 어찌하여 낙심하며 어찌하여 내 속에서 불안해 하는가 너는 하나님께 소망을 두라"(시 42:5,11; 43:5)

이로 인해 시편 42편과 43편, 두 시편은 묶어서 하나로 보기도 합니다.

이어지는 '고라 자손의 시'인 시편 44편에서 시인은 하나님 앞에서 이스라엘을 대표하여 하나님과의 기억을 더듬어 떠올리고 있습니다. 뒤를 돌아보면 이스라엘은 그들의 조상들로부터 시작하여 오랜 세월에 걸쳐 하나님의 은혜와 보호 속에 있었습니다.

시인은 힘든 현실 속에서 "우리가 주를 잊지 아니하며 주의 언약을 어기지 아니하였나이다"(시 44:17)라고 고백하며 하나님께 도움을 구합니다. 그리고 시인은 가장 아름다웠던 그때를 떠올리며 지금 상황을 하나님께 알립니다. 그리고 그때로 돌아가기를 간구합니다.

'주의 얼굴 빛'이라는 표현은 따뜻한 눈길로 우리를 돌보아주시는 하나님을 찬양한 표현입니다. 이 표현이 성경 곳곳에 나타납니다.

"하나님이여 우리를 돌이키시고 주의 얼굴빛을 비추사 우리가 구원을 얻게 하소서"(시 80:3)

"우리 하나님이여 지금 주의 종의 기도와 간구를 들으시고 주를 위하여 주의 얼굴 빛을 주의 황폐한 성소에 비추시옵소서"(단 9:17)

"어두운 데에 빛이 비치라 말씀하셨던 그 하나님께서 예수 그리스도의 얼굴에 있는 하나님의 영광을 아는 빛을 우리 마음에 비추셨느니라"(고후 4:6)

....

....

....

....

참고로 〈시편〉에는 여러 형식의 표제어가 첨가되어 있습니다. 식가욘(탄식의 노래), 믹담(금언시), 마스길(교훈) 등은 시의 문학 형식과 관련된 표제어입니다. 소산님(백합화 곡조), 수산에둣(승리의 백합화), 마할랏르안닷(병의 노래) 등은 그 가사를 얹어서 부를 곡조를 지정해준 표제어로, 전문 음악 용어들이라 할 수 있습니다.

● 두 번째 포인트
시인은 메시아로 오실 예수님은 "사람들보다 아름다워 은혜를 입술에 머금고 계신다"라고 표현합니다.

시편 45편은 '메시아 예언시'이자 '제왕시'인 왕의 결혼식 축시로서 메시아 되신 신랑 예수와 신부인 교회 간에 있을 천국 혼인 잔치의 예표를 노래한 시입니다.

"내 마음이 좋은 말로 왕을 위하여 지은 것을 말하리니 내 혀는 글솜씨가 뛰어난 서기관의 붓끝과 같도다 왕은 사람들보다 아름다워 은혜를 입술에 머금으니 그러므로 하나님이 왕에게 영원히 복을 주시도다"(시 45:1~2)

이 시편에 등장하는 왕은 하나님께서 복을 주실 만한 인생을 살았습니다. 따라서 시인은 하나님께 올려드리는 왕의 사랑과 충성을 기쁘게 노래하고 있습니다.

"내가 왕의 이름을 만세에 기억하게 하리니 그러므로 만민이 왕을 영원히 찬송하리로다"(시 45:17)

시편 45편은 '사랑의 노래', '소산님(백합화 곡조)에 맞춘 것'이란 표제어가 있는 것으로 보아 시인이 왕을 위하여 사랑하는 마음을 담아 지은 것으로 보입니다. 내용을 보면 왕의 결혼식을 축복하는 결혼 축가라고도 할 수 있겠습니다.

'사랑의 노래'란 표현은 시편 150편 가운데 오직 시편 45편에만 나타나 있는데 사랑하는 대상을 향한 깊은 관심에서 비롯된 것 같습니다. 그래서 시인은 이 시편을 "내 마음이 좋은 말로" 왕을 위해 지은 것이라고 기록합니다. 그리고 마지막 절에 "내가 왕의 이름을 만세에 기억하게 하리니"라고 자신의 의도를 적고 있습니다. 마치 가까이에서 오랫동안 지켜본 신랑의 친구들이 진심으로 축하하며 결혼 축가를 부르듯이 말입니다.

"왕은 사람들보다 아름다워 은혜를 입술에 머금으니 그러므로 하나님이 왕에게 영원히 복을 주시도다"(시 45:2)

시편 45편의 왕은 궁극적으로 메시아를 의미합니다. 메시아로 이 땅에 오실 예수님은 '사람들보다 아름다워 은혜를 입술에 머금고 계신 분'입니다. 또한 이 땅 가운데 진리와 공의를 행하실

분입니다. 은혜의 말씀이 우리 예수님께로부터 흘러나와 온 백
성에게 전해질 것입니다. 예수 그리스도의 신부 된 우리는 신랑
되신 예수님을 기쁨으로 맞이합니다.

● 세 번째 포인트
시인은 새벽을 기다리며 "새벽에 하나님이 도우시리로다"라고 기
도합니다.

시편 46편은 '고라 자손의 찬양시'로 피난처 되시는 하나님을
찬양한 시입니다. 이 시편의 말씀은 마음속 깊이 불안해하며 절
망하는 이들에게 큰 힘을 줍니다.

"하나님이 그 성 중에 계시매 성이 흔들리지 아니할 것이라 새벽에 하
나님이 도우시리로다"(시 46:5)

종교개혁자 마르틴 루터(Martin Luther)는 그가 가장 힘들었
던 해인 1527년 여름에 이 시편 46편에서 용기를 얻고 "내 주는
강한 성이요(A mighty fortress is our God)"이라는 찬송을 작사·작
곡했다고 합니다. 그 찬송에서 루터는 어떤 상황에서도 절망하
거나 포기할 필요가 없는 이유를 극적으로 표현했습니다.

"하나님은 우리의 피난처시요 힘이시니 환난 중에 만날 큰 도움이시라

그러므로 땅이 변하든지 산이 흔들려 바다 가운데에 빠지든지 바닷물이 솟아나고 뛰놀든지 그것이 넘침으로 산이 흔들릴지라도 우리는 두려워하지 아니하리로다 (셀라)"(시 46:1~3)

시인의 이 고백은 읽는 우리로 하여금 강력한 태풍이나 높은 진도의 지진 또는 해일 등 한마디로 불가항력적인 상황을 상상하게 만듭니다.

그런데 이와 같은 심각한 위기 속에서 시인은 하나님께서 우리의 '피난처'가 되시고 '힘'과 '도움'이 되신다고 확신합니다. 하나님께서는 우리가 만나는 큰 환난보다도 더 힘 있는 분이시고 큰 문제보다도 더 능력 있는 분이시기 때문입니다. 그래서 하나님께서 거하시는 예루살렘성은 모든 것이 흔들리는 상황 속에서도 요동하지 않으며 가장 안전한 곳이 됩니다.

또한 시편 46편은 히스기야 왕 때에 앗수르 왕 산헤립의 공성전으로 예루살렘성이 멸망될 위기 속에서 전적인 하나님의 능력으로 구원받았던 놀라운 사건을 배경으로 쓴 시로 볼 수 있습니다.

하나님께서 하룻밤에 앗수르 군사 185,000명을 전멸시킨 사건이 그 배경입니다.

"이 밤에 여호와의 사자가 나와서 앗수르 진영에서 군사 십팔만 오

천 명을 친지라 아침에 일찍이 일어나 보니 다 송장이 되었더라"(왕하 19:35)

하나님께서는 우리의 진정한 피난처 되시며 보호자 되십니다.

"만일 하나님이 우리를 위하시면 누가 우리를 대적하리요"(롬 8:31)

● 네 번째 포인트

시인은 "만민들아, 손바닥을 치고 하나님께 외칠지어다"라고 찬양합니다.

시편 47편은 '고라 자손이 쓴 제왕시'로 '메시아 예언시'입니다. 이 시편은 통치자이신 하나님의 절대적인 주권을 찬양하는 시입니다. 하나님께서는 온 나라와 모든 인류의 찬양을 받기에 합당하신 분입니다.

"너희 만민들아 손바닥을 치고 즐거운 소리로 하나님께 외칠지어다 지존하신 여호와는 두려우시고 온 땅에 큰 왕이 되심이로다"(시 47:1~2)

"하나님은 온 땅의 왕이심이라 지혜의 시로 찬송할지어다"(시 47:7)

시편 47편은 하나님께서 단지 이스라엘만의 왕이 아니라 온 땅의 왕이심을 선포합니다. 하나님께서 모든 나라의 역사를 주관하시기 때문입니다.

....

....

....

....

또한 시인은 예루살렘으로 언약궤가 들어갈 때의 모습을 그리며 찬양합니다. 이는 곧 승천하시는 예수님의 예표입니다.

"하나님께서 즐거운 함성 중에 올라가심이여 여호와께서 나팔 소리 중에 올라가시도다"(시 47:5)

● 다섯 번째 포인트
아삽은 "하나님을 잊어버린 너희여, 이제 이를 생각하라"라고 권고합니다.

하나님께서 세상을 부르시는 범위는 참으로 놀라우리 만큼 광대합니다. 해 돋는 데서부터 지는 데까지 온 세상을 부르십니다.

"전능하신 이 여호와 하나님께서 말씀하사 해 돋는 데서부터 지는 데까지 세상을 부르셨도다"(시 50:1)

그리고 하나님께서는 그 부르신 자들을 향해 빛을 비추어주십니다. 그렇게 부르신 당신의 자녀들이 하나님 앞에 당당히 서기를 바라십니다. 그들이 하나님께서 사랑하시는 언약 백성이기 때문입니다.

시편 50편은 '아삽의 지혜시'로 성전 찬양 대원인 아삽이 예배에 참석한 자들을 향하여 "하나님을 잊어버린 너희여"(시 50:22)

라고 일침을 가하고 있습니다. 아삽은 하나님께서 심판장으로 이스라엘 백성 가운데 임하신다는 점을 분명히 합니다.

바른 예배는 우리의 신앙 수준을 판가름하는 시금석이 될 뿐 아니라 우리의 신앙 상태를 점검하는 바로미터(barometer, 잣대, 척도)입니다. 감사의 마음이 빠진 제사, 실천이 없이 그저 율법을 외우기만 하는 것은 하나님께서 받으시는 예배일 수 없습니다. 오직 감사의 마음으로 드리는 제사만이 영화로우신 하나님 앞에 온전한 제사가 됩니다.

"하나님을 잊어버린 너희여 이제 이를 생각하라 그렇지 아니하면 내가 너희를 찢으리니 건질 자 없으리라 감사로 제사를 드리는 자가 나를 영화롭게 하나니 그의 행위를 옳게 하는 자에게 내가 하나님의 구원을 보이리라"(시 50:22~23)

디저트 DESSERT

다윗은 시편 53편에서 어리석은 자는 그의 마음에 "하나님이 없다"라고 하는 자들이라고 말합니다. 다윗은 이스라엘을 구원하실 이는 오직 하나님뿐이시라고 고백합니다.

"어리석은 자는 그의 마음에 이르기를 하나님이 없다 하도다 그들은

....

....

....

....

부패하며 가증한 악을 행함이여 선을 행하는 자가 없도다 하나님이 하늘에서 인생을 굽어살피사 지각이 있는 자와 하나님을 찾는 자가 있는가 보려 하신즉"(시 53:1~2)

다윗은 뛰어난 지식을 가지고 있고 범상치 않은 능력을 가지고 있다 하더라도 "하나님이 없다"라고 주장한다면 정말로 어리석은 사람이라고 선언합니다. 하나님께서는 마지막 날에 악인에게는 심판을, 그리고 의인에게는 구원을 베푸실 분이시기 때문입니다.

147일

나의 눈물을 주의 병에 담으소서 _(시 55~56, 58, 60~66편)

다윗은 의인과 악인 사이에 있는 사람들을 의인의 길로 초청합니다. 두 갈래 길에서 망설이는 사람들에게 의인의 길을 선택하라고 권면하는 것입니다.

"의인이 악인의 보복 당함을 보고 기뻐함이여 그의 발을 악인의 피에 씻으리로다 그 때에 사람의 말이 진실로 의인에게 갚음이 있고 진실로 땅에서 심판하시는 하나님이 계시다 하리로다"(시 58:10~11)

악인의 특징 중에 하나는 하나님의 말씀을 따라 살려는 의인들을 거침없이 괴롭힌다는 데 있습니다. 다윗은 그런 악인을 '귀

머거리 독사'로 묘사합니다. 그런 까닭에 하나님께 드리는 다윗의 기도 내용은 매우 강렬합니다.

다윗이 악인의 피로 발을 씻게 해달라는 요청은 그 악행의 정도를 충분히 짐작하게 합니다. 다윗은 악인이 보복당할 그때에 의인과 악인 사이에 있는 사람들이 악인의 멸망을 보고 깨닫기를 바라며 의인의 길을 선택하기를 강하게 권면합니다.

> "좁은 문으로 들어가라 멸망으로 인도하는 문은 크고 그 길이 넓어 그리로 들어가는 자가 많고 생명으로 인도하는 문은 좁고 길이 협착하여 찾는 자가 적음이라"(마 7:13~14)

성경통독 BIBLETONGDOK

《일년일독 통독성경》 시편 55~56, 58, 60~66편

통通으로 숲이야기 ; 통숲 TONG OBSERVATION

● 첫 번째 포인트
다윗은 "네 짐을 여호와께 맡기라"라고 권면합니다.

시편 55편은 다윗의 '탄원시'로 압살롬 쿠데타를 배경으로 압

살롬과 아히도벨의 배반을 탄식하는 시로 볼 수 있습니다. 다윗은 원수와 악인에게 둘러싸여 있는 자신의 처지에도 불구하고 하나님께서 자신의 간절한 기도를 들으실 것을 믿어 의심치 않습니다. 다윗은 기도의 힘을 깨달은 자로서 하나님을 의지하겠다는 확신에 찬 목소리를 들려줍니다.

"네 짐을 여호와께 맡기라 그가 너를 붙드시고 의인의 요동함을 영원히 허락하지 아니하시리로다 하나님이여 주께서 그들로 파멸의 웅덩이에 빠지게 하시리이다 피를 흘리게 하며 속이는 자들은 그들의 날의 반도 살지 못할 것이나 나는 주를 의지하리이다"(시 55:22~23)

"어떤 사람이 다윗에게 알리되 압살롬과 함께 모반한 자들 가운데 아히도벨이 있나이다 하니 다윗이 이르되 여호와여 원하옵건대 아히도벨의 모략을 어리석게 하옵소서 하니라"(삼하 15:31)

그때 다윗의 마음 상태와 환경을 가장 잘 드러낸 단어는 두려움, 떨림, 공포입니다. 그러나 다윗은 이러한 것들에 굴복하지 않고 하나님 앞에서 담대히 기도합니다. 하나님께서 자신의 근심과 탄식의 소리를 듣고 계신다는 믿음이 있기 때문입니다.

"하나님이여 내 기도에 귀를 기울이시고 내가 간구할 때에 숨지 마소서 내게 굽히사 응답하소서 내가 근심으로 편하지 못하여 탄식하오니"(시 55:1~2)

"내 마음이 내 속에서 심히 아파하며 사망의 위험이 내게 이르렀도다 두려움과 떨림이 내게 이르고 공포가 나를 덮었도다"(시 55:4~5)

다윗은 자신의 간절한 기도를 들으시는 하나님의 모습을 아주 잘 묘사하고 있습니다. 정말 다윗은 놀라운 상상력으로 겹겹이 싸인 현실을 뚫고 우리에게 오시는 하나님의 모습을 친근하게 그리고 피부에 와닿게 그려주고 있습니다.

시편의 탄식들이 끝에 가서는 언제나 확신에 찬 감사와 찬양으로 변하는 것처럼 다윗도 예외 없이 이 시편에서 자신의 부르짖음과 탄식을 하나님께서 들으신다고 힘주어 말합니다. 더 나아가 자신을 포함한 자신과 비슷한 처지에 있는 사람들에게 "네 짐을 여호와께 맡기라"(시 55:22)라고까지 권고합니다.

하나님께서는 의인의 요동함을 허락지 않으십니다. 다시 말해 하나님께서는 하나님과 바른 관계에 있으며 하나님을 신뢰하고 하나님의 자비와 긍휼에 매달리는 의인의 기도에 귀 기울이시고 허리 굽혀 응답하실 만큼 가까이 계신 분이십니다.

"나는 하나님께 부르짖으리니 여호와께서 나를 구원하시리로다 저녁과 아침과 정오에 내가 근심하여 탄식하리니 여호와께서 내 소리를 들으시리로다"(시 55:16~17)

● 두 번째 포인트

다윗은 "나의 눈물을 주의 병에 담으소서"라고 기도합니다.

시편 56편은 다윗의 '탄원시'로 다윗이 가드에서 블레셋 사람들에게 잡혔을 때에 지은 시입니다. 다윗은 '종일(all day long)' 생사의 경계를 넘나들며 사울 왕에게 쫓겨 다니는 신세였으나 생명을 잃지 않았음을 감사하며 노래합니다. 그리고 자신을 알아본 블레셋 가드 왕 아기스의 신하들 앞에서 생명을 유지할 수 있었던 것도 전적으로 하나님의 도우심이었음을 고백합니다.

"하나님이여 내게 은혜를 베푸소서 사람이 나를 삼키려고 종일 치며 압제하나이다"(시 56:1)

이러한 어려운 상황들은 다윗이 더욱 하나님을 의지하게 하는 밑거름이 되었습니다. 평탄한 생활 속에서는 좀처럼 가질 수 없는 하나님과의 대면이 이루어지는 시간이었던 것입니다.

다윗에게 닥쳐오는 위험의 수위에 비례해서 하나님을 향한 다윗의 의지는 한층 강화되었고 더욱 견고해졌습니다. 다윗은 그동안 하나님께서 자신의 방황과 유리, 그리고 불안과 고통을 세어오셨음을 기억하면서 자신의 눈물을 주의 '병'에 담아주시기를 호소합니다.

그리고 주의 책에 기록하여 지금의 고통을 기억해주시길 간구합니다. 그러면서 하나님께로 한 걸음 또 한 걸음 걸어갑니다. 하나님께서 자기편이심을 알기에 두려웠던 다윗의 마음은 하나님을 의지함으로써 감사로 채워지는 것입니다. 이렇게 해서 주의 병에는 다윗의 고난의 눈물뿐만 아니라 하나님의 도우심에 따른 감사의 눈물도 함께 담게 됩니다.

"나의 유리함을 주께서 계수하셨사오니 나의 눈물을 주의 병에 담으소서 이것이 주의 책에 기록되지 아니하였나이까 내가 아뢰는 날에 내 원수들이 물러가리니 이것으로 하나님이 내 편이심을 내가 아나이다 내가 하나님을 의지하여 그의 말씀을 찬송하며 여호와를 의지하여 그의 말씀을 찬송하리이다 내가 하나님을 의지하였은즉 두려워하지 아니하리니 사람이 내게 어찌하리이까"(시 56:8~11)

이어지는 시편 57편은 [98일] 사무엘상 23~24장과 함께, 시편 59편은 [95일] 사무엘상 19장과 함께 통독했습니다.

● 세 번째 포인트
다윗은 "하나님 앞에 마음을 토하라"라고 권면합니다.

다윗의 '탄원시'인 시편 62편에서 다윗은 믿음을 지키는 것은 어떠한 형편에서도 하나님을 바라보는 것이라고 선언합니다. 그리고 다윗은 권능과 인자가 하나님께 속하여 있음을 알고 견고한 반석이신 하나님에 대한 전적인 신뢰를 고백합니다.

♬나의 영혼이 잠잠히 하나님만 바람이여
나의 구원이 그에게서 나는도다

"나의 영혼이 잠잠히 하나님만 바람이여 나의 구원이 그에게서 나오는도다 오직 그만이 나의 반석이시요 나의 구원이시요 나의 요새이시니 내가 크게 흔들리지 아니하리로다"(시 62:1~2)

다윗은 자신의 구원이 '오직' 하나님에게서만 나오기 때문에 하나님께서 행동하시기만을 잠잠히 기다린다고 고백합니다. 또한 다윗은 시편 62편을 통해 사람들에게 자신의 사정을 하나님께 토하여 알리라고 말합니다.

"백성들아 시시로 그를 의지하고 그의 앞에 마음을 토하라 하나님은 우리의 피난처시로다 (셀라)"(시 62:8)

여기에서 '토하라'는 히브리어로 '샤파크(שָׁפַךְ)'입니다. 이는 '쏟다'의 뜻으로 물병의 물을 쏟아 그 병을 깨끗이 비우듯 마음속의 모든 것을 하나님께 쏟아놓고 하나님만을 의지하는 것입니다. 자신의 마음을 하나님께 아뢸 수 있는 사람, 언제나 하나님을 의지하며 새로운 힘을 얻을 수 있는 사람이 다윗입니다.

하나님께서는 우리와 가까워지기를 원하십니다. 하나님을 가까이하며 하나님의 교훈을 받는 것, 이것이 다윗이 누리던 행복입니다. 하나님과 친근한 관계를 맺으며 안전하고 승리하는 인생을 산 다윗, 그가 그 비결을 교훈합니다.

● 네 번째 포인트
다윗은 "주의 인자하심이 생명보다 낫다"라고 찬양합니다.

시편 63편은 다윗의 '탄원시'로 다윗이 압살롬의 쿠데타로 인해 도망하던 중 유다 광야에 있을 때 지은 시입니다. 다윗은 자신의 영혼이 하나님을 갈망하며 자신의 육체가 주를 앙모한다고 말합니다.

"하나님이여 주는 나의 하나님이시라 내가 간절히 주를 찾되 물이 없어 마르고 황폐한 땅에서 내 영혼이 주를 갈망하며 내 육체가 주를 앙모하나이다"(시 63:1)

생사의 갈림길에서 생명을 향한 간절한 열망이 다윗으로 하여금 하나님께로 더 가까이 나아가게 만들고 있습니다.

"주의 인자하심이 생명보다 나으므로 내 입술이 주를 찬양할 것이라 이러므로 나의 평생에 주를 송축하며 주의 이름으로 말미암아 나의 손

을 들리이다"(시 63:3~4)

전쟁, 도망, 거친 들, 그리고 눈물 … 이런 것들이 다윗의 이미지입니다. 실제로 다윗의 삶은 이러한 고난의 연속이었습니다. 젊은 날 다윗은 어디 평안하게 머리 둘 곳이 없었습니다. 들판에서 밤하늘의 별을 보며 하나님을 만났고 수풀 우거진 초원의 도피 길에서 은혜를 경험했습니다. 다시 가게 된 유다 광야에서 다윗은 자신의 인생길에 동행하시는 분, 하나님께 변함없이 기도합니다.

때로는 광야와 같은 길을 걸을 때가 있습니다. 그러나 그 위에서도 우리는 다윗과 같이 노래할 수 있습니다. 하나님께서 우리와 함께 동행해주시기 때문입니다.

"골수와 기름진 것을 먹음과 같이 나의 영혼이 만족할 것이라 나의 입이 기쁜 입술로 주를 찬송하되 내가 나의 침상에서 주를 기억하며 새벽에 주의 말씀을 작은 소리로 읊조릴 때에 하오리니 주는 나의 도움이 되셨음이라 내가 주의 날개 그늘에서 즐겁게 부르리이다"(시 63:5~7)

이어지는 시편 64편 또한 다윗의 '탄원시'입니다. 다윗은 화살 같은 독설에도 주저앉지 않고, 더욱 강한 믿음으로 하나님을 의뢰합니다. 다윗은 행악자의 독한 말에 맞서지 않고 하나님을 찾는 지혜의 사람입니다.

"그들은 죄악을 꾸미며 이르기를 우리가 묘책을 찾았다 하나니 각 사람의 속 뜻과 마음이 깊도다 그러나 하나님이 그들을 쏘시리니 그들이 갑자기 화살에 상하리로다"(시 64:6~7)

악을 행하는 사람들이 다윗의 주변을 둘러싸고 있습니다. 그들은 다윗의 목숨을 빼앗기 위해 비밀한 꾀를 냅니다. 화살같이 독한 말로 겨누고 숨은 곳에서 의로운 사람을 쏘기 위해 준비하고 있습니다. 그들의 목적은 악할 뿐입니다. 그들은 의인이 걸려 넘어지기를 기다리며 올무를 놓기도 합니다. 그러나 하나님께서는 그들의 모든 행위를 지켜보시고 판단하십니다. 그리고 결국 그들의 악한 계획이 이루어지지 않도록 하십니다.

"의인은 여호와로 말미암아 즐거워하며 그에게 피하리니 마음이 정직한 자는 다 자랑하리로다"(시 64:10)

● 다섯 번째 포인트
다윗은 "주의 뜰에 살게 하신 사람은 복이 있다"라고 찬양합니다.

다윗의 '예배시'인 시편 65편에서 믿음의 사람은 하나님께서 자신의 기도를 들으시는 분임을 알고 그분이 자신의 버거운 죄짐을 해결해주시는 분임을 믿음으로 고백합니다. 다윗은 이러한 믿음으로 산과 바다를 지으시고 주관하시는 하나님의 능력을 노래합니다. 하나님의 능력을 온전히 믿고 의지하는 자는 하나님의 도우심을 받게 됩니다.

> "주께서 택하시고 가까이 오게 하사 주의 뜰에 살게 하신 사람은 복이 있나이다 우리가 주의 집 곧 주의 성전의 아름다움으로 만족하리이다"
> (시 65:4)

디저트 DESSERT

다윗은 자신을 둘러싼 환경이 더욱 옥죄어옴으로 더 이상 피할 수 없는 곳까지 도망해도 돌파구를 찾지 못했습니다. 다윗은 마음이 무너져 내리는 것만 같은 그때에도 하나님을 향해 부르짖었습니다.

> "주는 나의 피난처시요 원수를 피하는 견고한 망대이심이니이다"(시 61:3)

다윗은 대적자들이 거짓과 속임수로 넘어뜨리려 하여도 자신의 원통함을 하나님께 고하며 마음의 중심을 하나님께 두었습니다. 이러한 다윗이기에 하나님께서 그를 이스라엘의 왕으로, 하나님의 종으로 삼으신 것입니다.

....

....

....

....

*148*일
황소를 드림보다 찬양을 (시 67~72편)

　다윗은 구원의 은혜와 복을 주시는 분은 하나님이시라며 복의 근원을 분명히 말합니다. 다윗의 이 고백은 성경 전체를 통해 구원의 은혜와 복은 '하늘로부터 내려온 것'이라는 말씀과 일치합니다.

　즉 광야 생활 40년 동안 하루도 거르지 않고 하늘에서 내려온 만나, 약속의 땅 가나안에 들어갔을 때 하늘에서 내릴 이른 비와 늦은 비에 대한 하나님의 약속, 자신을 '하늘에서 내려온 생명의 떡'이라고 말씀하시는 예수님의 말씀 등이 다 그렇습니다. 때문에 우리는 눈에 보이는 복, 그 자체에 대한 관심보다는 모든 복의 근원이신 하나님께 감사와 찬양을 돌려야 합니다. 이 점을 놓지 않을 때 우리는 감사할 수 없는 상황에서도 진정으로 감사할 수 있으며 결국 지나가는 부귀가 아니라 영원한 구원의 은혜에 따라오는 '하늘로부터의 복'을 이 땅에서 누릴 수 있게 됩니다.

성경통독 BIBLETONGDOK

《일년일독 통독성경》시편 67~72편

통通으로 숲이야기 ; 통숲 TONG OBSERVATION

● 첫 번째 포인트
다윗은 "하나님께서는 고아의 아버지시며 과부의 재판장이시다" 라고 하나님을 찬양합니다.

다윗의 '찬양시'인 시편 68편에서 다윗은 이스라엘 백성들이 만난 하나님, 역사의 현장에서 기꺼이 그들을 만나주신 하나님, 그 하나님께서는 악인들과 원수들과 죄를 짓고 다니는 자들을 멸하시는 분이시며 고독한 자들과 갇힌 자들 그리고 가난한 자들을 실제적으로 도우시는 분이라고 찬양합니다.

또한 하나님께서는 백성들보다 앞서 싸우시는 분이며 짐을 대신 짊어지시며 백성들에게 힘과 능력을 주시는 분입니다. 한마디로 하나님께서는 이스라엘의 '모든 것'이 되어주셨습니다. 그런 까닭에 다윗은 하나님을 찬양하는 것이 지극히 마땅하다고 외칩니다.

"하나님께 노래하며 그의 이름을 찬양하라 하늘을 타고 광야에 행하시던 이를 위하여 대로를 수축하라 그의 이름은 여호와이시니 그의 앞에서 뛰놀지어다"(시 68:4)

또한 다윗은 하나님께서 연약한 자들을 돌볼 것을 율례와 규례를 통해 명령하신다고 말합니다. 이는 하나님의 마음이 어디를 향하고 계시는지 보여줍니다.

"너는 이방 나그네를 압제하지 말며 그들을 학대하지 말라 너희도 애굽 땅에서 나그네였음이라 너는 과부나 고아를 해롭게 하지 말라 네가 만일 그들을 해롭게 하므로 그들이 내게 부르짖으면 내가 반드시 그 부르짖음을 들으리라"(출 22:21~23)

강한 자는 누가 지켜주지 않아도 자기 자신을 지킬 수 있습니다. 그러나 약한 자들은 법이 없으면 보호받을 길이 없습니다. 아무것도 의지할 것이 없는 고아와 과부와 나그네를 돌볼 것을 법으로 제정하신 하나님께서는 그들의 재판장이 되어주시겠다고 말씀하셨습니다.

"그의 거룩한 처소에 계신 하나님은 고아의 아버지시며 과부의 재판장이시라"(시 68:5)

● 두 번째 포인트
다윗은 "하나님께서는 황소를 드리는 것보다 진실한 노래를 기뻐하신다"라고 하나님을 찬양합니다.

다윗의 '탄원시'이자 메시아의 수난을 예고한 시편 69편에서 다윗은 자신의 무고함에도 불구하고 고난 가운데 처해진 자신의 형편을 깊이 탄식하고 있습니다.

"내가 부르짖음으로 피곤하여 나의 목이 마르며 나의 하나님을 바라서 나의 눈이 쇠하였나이다"(시 69:3)

다윗은 이러한 형편 가운데에서도 하나님만이 자신의 기도를 듣고 계시며 하나님만이 자신의 고난을 외면하지 않으시고 반드시 건져주실 것이라고 믿습니다. 이 놀라운 믿음이 다윗의 영혼 깊은 곳에 자리 잡고 있었습니다. 그래서 다윗은 더욱 하나님을 찬양했고 고난을 이길 힘과 지혜와 용기를 얻을 수 있다는 믿음으로 서게 되었습니다.

> "내가 노래로 하나님의 이름을 찬송하며 감사함으로 하나님을 위대하
> 시다 하리니 이것이 소 곧 뿔과 굽이 있는 황소를 드림보다 여호와를
> 더욱 기쁘시게 함이 될 것이라"(시 69:30~31)

다윗의 원수들은 호시탐탐 그가 넘어지기만을 기다리고 있
습니다. 그러나 하나님을 향한 다윗의 열정은 그 누구도 꺾을 수
없습니다. 하나님의 일을 하는 사람들에게는 열정이 필요합니
다. 하나님에 대한 강한 열정이 없이는 어떠한 일도 할 수 없습니
다. 하나님께서는 자신의 안락과 안위를 위해 열심 내는 사람이
아닌 하나님의 이름을 위해 열심 내는 사람을 찾으십니다.

하나님의 사람들은 자신의 마음에 가득한 하나님을 향한 불
붙는 열정으로 인해 귀를 막고 듣지 않으려 하는 이스라엘 백성
들을 향해 외치고 또 외쳤습니다. 때로는 비웃음과 조롱을 받기
도 했고 심지어 죽임을 당하기도 했습니다. 그러나 하나님의 마
음을 품은 이상, 그들은 침묵할 수 없었습니다. 그래서 그들은 하
나님의 용기로 담대하게 외칠 수 있었습니다. 시편 69편은 다윗
의 이러한 탄원과 함께 메시아의 수난이 예고됩니다.

> "까닭 없이 나를 미워하는 자가 나의 머리털보다 많고 부당하게 나의
> 원수가 되어 나를 끊으려 하는 자가 강하였으니 내가 빼앗지 아니한 것

도 물어 주게 되었나이다"(시 69:4)

이후 예수님께서 다윗의 이 시를 인용하십니다.

"그러나 이는 그들의 율법에 기록된 바 그들이 이유 없이 나를 미워하였다 한 말을 응하게 하려 함이라"(요 15:25)

또한 다윗이 말한 "주의 집을 위하는 열성이 나를 삼키고 주를 비방하는 비방이 내게 미쳤나이다"(시 69:9)라는 구절을 이후에 예수님의 성전 청결 사건을 본 제자들이 기억합니다.

"제자들이 성경 말씀에 주의 전을 사모하는 열심이 나를 삼키리라 한 것을 기억하더라"(요 2:17)

그리고 다윗의 시에 나오는 "그들이 쓸개를 나의 음식물로 주며 목마를 때에는 초를 마시게 하였사오니"(시 69:21)라는 구절은 예수님의 십자가 사건으로 이루어집니다.

"쓸개 탄 포도주를 예수께 주어 마시게 하려 하였더니 예수께서 맛보시고 마시고자 하지 아니하시더라"(마 27:34)

● 세 번째 포인트
다윗이 하나님께 "속히 나를 도우소서"라고 간구합니다.

다윗의 '탄원시'인 시편 70편에서 다윗은 "주를 찾는 모든 자

....

....

....

....

들"(시 70:4) 속에 자신을 포함시키고 있습니다. 그리고 하나님께서는 고통 가운데 있는 경건한 자, 곧 의인의 기도를 외면하지 않으실 것이라고 고백하며 믿음을 더욱 견고히 합니다.

> "하나님이여 나를 건지소서 여호와여 속히 나를 도우소서 나의 영혼을 찾는 자들이 수치와 무안을 당하게 하시며 나의 상함을 기뻐하는 자들이 뒤로 물러가 수모를 당하게 하소서"(시 70:1~2)

> "나는 가난하고 궁핍하오니 하나님이여 속히 내게 임하소서 주는 나의 도움이시요 나를 건지시는 이시오니 여호와여 지체하지 마소서"(시 70:5)

시편 70편은 시편 40편 13절에서 17절과 거의 같은 내용입니다. 다윗은 하나님께 지체하지 마시고 자신에게로 와 주실 것을 간곡히 그리고 당당하게 요청합니다. 하나님께서 도우시면 어떠한 어려움 속에서도 건짐을 받을 수 있기 때문입니다.

● 네 번째 포인트
다윗은 하나님께서 자신이 "늙어 백발이 될 때에도 버리지 않으실 것"이라고 찬양합니다.

다윗의 '탄원시'로 추정되는 시편 71편에서 시인은 하나님께 자신이 나이가 들고 늙어도 버리지 않으시기를 기도합니다. 시인은 사람의 관심보다 하나님의 관심을 더 요청하며 하나님을 의지함으로 지혜로운 인생으로 살기를 기도합니다.

"하나님이여 나를 어려서부터 교훈하셨으므로 내가 지금까지 주의 기이한 일들을 전하였나이다"(시 71:17)

나이가 들면 앞으로 살아갈 날보다는 죽을 날이 가까웠다는 생각에 희망을 갖기가 쉽지 않습니다. 바로 이러할 때 시인은 소망을 주님께 둔다고 노래합니다. 살아온 지난날을 돌이켜보니 하나님께서 언제나 자신의 피난처가 되어주셨기 때문입니다.

계속해서 시인은 하나님께서 이루신 구원과 의로우심과 능력을 종일토록 찬송하며 오고 오는 세대에 전하겠다고 노래합니다.

"나는 항상 소망을 품고 주를 더욱더욱 찬송하리이다 내가 측량할 수 없는 주의 공의와 구원을 내 입으로 종일 전하리이다"(시 71:14~15)

"하나님이여 내가 늙어 백발이 될 때에도 나를 버리지 마시며 내가 주의 힘을 후대에 전하고 주의 능력을 장래의 모든 사람에게 전하기까지 나를 버리지 마소서"(시 71:18)

우리는 바울이 말한바 겉 사람은 낡아졌지만 속사람은 날로 새로워지는 신비를 이 시편을 통해 미리 맛보게 됩니다.

"그러므로 우리가 낙심하지 아니하노니 우리의 겉사람은 낡아지나 우리의 속사람은 날로 새로워지도다"(고후 4:16)

....
....
....
....

나이가 들수록 점점 세상의 일들을 뒤로할 수밖에 없는 어느 노(老) 시인이 허탈할 수밖에 없는 인생 끝자락에서 오히려 하나님을 가까이함으로 얻게 되는 복을 누리고 있습니다. 사람의 관심은 변하지만 한 영혼을 향한 하나님의 관심은 변하지 않습니다. 이는 곧 이사야 선지자를 통해 주신 하나님의 약속이기도 합니다.

"너희가 노년에 이르기까지 내가 그리하겠고 백발이 되기까지 내가 너희를 품을 것이라 내가 지었은즉 내가 업을 것이요 내가 품고 구하여 내리라"(사 46:4)

● 다섯 번째 포인트
솔로몬은 '주의 백성을 공의로 재판하기'를 소망합니다.

솔로몬의 찬양이자 '메시아 예언시'인 시편 72편에서 솔로몬은 하나님께 지혜를 구합니다.

"하나님이여 주의 판단력을 왕에게 주시고 주의 공의를 왕의 아들에게 주소서 그가 주의 백성을 공의로 재판하며 주의 가난한 자를 정의로 재판하리니 의로 말미암아 산들이 백성에게 평강을 주며 작은 산들도 그리하리로다"(시 72:1~3)

제사장 나라를 기반으로 하는 이스라엘의 왕은 '하나님의 대리자'라고도 할 수 있습니다. 하나님의 통치를 제사장 나라 이스라엘에 실현해야 하기 때문입니다. 그러므로 제사장 나라 이스라엘의 왕은 그 누구보다도 자신의 마음에 하나님의 마음을 채우며 살아야 할 사명이 있습니다. 왕의 마음은 한편으로는 하나님 생각으로 가득해야 하고, 다른 한편으로는 백성을 위하는 생각으로 가득해야 합니다. 그렇게 해야 다윗처럼 하나님의 정의와 공의를 그 땅에 실현할 수 있기 때문입니다.

그래서 솔로몬이 하나님께 '주의 판단력'과 '주의 공의'를 내려주시기를 요청하고 있는 것입니다. 하나님께서 주신 지혜로 얻은 판단으로 이스라엘이 구원을 얻고 행복을 누릴 수 있기 때문입니다.

"그가 가난한 백성의 억울함을 풀어 주며 궁핍한 자의 자손을 구원하며 압박하는 자를 꺾으리로다"(시 72:4)

"그는 가난한 자와 궁핍한 자를 불쌍히 여기며 궁핍한 자의 생명을 구원하며"(시 72:13)

이는 메시아이신 예수님의 사역과도 같습니다.

"주의 성령이 내게 임하셨으니 이는 가난한 자에게 복음을 전하게 하시려고 내게 기름을 부으시고 나를 보내사 포로 된 자에게 자유를, 눈먼 자에게 다시 보게 함을 전파하며 눌린 자를 자유롭게 하고 주의 은

혜의 해를 전파하게 하려 하심이라 하였더라"(눅 4:18~19)

메시아에 의해 실현될 공의를 통해 백성들은 "벤 풀 위에 내리는 비 같이, 땅을 적시는 소낙비 같이"(시 72:6) 내린 단비로 모든 갈증을 해소하게 될 것입니다. 그리고 하나님께서 주시는 진정한 평강과 풍요를 맘껏 누리게 될 것입니다. 솔로몬 시대의 풍요는 하나님께서 주신 지혜로 말미암은 것입니다.

"그가 바다에서부터 바다까지와 강에서부터 땅 끝까지 다스리리니"(시 72:8)

디저트 DESSERT

고난 또는 고통의 문제는 죽음의 순간까지 인간을 따라다니는 그림자입니다. 다윗 역시 이 문제로 많은 탄식과 호소를 토해냈습니다. 그때마다 다윗은 자신의 시편에 하나님의 자비와 공의를 담아놓습니다. 그러고는 언제나 '하나님과의 관계'에 기초하여 하나님의 구원을 확신하며 감사와 찬양으로 시를 끝맺습니다.

다윗은 고난이 클수록 더욱 하나님의 이름을 높여 찬양했습니다. 캄캄한 옥중에서도 기도하고 찬송했던 바울과 실라처럼 말입니다.

....

....

....

....

*149*일

성소에 들어갔을 때 깨달은 것 (시 73~78편)

애피타이저 APPETIZER

주변 나라들과의 패권 다툼 속에서 끊임없이 전쟁에 시달려야 했던 이스라엘은 수많은 전쟁을 치르면서 하나님께서 전쟁의 승패를 좌우하신다는 믿음을 확신하게 되었습니다. 그래서 시인 아삽은 적들을 물리치는 데는 하나님의 꾸짖음만으로도 충분하다고 노래합니다.

하나님의 말씀 한마디면 세상 어느 적들도 꼼짝 못한다는 것입니다. 하나님의 꾸짖음은 천둥 번개 같은 소리에 비할 바가 아닙니다. 하나님께서 땅의 모든 '온유한 자'를 구원하시려 판결하실 때에는 땅이 두려워 잠잠하게 됩니다. 그러므로 아삽은 세상 모든 민족과 왕들에게 모두 하나님을 경외하고 하나님께 예물을 드리라고 선포합니다.

성경통독 BIBLETONGDOK

《일년일독 통독성경》 시편 73~78편

통通으로 숲이야기 ; 통숲 TONG OBSERVATION

● 첫 번째 포인트

아삽은 "하나님의 성소에 들어갔을 때 비로소 악인들의 종말을 깨 달았다"라고 노래합니다.

아삽의 '지혜시'인 시편 73편에서 시인은 의인의 길은 여호와 께서 인정하지만 악인의 길은 망할 것임을 확신한다고 선언합니 다. 그러므로 진실로 하나님을 자기의 영원한 분깃으로 삼는 사 람은 결국 하나님 안에서 참된 복을 누리게 됩니다.

"내가 어쩌면 이를 알까 하여 생각한즉 그것이 내게 심한 고통이 되었 더니 하나님의 성소에 들어갈 때에야 그들의 종말을 내가 깨달았나이

다 주께서 참으로 그들을 미끄러운 곳에 두시며 파멸에 던지시니"(시 73:16~18)

시인은 악인들의 형통 때문에 답답해하며 고민했었음을 고백합니다. 악인들 곁에서 그들이 누리는 형통함과 평안함을 부러워하고 있는 자신을 발견하면서 시인의 괴로움은 한층 더해졌습니다. 자신이 믿음을 버리고 넘어질 뻔했다고까지 말할 정도였습니다.

"나는 거의 넘어질 뻔하였고 나의 걸음이 미끄러질 뻔하였으니 이는 내가 악인의 형통함을 보고 오만한 자를 질투하였음이로다"(시 73:2~3)

그러던 시인이 하나님의 성소에 들어가면서 놀라운 은혜를 경험합니다. 성전에 발을 들여놓는 순간 악인들의 종말을 깨달은 것입니다. 그래서 하나님께 대한 확신이 흔들렸던 자신을 가리켜 우매하고 무지한 '짐승'이었다고 고백합니다(시 73:22).

"하나님께 가까이 함이 내게 복이라 내가 주 여호와를 나의 피난처로 삼아 주의 모든 행적을 전파하리이다"(시 73:28)

하나님의 마음을 알게 되면 악인의 형통함이 부질없는 것이며 오히려 패망의 지름길임을 알게 됩니다. 레위 지파 사람들이 땅을 소유하는 것보다 하나님 섬기는 일을 더 감사하게 생각했듯이 시인은 자신도 하나님 가까이에서 하나님만으로 만족하겠다고 고백합니다. 진실로 하나님을 자기의 영원한 분깃으로 삼은 사람은 결국 하나님 안에서 참된 복을 누리게 됩니다.

● 두 번째 포인트
아삽은 "하나님께서 땅의 경계를 정하신다"라고 선포합니다.

시편 74편은 아삽의 '탄원시'로 바벨론에 의해 예루살렘이 멸망되던 때에 지은 시로 추정됩니다. 시인은 하나님께 "주께서 어찌하여 우리를 영원히 버리시나이까"(시 74:1)라고 간곡하게 부르짖으며 하나님을 찾습니다.

또한 시인은 왜 이렇게 오랫동안 자기들을 버려두시냐며 하나님께 탄원합니다. 그도 그럴 것이 이스라엘의 대내외적인 상황이 모두 처참했기 때문입니다.

"주의 성소를 불사르며 주의 이름이 계신 곳을 더럽혀 땅에 엎었나이다 그들이 마음속으로 이르기를 우리가 그들을 진멸하자 하고 이 땅에 있는 하나님의 모든 회당을 불살랐나이다 우리의 표적은 보이지 아니하며 선지자도 더 이상 없으며 이런 일이 얼마나 오랠는지 우리 중에 아는 자도 없나이다 하나님이여 대적이 언제까지 비방하겠으며 원수가 주의 이름을 영원히 능욕하리이까 주께서 어찌하여 주의 손 곧 주의 오른손을 거두시나이까 주의 품에서 손을 빼내시어 그들을 멸하소서 하나님은 예로부터 나의 왕이시라 사람에게 구원을 베푸셨나이다"(시 74:7~12)

시온의 성전이 적들의 손에 무너졌음을 묘사하고 있는데 '성전이 불살라져 재만 남았다'는 것입니다. 게다가 어떤 표적이나 선지자도 더는 나타나지 않는 암울한 상황이어서 앞을 예측하기가 불가능합니다. 그러니 내일에 대한 불안과 두려움은 더욱 증폭되었을 것입니다. 형편이 이렇다 보니 하나님을 향한 탄식은 저절로 터져 나올 수밖에 없었습니다.

"낮도 주의 것이요 밤도 주의 것이라 주께서 빛과 해를 마련하셨으며 주께서 땅의 경계를 정하시며 주께서 여름과 겨울을 만드셨나이다"(시 74:16~17)

그럼에도 시인은 주의 기업을 삼은 지파를 기억해달라고 땅의 경계를 정하신 하나님께 기도합니다. 과거에 하나님께서 베푸신 역사를 회고하면서 이스라엘 백성과 맺으신 하나님의 언약을 기억해달라고 간구합니다.

할 수 있는 것이 아무것도 없다는 생각이 밀려올 때처럼 답답할 때는 없습니다. 그러나 시인은 바로 그 순간에도 할 수 있는 일이 '기도'라는 것을 알려줍니다. 기도가 끊어질 때야말로 정말 모든 것이 끝나기 때문입니다.

● 세 번째 포인트
아삽은 "재판장이신 하나님만이 우리를 낮추기도 하시고 높이기
도 하신다"라고 하나님을 찬양합니다.

시편 75편은 아삽의 '찬양시'로 히스기야 왕 때 앗수르의 왕
산헤립이 예루살렘을 침공했을 때에 지은 시로 추정됩니다. 시
인은 의인과 악인에 대해 정의합니다. 의인은 고난 중에도 하나
님을 찾고 하나님께 호소하며 끝까지 하나님을 신뢰하는 자들이
며, 반면 악인들은 "하나님이 없다"라고 말하며 하나님 앞에서
교만한 자들이라고 정의합니다. 그러므로 의인은 하나님과 더불
어 복을 누리겠지만 악인은 멸망하게 될 것이라고 노래합니다.

"내가 오만한 자들에게 오만하게 행하지 말라 하며 악인들에게 뿔을
들지 말라 하였노니 너희 뿔을 높이 들지 말며 교만한 목으로 말하지
말지어다 무릇 높이는 일이 동쪽에서나 서쪽에서 말미암지 아니하며
남쪽에서도 말미암지 아니하고 오직 재판장이신 하나님이 이를 낮추
시고 저를 높이시느니라"(시 75:4~7)

이 시편은 특별히 악인이 당하게 될 하나님의 심판, 즉 악인

의 운명이 어떻게 될 것인가에 대한 답이라고 할 수 있습니다. 우선 악인은 하나님의 '정한 기약'이 되면 그 행동을 달아보시는 하나님께 공정한 판결을 받게 됩니다.

"주의 말씀이 내가 정한 기약이 이르면 내가 바르게 심판하리니"(시 75:2)

"심히 교만한 말을 다시 하지 말 것이며 오만한 말을 너희의 입에서 내지 말지어다 여호와는 지식의 하나님이시라 행동을 달아 보시느니라"(삼상 2:3)

하나님께서는 공정한 판결에 따라 세상에서 한없이 올라가는 듯 보였던 악인들의 위치를 낮추십니다. 그리고 악인은 거부할 수 없는 하나님의 진노의 잔을 그 찌꺼기까지 다 마셔야 합니다. 결국 하나님께서는 악인의 뿔을 모두 꺾으실 것입니다. 그러므로 의인들은 하나님께 감사하지 않을 수 없고 또 찬양하지 않을 수 없습니다.

하지만 의인의 회중에 들어가느냐, 악인의 무리에 들어가느냐는 이 시편에서 경고를 받은 오만한 자들과 이 시편을 읽는 우리들의 선택에서 결정됩니다. 왜냐하면 재판장 되신 하나님 앞에 선 자들의 삶의 기록은 전적으로 그들의 몫, 그들이 지나온 삶의 결과이기 때문입니다.

공의의 하나님은 심판하시는 분입니다. 온 세상을 다스리시는 하나님은 하나님의 때, 곧 '여호와의 날'에 공의로 심판하실 것입니다. 피조물인 우리는 그날을 맞을 준비를 하며 기다리는 사람들입니다. 그러나 악인은 그날에 진노의 잔을 받을 것입니다.

"슬프다 그 날이여 여호와의 날이 가까웠나니 곧 멸망 같이 전능자에게로부터 이르리로다"(욜 1:15)

"그도 하나님의 진노의 포도주를 마시리니 그 진노의 잔에 섞인 것이 없이 부은 포도주라 거룩한 천사들 앞과 어린 양 앞에서 불과 유황으로 고난을 받으리니"(계 14:10)

"그가 준 그대로 그에게 주고 그의 행위대로 갑절을 갚아 주고 그가 섞은 잔에도 갑절이나 섞어 그에게 주라"(계 18:6)

● 네 번째 포인트
아삽은 "지존자의 오른손을 기억하리라"라고 찬양합니다.

아삽의 '탄원시'인 시편 77편에서 시인은 주의 크신 권능과 그 구원은 변함없으나 그에 대한 확신이 부족해 불안해하는 것은 인생의 연약함 때문이라고 고백합니다. 시인은 거룩하고 크신 하나님을 찬양하며 그분의 능력을 신뢰하는 고백을 드림으로 자신의 연약함을 이겨내고 있습니다.

"또 내가 말하기를 이는 나의 잘못이라 지존자의 오른손의 해 곧 여호와의 일들을 기억하며 주께서 옛적에 행하신 기이한 일을 기억하리이다"(시 77:10~11)

성경에서 말하는 '하나님의 오른손'은 남다른 의미를 지닙니다. 그것은 하나님께서 권능으로 개입하신다는 것을 의미합니다. 하나님께서 오른손을 드시는 경우에는 대체로 큰 사건이 일어납니다.

"여호와여 주의 오른손이 권능으로 영광을 나타내시니이다 여호와여 주의 오른손이 원수를 부수시니이다"(출 15:6)

"두려워하지 말라 내가 너와 함께 함이라 놀라지 말라 나는 네 하나님이 됨이라 내가 너를 굳세게 하리라 참으로 너를 도와 주리라 참으로 나의 의로운 오른손으로 너를 붙들리라"(사 41:10)

하지만 반대로 하나님께서 오른손을 거두신다면 그것은 큰 걱정이 아닐 수 없습니다. 시인은 이 일로 밤새도록 걱정하며 하나님께 기도하고 있습니다.

"내가 내 음성으로 하나님께 부르짖으리니 내 음성으로 하나님께 부르짖으면 내게 귀를 기울이시리로다 나의 환난 날에 내가 주를 찾았으며 밤에는 내 손을 들고 거두지 아니하였나니 내 영혼이 위로 받기를 거절하였도다"(시 77:1~2)

....

....

....

....

이 같은 시인의 괴로움은 인생길을 걷는 자라면 누구나 한 번쯤은 겪는 경험일 것입니다. 바로 그때, 우리는 무엇을 할 수 있으며 또 무엇을 해야 합니까? 하나님께서 역사 가운데 행하신 기이한 일들을 기억하는 것이야말로 하나님의 오른손이 느껴지지 않는 순간에도 하나님을 향한 신뢰를 흔들리지 않고 지켜가는 것입니다.

> "주께서 영원히 버리실까, 다시는 은혜를 베풀지 아니하실까, 그의 인자하심은 영원히 끝났는가, 그의 약속하심도 영구히 폐하였는가, 하나님이 그가 베푸실 은혜를 잊으셨는가, 노하심으로 그가 베푸실 긍휼을 그치셨는가 하였나이다 (셀라)"(시 77:7~9)

시인은 고통 가운데 마치 하나님께서 자신을 버리신 것 같다고, 베푸실 은혜와 긍휼을 잊으신 것은 아닌지 두려워하고 있습니다. 그러나 그 고통 중에도 시인은 하나님 찾기를 포기하지 않습니다. 밤새도록 두 손을 들고 소리 내어 부르짖으며 하나님께 기도합니다. 시인은 또한 주께서 행하셨던 일을 하나하나 기억하고 읊조리며 되뇝니다. 그리고 앞으로도 계속 기억할 것을 다짐합니다. 시인은 그렇게 하나님을 찾고 또 찾습니다.

● 다섯 번째 포인트

아삽은 출애굽과 광야 역사를 시와 찬양으로 담아냅니다.

아삽의 지혜시인 시편 78편은 시편 105편, 106편, 그리고 135편과 함께 역사 시편입니다. 시인은 출애굽세대가 광야 생활을 하며 하나님께 불순종했던 역사를 회고합니다. 물이 없어 불평하고 고기가 먹고 싶다고 불평하며 가나안 땅을 정탐하고 온 후 다시 애굽으로 돌아가기를 선택하는 등, 불순종을 저질렀음을 상기합니다.

"그들이 광야에서 그에게 반항하며 사막에서 그를 슬프시게 함이 몇 번인가"(시 78:40)

시인이 말하는 이스라엘의 죄는 다음과 같습니다.

첫째, 하나님께서 행하신 일을 잊어버린 죄입니다.

"여호와께서 행하신 것과 그들에게 보이신 그의 기이한 일을 잊었도다"(시 78:11)

둘째, 하나님을 시험하며 의심한 죄입니다.

"그들이 그들의 탐욕대로 음식을 구하여 그들의 심중에 하나님을 시험하였으며 그뿐 아니라 하나님을 대적하여 말하기를 하나님이 광야에서 식탁을 베푸실 수 있으랴"(시 78:18~19)

....

....

....

....

"그들이 돌이켜 하나님을 거듭거듭 시험하며 이스라엘의 거룩하신 이를 노엽게 하였도다"(시 78:41)

셋째, 형식적으로 하나님을 섬기며 거짓으로 살았던 죄입니다.

"그들이 입으로 그에게 아첨하며 자기 혀로 그에게 거짓을 말하였으니"(시 78:36)

넷째, 우상을 숭배한 죄입니다.

"자기 산당들로 그의 노여움을 일으키며 그들의 조각한 우상들로 그를 진노하게 하였으매"(시 78:58)

시인은 하나님에 대한 조상들의 계속된 불순종과 반역에도 불구하고 하나님께서 애굽과 광야에서 은혜를 베풀어주신 것과 유다와 시온산과 다윗을 택하신 것을 찬양하며 하나님을 송축합니다.

"옛적에 하나님이 애굽 땅 소안 들에서 기이한 일을 그들의 조상들의 목전에서 행하셨으되"(시 78:12)

"광야에서 반석을 쪼개시고 매우 깊은 곳에서 나오는 물처럼 흡족하게 마시게 하셨으며"(시 78:15)

"그들에게 만나를 비 같이 내려 먹이시며 하늘 양식을 그들에게 주셨나니"(시 78:24)

"오직 유다 지파와 그가 사랑하시는 시온 산을 택하시며 그의 성소를 산의 높음 같이, 영원히 두신 땅 같이 지으셨도다 또 그의 종 다윗을 택하시되 양의 우리에서 취하시며"(시 78:68~70)

시편 78편의 핵심은 분명합니다. 자손들이 소망을 오직 하나님께 두는 것입니다. 완고하고 패역하여 그 마음이 정직하지 못하며 그 심령이 하나님께 충성되지 아니했던 조상 세대와 같지 않게 하려는 것입니다. 결론적으로 시인은 하나님께서 유다 지파의 다윗을 택하셔서 완전함과 능숙함으로 백성들을 다스리도록 은혜 베푸셨음을 노래합니다.

디저트 DESSERT

믿음의 사람들이 하나님께서 행하신 놀라운 일들을 기억하고 하나님의 일에 동참한 성경의 기록들은 오늘 우리에게 가장 중요한 삶의 지침이 됩니다.

의인은 고난이 많으나 결국 하나님께서는 반드시 그에게 복을 주십니다. 그러나 악인은 잠시 잠깐 형통하는 것 같으나 결국 하나님의 심판을 피하지 못합니다. 그러므로 오늘도 하나님을 믿는 믿음으로 다윗과 아삽처럼 하나님을 찬양하고 하나님께 엎드려 기도하는 신실한 하나님의 사람들이 되기를 꿈꿉니다.

....

....

....

....

주의 얼굴 빛을 비추사 (시 79~85편)

시인 아삽은 이 세상은 모두 하나님의 소유로 하나님만이 주권자이시며 모든 일에 있어 최종적으로 판단하실 분은 하나님 한 분뿐이시라는 점을 분명히 합니다. 그래서 시인 아삽은 하나님께 통치권을 널리 행사하실 것을 요청하고 있습니다.

우리도 동일하게 하나님의 통치권 아래에 있습니다. 따라서 하나님의 피조물인 우리 모두는 하나님의 시선이 머무는 곳, 즉 하나님의 시선이 향하는 약자들의 곁에서 하나님의 일에 동참해야 할 사명이 있습니다.

....

....

....

....

《일년일독 통독성경》시편 79~85편

● 첫 번째 포인트

아삽은 시편 80편에서 '세 가지 중요한 이미지'를 사용합니다.

시편 80편은 아삽의 '탄원시'로 북이스라엘이 멸망할 때를 배경으로 지은 시로 추정됩니다. 시인은 하나님께 구원을 요청하면서 세 가지 중요한 이미지를 사용합니다. '목자와 양', '왕과 백성' 그리고 '농부와 포도나무'가 바로 그것입니다.

"요셉을 양 떼 같이 인도하시는 이스라엘의 목자여 귀를 기울이소서 그룹 사이에 좌정하신 이여 빛을 비추소서"(시 80:1)

"만군의 하나님 여호와여 주의 백성의 기도에 대하여 어느 때까지 노하시리이까"(시 80:4)

"주께서 한 포도나무를 애굽에서 가져다가 민족들을 쫓아내시고 그것을 심으셨나이다"(시 80:8)

세 가지 이미지들은 하나님과 이스라엘 백성이 떼려야 뗄 수 없는 관계임을 아주 잘 나타내줍니다. 또한 시인은 환난 중에서 주의 얼굴을 숨기지 않으시기를 간청하는데 이는 주의 얼굴이 햇빛처럼 시인에게는 필수불가결한 것임을 보여줍니다.

> "하나님이여 우리를 돌이키시고 주의 얼굴빛을 비추사 우리가 구원을 얻게 하소서"(시 80:3)
>
> "만군의 하나님이여 우리를 회복하여 주시고 주의 얼굴의 광채를 비추사 우리가 구원을 얻게 하소서"(시 80:7)
>
> "만군의 하나님 여호와여 우리를 돌이켜 주시고 주의 얼굴의 광채를 우리에게 비추소서 우리가 구원을 얻으리이다"(시 80:19)

이렇게 시인이 주의 얼굴을 비추어주시기를 세 번씩이나 기도하는 것은 '구원'의 문제와 직결되어 있기 때문입니다. 사실 이스라엘 백성들은 그분의 은혜를 먹고 자라도록 하나님께서 그렇게 정해놓으셨습니다. 그래서 하나님께서는 제사장의 축복 선언 가운데 "여호와는 그의 얼굴을 네게 비추사 은혜 베푸시기를 원하며"(민 6:25)라는 내용을 넣게 하셨습니다.

다윗이 고백합니다.

> "주의 얼굴을 주의 종에게서 숨기지 마소서 내가 환난 중에 있사오니 속히 내게 응답하소서"(시 69:17)

목자 없는 양이나 농부의 손길이 닿지 않는 포도나무의 열매를 생각할 수 없듯, 왕이 없는 백성들은 불쌍한 신세가 아닐 수 없습니다. 주의 얼굴을 구할 때 주의 구원이 임할 것입니다.

● 두 번째 포인트
아삽은 "우리의 명절에 나팔을 불지어다"라며 하나님을 찬양합니다.

아삽의 '예배시'인 시편 81편에서 시인은 "내가 그의 어깨에서 짐을 벗기고 그의 손에서 광주리를 놓게 하였도다"(시 81:6)라는 하나님의 말씀을 통해 애굽에서 그들을 구원해주신 하나님을 기억하며 찬양합니다.

이스라엘 백성들은 이 시편의 노래를 통해 그들이 하나님의 음성을 듣지 않고 하나님을 섬기지 않음으로 하나님께 버림받았던 사건을 절기마다 기억하며 하나님을 떠나지 않을 것을 다짐했습니다.

"우리의 능력이 되시는 하나님을 향하여 기쁘게 노래하며 야곱의 하나님을 향하여 즐거이 소리칠지어다 시를 읊으며 소고를 치고 아름다운 수금에 비파를 아우를지어다 초하루와 보름과 우리의 명절에 나팔을 불지어다 이는 이스라엘의 율례요 야곱의 하나님의 규례로

다"(시 81:1~4)

이 시편은 유월절과 칠칠절 그리고 이스라엘의 광야 생활을 상기시켜 주는 초막절과 같은 절기 때에 불린 노래입니다. 이 절기들은 광야에서 그들의 조상들이 만났던 능력의 하나님을 기억하는 날입니다. 하나님께서는 광야 생활의 모든 순간에 그들의 힘과 능력이 되어주셨습니다. 시인은 하나님의 말씀을 청종하며 행하기를 힘쓰는 것이 바로 하나님의 힘을 얻는 조건이라고 말합니다.

"또 너희의 희락의 날과 너희가 정한 절기와 초하루에는 번제물을 드리고 화목제물을 드리며 나팔을 불라 그로 말미암아 너희의 하나님이 너희를 기억하시리라 나는 너희의 하나님 여호와니라"(민 10:10)

"너희는 이레 동안 초막에 거주하되 이스라엘에서 난 자는 다 초막에 거주할지니 이는 내가 이스라엘 자손을 애굽 땅에서 인도하여 내던 때에 초막에 거주하게 한 줄을 너희 대대로 알게 함이니라 나는 너희의 하나님 여호와이니라"(레 23:42~43)

또한 시인은 이스라엘 백성들이 하나님의 음성을 듣지 않고 하나님을 섬기기를 원치 않다가 하나님께 처벌받은 일까지도 함께 고백하고 있습니다.

"나는 너를 애굽 땅에서 인도하여 낸 여호와 네 하나님이니 네 입을 크게 열라 내가 채우리라 하였으나 내 백성이 내 소리를 듣지 아니하며 이스라엘이 나를 원하지 아니하였도다"(시 81:10~11)

하나님께서는 언제나 이스라엘 백성들이 제사장 나라 거룩한 시민으로 시작했던 출애굽 사건을 기억하며 하나님께 나아오기를 원하십니다. 그래서 하나님께서는 이스라엘 백성들에게 그때 맺은 언약을 항상 기억하라고 말씀하십니다.

하나님께서는 하나님을 믿고 간구하는 자녀들의 요구에 응하시며 풍족히 채워줄 것을 약속하셨습니다.

"나는 너를 애굽 땅, 종 되었던 집에서 인도하여 낸 네 하나님 여호와니라"(출 20:2)

"구하라 그리하면 너희에게 주실 것이요 찾으라 그리하면 찾아낼 것이요 문을 두드리라 그리하면 너희에게 열릴 것이니 구하는 이마다 받을 것이요 찾는 이는 찾아낼 것이요 두드리는 이에게는 열릴 것이니라 너희 중에 누가 아들이 떡을 달라 하는데 돌을 주며 생선을 달라 하는데 뱀을 줄 사람이 있겠느냐 너희가 악한 자라도 좋은 것으로 자식에게 줄 줄 알거든 하물며 하늘에 계신 너희 아버지께서 구하는 자에게 좋은 것으로 주시지 않겠느냐"(마 7:7~11)

● 세 번째 포인트

아삽은 "세상의 모든 이가 하나님만을 온 세계의 지존자로 알게
하소서"라며 하나님을 찬양합니다.

시편 84편은 아삽의 '탄원시'로 여호사밧 왕 때 에돔을 비롯
한 동맹국들이 남유다를 침공했을 때에 지은 시로 추정됩니다.
하나님께서는 이스라엘뿐 아니라 이방 모든 민족의 하나님, 곧
온 세상의 하나님이십니다. 때문에 시인은 마침내 모든 사람이
하나님만이 온 세계의 지존자가 되심을 알게 되길 기대한다고
찬양합니다.

"그들로 수치를 당하여 영원히 놀라게 하시며 낭패와 멸망을 당하
게 하사 여호와라 이름하신 주만 온 세계의 지존자로 알게 하소서"(시
83:17~18)

구약성경은 하나님께서 택하신 백성의 나라인 이스라엘의
역사를 중심으로 기록되었습니다. 그러나 예언서의 내용들을 통
해서 알 수 있듯이 하나님은 온 세상의 하나님이십니다. 때문에
시인은 이방 나라들에 대해 단지 이스라엘을 대적하고 괴롭혔다
는 이유만으로 민족 감정에 얽매여 있지 않습니다.

시인이 그들의 패망을 간구하는 것은 단순히 이스라엘의 원

....

....

....

....

수가 아니고 이방 민족들이 '주를 대적하여' 한마음으로 서로 동맹을 맺었기 때문입니다. 다시 말해 온 세상의 주재자가 되시는 하나님을 대적했기 때문에 분노하고 있는 것입니다.

바른 신앙은 하나님 중심의 판단 위에 있어야 하고 바른 기도라면 무엇보다도 하나님 나라와 의를 위한 요청이어야 합니다. 시인은 하나님 중심으로 바르게 판단하며 기도합니다.

● 네 번째 포인트
시인은 "주의 궁정의 한 날이 다른 곳에서의 천 날보다 낫다"라고 하나님을 찬양합니다.

고라 자손의 '찬양시'인 시편 84편에서 시인은 주의 궁정을 갈망합니다. 하나님께서 주의 장막에 계시기 때문입니다. 시인이 주의 궁정에서의 한 날이 다른 곳에서의 천 날보다 낫다고 노래하는 이유가 바로 여기에 있습니다.

"만군의 여호와여 주의 장막이 어찌 그리 사랑스러운지요 내 영혼이 여호와의 궁정을 사모하여 쇠약함이여 내 마음과 육체가 살아 계시는 하나님께 부르짖나이다"(시 84:1~2)

시편 84편은 성전을 노래한 시들 가운데 가장 많이 애송되는 시입니다. 하나님의 성전을 사모하는 마음과 성전으로 나아가는 여행길, 그리고 성전에 머무르는 날 등을 언급한 것을 볼 때 이 시는 성전을 향한 순례자의 노래로 생각됩니다.

시인은 성전을 바라보며 세 가지 복을 노래합니다. 하나님께서 계신 곳을 삶의 중심으로 살아가는 자들을 '복이 있는 자'라고 말하며 하나님 안에 거하기를 소망합니다. 하나님을 사랑할수록 하나님께서 계신 성전을 향한 마음의 거리 역시 가까울 수밖에 없습니다. 그래서 시인은 하나님과 함께하는 주의 궁정이 가장 좋음을 온 마음을 다해 노래합니다.

"주의 집에 사는 자들은 복이 있나니"(시 84:4)

"주께 힘을 얻고 그 마음에 시온의 대로가 있는 자는 복이 있나이다"(시 84:5)

"주께 의지하는 자는 복이 있나이다"(시 84:12)

"주의 궁정에서의 한 날이 다른 곳에서의 천 날보다 나은즉 악인의 장막에 사는 것보다 내 하나님의 성전 문지기로 있는 것이 좋사오니"(시 84:10)

시편 42편과 43편에서 시인은 하나님에 대한 갈망을 목마른 사슴이 시냇물을 찾기에 갈급한 것에 비유했습니다.

"하나님이여 사슴이 시냇물을 찾기에 갈급함 같이 내 영혼이 주를 찾

기에 갈급하니이다"(시 42:1)

'갈망한다'는 것은 어떤 필요가 아주 절실한 것입니다. 그래서 그것 없이는 살 수가 없는 상태임을 알려줍니다.

시편 84편의 시인도 그렇게 주의 궁정을 갈망합니다. 그리워하다가 지쳐버릴 정도입니다. 그래서 시인은 주의 궁정에서의 한 날이 다른 곳에서의 천 날보다 낫다고 노래합니다. 확실히 하나님 앞에 있을 때 우리는 가장 안전하며 부족함이 없습니다. 또한 하나님의 임재에는 초자연적인 힘이 흘러나옵니다. 그래서 실패와 좌절 속에서 다 끝났다는 결론이 내려졌을지라도 하나님 앞에 있는 자는 회복과 새로운 시작을 기대할 수 있습니다.

● 다섯 번째 포인트
시인은 "주의 은혜로 포로 된 자들이 돌아오게 되었다"라고 고백합니다.

시편 85편은 고라 자손의 '찬양시'로 바벨론 1차 포로 귀환 후 하나님께 올려드린 감사 찬양시로 추측됩니다. 시인은 하나님께 진노를 거두어달라고 간구하며 하나님께서 이스라엘에게 베푸셨던 은혜를 회상합니다. 그리고 다시 한번 주의 인자하심과 구원을 허락해달라고 기도합니다. 시인의 고백처럼 이스라엘의 역사는 하나님의 은총을 받은 역사라 할 수 있습니다.

"여호와여 주께서 주의 땅에 은혜를 베푸사 야곱의 포로 된 자들이 돌아오게 하셨으며 주의 백성의 죄악을 사하시고 그들의 모든 죄를 덮으셨나이다 (셀라)"(시 85:1~2)

"내가 하나님 여호와께서 하실 말씀을 들으리니 무릇 그의 백성, 그의 성도들에게 화평을 말씀하실 것이라 그들은 다시 어리석은 데로 돌아가지 말지로다 진실로 그의 구원이 그를 경외하는 자에게 가까우니 영광이 우리 땅에 머무르리이다"(시 85:8~9)

시편 85편 역시 하나님을 간절히 사모하는 내용을 담고 있습니다. 바벨론 포로에서 돌아온 이스라엘 백성들은 성전을 사모하며 환난 이후에 베푸실 하나님의 은혜를 간구합니다. 과거에 하나님께서 베푸신 은혜를 회상하며 다시 한번 주의 인자하심과 구원을 허락해달라고 기도합니다.

이스라엘이 하나님을 사랑한 것이 아니고 하나님께서 이스라엘을 사랑하셨습니다. 그러므로 이스라엘이 다시 망령된 곳으로 돌아가지만 않는다면 그들에게 화평이 있을 것입니다.

"여호와 앞에서 내가 간구한 이 말씀이 주야로 우리 하나님 여호와께 가까이 있게 하시옵고 또 주의 종의 일과 주의 백성 이스라엘의 일을

....

....

....

....

날마다 필요한 대로 돌아보사"(왕상 8:59)

"하나님께 가까이 함이 내게 복이라 내가 주 여호와를 나의 피난처로 삼아 주의 모든 행적을 전파하리이다"(시 73:28)

시편 기자는 하나님께서 임재하시는 성전에서의 하루가 다른 곳에서의 천 날보다도 낫다고 하나님을 찬양합니다. 이 고백을 들으신 하나님께서 얼마나 기뻐하셨을까요. 하나님께서는 그때나 지금이나 언제나 하나님의 형상을 닮은 우리 인생들이 하나님과 함께하기를 원하십니다.

151일

두 손 들고 부르짖습니다 (시 86~89편)

다윗은 '긍휼히 여기시며 은혜를 베푸시며 노하기를 더디 하시며 인자와 진실이 풍성하신' 하나님께 은총을 내려주실 것을 기대하며 간구합니다. 상황이 나를 힘들게 할 때, 그 현실을 이겨낼 수 있다는 기대가 없다면 우리는 절망하게 됩니다.

그러나 상황이 아무리 절망적이라도 그 위기를 이겨낼 수 있다는 기대가 있다면 우리는 새로운 힘을 얻게 됩니다. 이 믿음으로 기도할 때 하나님께서는 생명과 복, 능력과 지혜를 주십니다. 때문에 하나님의 사람들은 결코 절망하지 않습니다. 지금 다윗

....

....

....

....

이 하나님을 의지하며 새로운 기대를 하듯, 우리에게는 하나님의 도우심을 바랄 수 있는 특권이 있기 때문입니다.

성경통독 BIBLETONGDOK

《일년일독 통독성경》 시편 86~89편

통通으로 숲이야기 ; 통숲 TONG OBSERVATION

● 첫 번째 포인트
다윗은 하나님께 "종을 구원하소서"라고 간절한 마음으로 간구합니다.

다윗의 '탄원시'인 시편 86편에서 다윗은 가난과 궁핍, 그리고 적들의 위협 아래 놓여 있는 상황에서도 '주의 도(道)'를 가르쳐달라고 하나님께 기도하고 있습니다. 그리고 주의 이름을 경외하며, 마음을 다하여 영광을 돌리겠다고 아룁니다.

"여호와여 나는 가난하고 궁핍하오니 주의 귀를 기울여 내게 응답하소서 나는 경건하오니 내 영혼을 보존하소서 내 주 하나님이여 주를 의지하는 종을 구원하소서 주여 내게 은혜를 베푸소서 내가 종일 주께 부르

짖나이다"(시 86:1~3)

곤고하지만 경건하며 끝내 하나님을 의지하는 사람, 그가 바로 다윗이었습니다. 하나님의 사람들도 곤고할 때가 있습니다. 믿음이 강한 사람이라고 언제나 힘이 넘치는 것은 아닙니다. 오히려 자신의 믿음을 지키기 위해 많은 어려움을 겪을 때도 있습니다. 그러나 비록 곤고한 삶을 살지라도 하나님을 의지하는 마음만큼은 변하지 말아야 합니다.

"내게로 돌이키사 내게 은혜를 베푸소서 주의 종에게 힘을 주시고 주의 여종의 아들을 구원하소서 은총의 표적을 내게 보이소서 그러면 나를 미워하는 그들이 보고 부끄러워하오리니 여호와여 주는 나를 돕고 위로하시는 이시니이다"(시 86:16~17)

시편 86편에는 "주"라는 표현이 참 많이 나옵니다. 이는 다윗이 하나님을 주인으로, 그리고 자신을 종으로 여기며 주인 되신 하나님께 기도하기 때문입니다. 다윗은 자신을 "주의 종"이라고 지칭하며 더욱 하나님과의 관계에 집중합니다.

"주를 의지하는 종을 구원하소서"(시 86:2)

"주의 종에게 힘을 주시고 주의 여종의 아들을 구원하소서"(시 86:16)

● 두 번째 포인트
시인은 '시온성 예루살렘'을 노래합니다.

고라 자손의 시이자 노래인 시편 87편에서 시인은 시온, 곧 하나님의 성읍이며 하나님의 성전이 있는 장소인 예루살렘을 노래합니다. 시인이 시온성 예루살렘을 노래한 중요한 이유는 거기에서부터 하나님의 율법이 선포되기 때문입니다.

> "그의 터전이 성산에 있음이여 여호와께서 야곱의 모든 거처보다 시온의 문들을 사랑하시는도다 하나님의 성이여 너를 가리켜 영광스럽다 말하는도다 (셀라)"(시 87:1~3)

> "노래하는 자와 뛰어 노는 자들이 말하기를 나의 모든 근원이 네게 있다 하리로다"(시 87:7)

하나님께서 시온성 예루살렘에 계시기 때문에 그 성은 흔들리지 않는 아름다운 곳이요, 거룩한 산이 됩니다. 또한 그곳은 하나님의 통치로 안전합니다. 그래서 시인은 하나님께서 택하신 시온성에 거하는 자는 복이 있다고 말합니다. 하나님께서 모든 좋은 것을 아끼지 않으시기 때문입니다.

> "여호와께서 민족들을 등록하실 때에는 그 수를 세시며 이 사람이 거기서 났다 하시리로다 (셀라)"(시 87:6)

....

....

....

....

시인은 "거기서 났다"라는 표현을 세 번이나 반복합니다. 시온이 열방의 신앙 중심지로서 애굽, 바벨론, 블레셋, 두로, 구스 등 모든 나라와 모든 사람이 "거기서 났다"라고 말할 것이라고 합니다. 이 표현은 '세계 모든 백성은 각각 자기가 난 나라가 있지만 여호와 하나님을 믿는 신앙으로 모두가 한 나라 백성으로 태어나게 됨'을 의미합니다.

이스라엘의 오랜 원수인 애굽이나 바벨론이나 상관없이 하나님을 갈망하는 이들은 모두 하나님의 백성, 시온의 백성입니다.

"내가 나를 위하여 그를 이 땅에 심고 긍휼히 여김을 받지 못하였던 자를 긍휼히 여기며 내 백성 아니었던 자에게 향하여 이르기를 너는 내 백성이라 하리니 그들은 이르기를 주는 내 하나님이시라 하리라 하시니라"(호 2:23)

● 세 번째 포인트
시인은 '매일 두 손을 들고' 주께 부르짖습니다.

시편 88편은 고라 자손 에스라 사람 헤만의 '탄원시'입니다. '마할랏르안놋', 곧 '병자의 노래, 병자를 위하여 연주할 것'이라는 뜻으로 보아 시인 헤만이 병에 걸렸을 때 간구한 시로 추정됨니다. 시인은 탄식에 탄식을 거듭하고 있습니다. 그러나 시인은 하나님께서 자신의 부르짖음에 귀를 기울이시고 건져내실 것이라고 믿으며 "주야로", "매일 두 손을 들고", "아침마다" 주님께 부르짖습니다.

"죽은 자 중에 던져진 바 되었으며 죽임을 당하여 무덤에 누운 자 같으니이다 주께서 그들을 다시 기억하지 아니하시니 그들은 주의 손에서 끊어진 자니이다"(시 88:5)

"주께서 내가 아는 자를 내게서 멀리 떠나게 하시고 나를 그들에게 가증한 것이 되게 하셨사오니 나는 갇혀서 나갈 수 없게 되었나이다 곤란으로 말미암아 내 눈이 쇠하였나이다 여호와여 내가 매일 주를 부르며 주를 향하여 나의 두 손을 들었나이다"(시 88:8~9)

시편 88편은 시편 가운데 가장 절망적인 시로 처음부터 끝까지 어두운 어조로 기록되어 있습니다. 오죽하면 시인이 "죽은 자 중에 던져진 바 되었으며 죽임을 당하여 무덤에 누운 자 같으니이다"(시 88:5)라고 했겠습니까. 시편 88편에서 시인이 하나님께 고통을 아뢰며 기도하는 모습은 다음과 같습니다.

첫째, "내가 주야로 주 앞에서 부르짖었사오니"(시 88:1)

둘째, "나의 기도가 주 앞에 이르게 하시며 나의 부르짖음에 주의 귀를 기울여 주소서"(시 88:2)

셋째, "내가 매일 주를 부르며 주를 향하여 나의 두 손을 들었나이다"(시 88:9)

넷째, "여호와여 오직 내가 주께 부르짖었사오니 아침에 나의 기도가 주의 앞에 이르리이다"(시 88:13)

시인의 고난과 고통과 두려움의 터널은 '어릴 적부터' 계속되었던 것 같습니다. 시인에게는 지금 어둠만이 친구로 남아 있을 뿐입니다. 이는 마치 욥의 고난을 보는 듯합니다.

"나의 친구야 너희는 나를 불쌍히 여겨다오 나를 불쌍히 여겨다오 하나님의 손이 나를 치셨구나"(욥 19:21)

"여호와 내 구원의 하나님이여 내가 주야로 주 앞에서 부르짖었사오니 나의 기도가 주 앞에 이르게 하시며 나의 부르짖음에 주의 귀를 기울여 주소서"(시 88:1~2)

고통 속에서 시인은 믿음의 기도 줄을 놓지 않고 붙들고 있습니다. 하나님께서 자신의 부르짖음에 귀를 기울이고 건져내실 것이라는 믿음입니다. 시인은 하루에도 수백 번, 수천 번 믿음을 포기해버리고 싶은 마음이 들었을지도 모릅니다. 그러나 그는 믿음의 길 위에 자신의 지친 몸과 무거운 마음을 옮겨놓습니다.

....

....

....

....

● 네 번째 포인트

시인은 '하나님께서 다윗과 맺으신 언약'을 노래합니다.

에스라인 에단의 마스길, 그리고 '제왕시'이자 '탄원시'인 시편 89편에서 시인은 하나님께서는 다윗에게 먼저 다가오셨고 다윗을 "내 종"이라고 부르셨다고 노래합니다.

"주께서 이르시되 나는 내가 택한 자와 언약을 맺으며 내 종 다윗에게 맹세하기를 내가 네 자손을 영원히 견고히 하며 네 왕위를 대대에 세우리라 하셨나이다 (셀라)"(시 89:3~4)

이 관계는 단순한 '주인과 종'의 관계가 아니라, 사랑의 관계입니다. 그래서 시인은 이것을 '아버지와 아들'의 관계라고 말하고 있습니다. 하나님과의 관계가 그분의 인자와 성실로 이루어지는 것이라면 그 관계가 깊어지는 길은 인생들이 하나님의 법과 규례를 순종하는 것에 있습니다.

"그 때에 주께서 환상 중에 주의 성도들에게 말씀하여 이르시기를 내가 능력 있는 용사에게는 돕는 힘을 더하며 백성 중에서 택함 받은 자를 높였으되 내가 내 종 다윗을 찾아내어 나의 거룩한 기름을 그에게 부었도다 내 손이 그와 함께 하여 견고하게 하고 내 팔이 그를 힘이 있게 하리로다"(시 89:19~21)

여호와의 '인자하심'과 '성실하심'이 구약성경의 주제라고 해도 과언이 아닙니다. 이스라엘 백성들이 그들의 죄를 용서받을 수 있었던 것도, 나라가 위기에 처했을 때 내일의 소망을 잃지 않을 수 있었던 것도 모두 하나님의 성품 때문이었습니다.

시인은 하나님께서 다윗과 맺으신 언약을 이 시편의 주제로 삼습니다. 그리고 하나님께 시선을 고정시킵니다. 다윗이 위대했기 때문에 하나님께로부터 "내 종"이라고 불리게 된 것이 아니라 하나님께서 다윗을 "내 종"이라 택하셨기 때문에 위대하게 된 것입니다. 여호와의 인자와 성실이 다윗을 다윗 되게 하신 것입니다. 시인은 하나님께 이를 아뢰며 이스라엘의 영원한 통치자가 되어주실 것을 간구하며 찬송합니다.

● 다섯 번째 포인트
시인은 하나님께 '다윗과의 언약을 기억하사' 이스라엘을 구원해 주시기를 간구합니다.

"만일 그의 자손이 내 법을 버리며 내 규례대로 행하지 아니하며 내 율례를 깨뜨리며 내 계명을 지키지 아니하면 내가 회초리로 그들의 죄를 다스리며 채찍으로 그들의 죄악을 벌하리로다 그러나 나의 인자함을

....
....
....
....

그에게서 다 거두지는 아니하며 나의 성실함도 폐하지 아니하며 내 언약을 깨뜨리지 아니하고 내 입술에서 낸 것은 변하지 아니하리로다"(시 89:30~34)

"주여 주의 성실하심으로 다윗에게 맹세하신 그 전의 인자하심이 어디 있나이까 주는 주의 종들이 받은 비방을 기억하소서 많은 민족의 비방이 내 품에 있사오니"(시 89:49~50)

시인은 하나님께 다윗과의 언약을 기억하사 속히 이스라엘을 구원해주시기를 간구합니다. 하나님의 인자와 성실에 기대어 다시금 회복의 날을 기대합니다.

"나는 그에게 아버지가 되고 그는 내게 아들이 되리니 그가 만일 죄를 범하면 내가 사람의 매와 인생의 채찍으로 징계하려니와 내가 네 앞에서 물러나게 한 사울에게서 내 은총을 빼앗은 것처럼 그에게서 빼앗지는 아니하리라 네 집과 네 나라가 내 앞에서 영원히 보전되고 네 왕위가 영원히 견고하리라 하셨다 하라"(삼하 7:14~16)

다음의 시편 90편은 [70일] 신명기 33~34장과 함께 통독했습니다.

디저트 DESSERT

　하나님께서는 주의 길을 일심과 전심으로 따르는 자들과 그렇게 살아가기를 힘쓰는 자들을 도우시고 위로하시고 영원토록 함께해주십니다.

　변함없이 성실하심과 인자하심으로 돌보시는 하나님 앞에 우리는 믿음으로 순종하며 주의 길을 묵묵하게 따를 수 있기를 소망합니다.

....

....

....

....

*152*일
새 노래로 찬양하라 (시 91~102편)

하나님께서 이 세상을 창조하셨을 뿐만 아니라 하나님께서 이 세상을 다스리신다는 사상은 구약성경에서 매우 중요한 사상입니다.

"여호와께서 다스리시니"(시 93:1)

이는 세상이 하나님의 통치에 의하여 유지된다는 것입니다. 만일 하나님의 통치가 없다면 인간의 악의와 자기만 위하고 자기 민족과 자기 국가만을 위하는 이기심 때문에 세계는 자멸했을지도 모릅니다. 그래서 시인은 하나님의 능력을 이렇게 비유하고 있습니다.

"높이 계신 여호와의 능력은 많은 물 소리와 바다의 큰 파도보다 크니이다"(시 93:4)

성경통독 BIBLETONGDOK

《일년일독 통독성경》 시편 91∼102편

통通으로 숲이야기 ; 통숲 TONG OBSERVATION

● 첫 번째 포인트
시인은 어려움 가운데 있는 자에게 "주를 피난처로 삼아 살라"라고 가르쳐줍니다.

성경은 하나님을 찾는 자가 그분의 사랑을 입는다고 말합니다(잠 8:17). 마음이 하나님께로 향하여 있는 자들에게 하늘의 복이 주어질 것이라는 말씀입니다.

저자 미상의 '찬양시'인 시편 91편에서 시인은 경건한 어느 사람을 축복해주고 있습니다.

"지존자의 은밀한 곳에 거주하며 전능자의 그늘 아래에 사는 자여, 나는 여호와를 향하여 말하기를 그는 나의 피난처요 나의 요새요 내가 의뢰하는 하나님이라 하리니 이는 그가 너를 새 사냥꾼의 올무에서와 심한 전염병에서 건지실 것임이로다 그가 너를 그의 깃으로 덮으시리니 네가 그의 날개 아래에 피하리로다 그의 진실함은 방패와 손 방패가 되시나니"(시 91:1~4)

시인은 하나님께서 하나님을 신뢰하는 자를 수많은 위협으로부터 보호해주신다고 말합니다. 시인은 그가 하나님의 약속을 붙듦으로 하나님을 더욱 사랑하는 마음을 가지게 되었고 하나님을 알고자 하는 마음으로 가득 차게 되었다고 기뻐하며 감사합니다.

"하나님이 이르시되 그가 나를 사랑한즉 내가 그를 건지리라 그가 내 이름을 안즉 내가 그를 높이리라"(시 91:14)

"그들이 그들의 손으로 너를 붙들어 발이 돌에 부딪히지 아니하게 하리로다"(시 91:12)

한편 시편 91편 12절의 말씀은 이후에 사탄이 공생애를 시작하신 예수님을 시험할 때 인용되었습니다.

"이에 마귀가 예수를 거룩한 성으로 데려다가 성전 꼭대기에 세우고 이르되 네가 만일 하나님의 아들이어든 뛰어내리라 기록되었으되 그가 너를 위하여 그의 사자들을 명하시리니 그들이 손으로 너를 받들어

발이 돌에 부딪치지 않게 하리로다 하였느니라"(마 4:5~6)

● 두 번째 포인트
시인은 '아침에는 주의 인자하심을, 밤에는 주의 성실하심을 베풀어주심에 감사'하며 하나님을 찬양합니다.

안식일의 '찬송시'이자 저자 미상의 '예배시'인 시편 92편에서 시인은 악인의 형통에 대해 탄식하거나 불평하지 않고 답답함을 말하지도 않습니다. 오히려 시인은 영원토록 지존하신 하나님을 향해 십현금과 비파와 수금으로 감사와 찬양을 올려드립니다.

"지존자여 십현금과 비파와 수금으로 여호와께 감사하며 주의 이름을 찬양하고 아침마다 주의 인자하심을 알리며 밤마다 주의 성실하심을 베풂이 좋으니이다"(시 92:1~3)

악인의 형통에 대한 고민은 시편 37편과 73편의 시인과 하박국 선지자의 현실이기도 했습니다. 그런데 시편 92편의 시인은 악인의 형통에 대해 탄식하거나 불평하지 않고 결국에는 하나님께서 악인들을 멸망시키실 것이라는 확신을 밝히고 있습니다. 시인은 악인의 끝을 알기에 악인의 번영과 발전을 부러워할 이유도 없고 겁낼 이유도 없다고 생각하는 것 같습니다.

"악인들은 풀 같이 자라고 악을 행하는 자들은 다 흥왕할지라도 영원히 멸망하리이다"(시 92:7)

뿐만 아니라 시인에게는 의인으로서 당하는 모든 수치와 그로 인한 한숨과 눈물이 감추고 싶은 것들이 아니라 오히려 자랑거리가 됩니다. 그것들은 나중에 하나님께로부터 받게 될 상의 근거이기 때문입니다. 그래서 시인은 의인이 받을 복을 노래하며 하나님께 감사와 찬양을 올려드립니다.

"의인은 종려나무 같이 번성하며 레바논의 백향목 같이 성장하리로다 이는 여호와의 집에 심겼음이여 우리 하나님의 뜰 안에서 번성하리로다 그는 늙어도 여전히 결실하며 진액이 풍족하고 빛이 청청하니"(시 92:12~14)

"이것을 너희에게 이르는 것은 너희로 내 안에서 평안을 누리게 하려 함이라 세상에서는 너희가 환난을 당하나 담대하라 내가 세상을 이기었노라"(요 16:33)

● 세 번째 포인트
시인은 "새 노래로 여호와께 노래하라"라고 하나님을 찬양합니다.

시편 96편은 저자 미상의 '제왕시'로 메시아 예언시의 성격을

....
....
....
....

가진 시입니다. 시편 96편에서 시인은 첫 문장을 "새 노래로 여호와께 노래하라"로 시작하고 있습니다. 하나님께서 세상을 지으셨을 뿐 아니라 하나님께서 새 일을 행하시기 때문입니다.

> "새 노래로 여호와께 노래하라 온 땅이여 여호와께 노래할지어다"(시 96:1)

150편의 시편 중에서 시의 첫 구절을 이와 같이 시작하는 경우는 시편 96편 외에 시편 98편과 149편, 이렇게 두 편이 더 있습니다. 시편 96편은 역대상 16장의 다윗의 시와 그 내용이 거의 같습니다. 이어지는 시편 97편은 96편과 마찬가지로 저자 미상의 '제왕시'로 메시아 예언시의 성격을 가진 시입니다.

> "여호와께서 다스리시나니 땅은 즐거워하며 허다한 섬은 기뻐할지어다"(시 97:1)

> "여호와여 시온이 주의 심판을 듣고 기뻐하며 유다의 딸들이 즐거워하였나이다"(시 97:8)

하나님의 통치의 핵심은 이 시편에 기록된 대로 공의와 정의입니다. 시인은 하나님의 통치를 즐거워할 것을 말하며 특히 공의의 심판을 노래합니다. 그렇기에 세계가 굳게 서고 흔들리지 않는 것입니다.

계속해서 이어지는 시편 98편도 저자 미상의 '제왕시'로 메시아 예언시의 성격을 가진 시입니다. 시인은 세상을 의와 공평으로 통치하시는 하나님을 향해 나팔과 호각과 수금과 음성으로 홀로 찬양받기에 합당하신 분이라고 고백합니다.

"그가 땅을 심판하러 임하실 것임이로다 그가 의로 세계를 판단하시며 공평으로 그의 백성을 심판하시리로다"(시 98:9)

시편 98편은 앞의 96편, 97편과 비슷한 분위기입니다. 세 편의 시는 모두 찬송을 강조한다는 점, '온 땅'을 향해서 "하나님을 찬양하라"라고 외치는 점에서 비슷합니다. 특히 시편 98편에서는 각종 악기로 하나님을 찬양하라는 내용이 첨가되어 있습니다. 그런데 이러한 특징보다 더 눈에 띄는 것은 바로 '하나님의 구원'입니다. 이후에 메시아가 오심으로 일어나게 되는 예수님의 십자가 사건 역시 온 세상을 구원하시기 위한 하나님의 구원 행위입니다.

공의와 심판은 구원의 또 다른 표현입니다. 심판주 하나님께서 의롭고, 공평하시다는 것은 우리가 두려워해야 할 이유가 아니라 감사해야 할 이유입니다. 우리가 하나님의 '구원'으로 말미암아 하나님 나라에서 영원한 기쁨을 얻을 것이기 때문입니다.

이어지는 시편 99편도 저자 미상의 '제왕시'로 메시아 예언시의 성격을 가진 시입니다. 시인은 거룩하신 하나님의 이름, 그 이름은 세세무궁토록 찬양받으실 이름이라고 소리 높여 외칩니다.

"너희는 여호와 우리 하나님을 높이고 그 성산에서 예배할지어다 여호와 우리 하나님은 거룩하심이로다"(시 99:9)

시편 99편은 '여호와께서 이 세상을 다스리신다'는 사상의 흐름 속에 놓여 있습니다. 또한 하나님의 '거룩함'을 후렴구처럼 세 번씩(시 99:3,5,9)이나 말하고 있습니다. 하나님의 거룩하심은 다른 어떤 이유보다도 하나님을 찬양하고 경배해야 하는 주된 이유입니다. 그래서인지 시편 99편을 읽으면서 〈레위기〉의 말씀을 다시 떠올리게 되고 또 마음에 새기게 됩니다.

"너희는 거룩하라 이는 나 여호와 너희 하나님이 거룩함이니라"(레 19:2)

● 네 번째 포인트
다윗은 주의 인자하심과 정의로움을 찬양합니다.

다윗의 '제왕시'인 시편 101편에서 다윗은 하나님을 찬양하며 배교자들의 행위를 미워하겠노라고 고백합니다. 이러한 마음가짐 때문에 다윗이 그 시대에 하나님의 뜻을 이루는 중요한 통로로 쓰임 받은 것입니다.

"내가 인자와 정의를 노래하겠나이다 여호와여 내가 주께 찬양하리이다 내가 완전한 길을 주목하오리니 주께서 어느 때나 내게 임하시겠나이까 내가 완전한 마음으로 내 집 안에서 행하리이다"(시 101:1~2)

종교개혁자 마르틴 루터는 시편 101편을 '다윗의 거울'이라고 불렀습니다. 시편 101편은 다윗 왕의 노래로, 왕으로서 마땅히 행해야 할 공의와 정의로운 행동에 대해 다짐하는 내용이 실려 있습니다. 즉 하나님에 대한 다윗의 믿음과 이를 실현하려는 그의 의지가 강하게 반영되어 있습니다. 다윗은 자신의 삶이 하나님의 인자와 정의를 위한 것이기를 바라며 하나님께서 자신에게 명하신 바를 준행하며 살겠다고 말합니다. 그리고 자신의 결심을 하나님께 기도로 아룁니다.

한 나라의 왕으로서, 그리고 하나님 앞에서 살아가는 존재로 다윗은 인자와 정의를 찬송하겠다는 선언에 뒤이어 구체적인 실천의 내용을 말합니다. 집안의 가족들, 왕궁의 신하들, 더 나아가 온 백성을 하나님의 거룩한 백성의 삶으로 인도하겠다는 다윗의 각오가 바로 그것이었습니다. 실로 다윗의 정치는 공과 의를 행하는 결연한 의지와 단호한 실천이 있는 정치였습니다.

"거짓을 행하는 자는 내 집 안에 거주하지 못하며 거짓말하는 자는 내 목전에 서지 못하리로다 아침마다 내가 이 땅의 모든 악인을 멸하리니

악을 행하는 자는 여호와의 성에서 다 끊어지리로다"(시 101:7~8)

● 다섯 번째 포인트
시인은 "나의 괴로운 날에 주의 얼굴을 내게서 숨기지 마소서"라
고 하나님께 간구합니다.

시편 102편은 저자 미상의 '탄원시'로 바벨론 포로기에 지어
진 시로 추정됩니다. 시편 102편은 고난당한 자가 마음이 상하여
그의 근심을 여호와 앞에 토로하는 기도라고 기록되어 있습니
다. 이 시편에는 기도자 개인의 탄원만이 아니라 공동체의 탄원
도 있습니다.

"여호와여 내 기도를 들으시고 나의 부르짖음을 주께 상달하게 하소서
나의 괴로운 날에 주의 얼굴을 내게서 숨기지 마소서 주의 귀를 내게
기울이사 내가 부르짖는 날에 속히 내게 응답하소서"(시 102:1~2)

시인은 지금 말할 수 없이 절망적인 상태에 있습니다. 그의
'곤고함'이 얼마나 큰지 시편 102편에서 다음과 같이 묘사하고
있습니다.

"내 날이 연기 같이 소멸하며 내 뼈가 숯 같이 탔음이니이다"(시 102:3)
"내가 음식 먹기도 잊었으므로 내 마음이 풀 같이 시들고 말라 버렸사

오며"(시 102:4)

"나의 탄식 소리로 말미암아 나의 살이 뼈에 붙었나이다"(시 102:5)

"내가 밤을 새우니 지붕 위의 외로운 참새 같으니이다"(시 102:7)

"나는 재를 양식 같이 먹으며 나는 눈물 섞인 물을 마셨나이다"(시 102:9)

"내 날이 기울어지는 그림자 같고 내가 풀의 시들어짐 같으니이다"(시 102:11)

그러나 시인은 하나님께서 자신의 기도를 들어주실 것을 확신하며 믿음으로 하나님께 기도를 시작합니다. 시인이 탄식 중에도 하나님의 이름을 불렀다는 것은 그가 하나님께 대한 소망을 놓지 않았다는 것입니다. 시인은 고통이 너무 심해 음식 먹는 것도 잊었지만 하나님의 얼굴을 구하며 다시금 일어서고자 합니다.

살아가면서 만나는 수많은 역경과 어려움 중에도 하나님의 이름을 부르며 기도하는 사람은 머지않아 소망의 빛 안에서 일어설 수 있는 은혜를 입을 것입니다. 시인은 고통 중에도 다음과 같은 행복한 인생을 기대합니다.

"여호와여 주는 영원히 계시고 주에 대한 기억은 대대에 이르리이다 주께서 일어나사 시온을 긍휼히 여기시리니 지금은 그에게 은혜를 베푸실 때라 정한 기한이 다가옴이니이다"(시 102:12~13)

....

....

....

....

시인은 고난과 죽음 같은 현실에 있지만 하나님의 긍휼과 은혜를 베풀어주실 그때를 기다립니다. 시간의 흐름 속에서 인생의 '의미 없음'이 '의미 있음'으로 변하고 '잿더미가 되어버린 시온'에 놀라운 회복이 있게 되는 경우는 영원하신 하나님께 연결될 때 비로소 이루어질 수 있습니다.

"이 모든 땅이 폐허가 되어 놀랄 일이 될 것이며 이 민족들은 칠십 년 동안 바벨론의 왕을 섬기리라 여호와의 말씀이니라 칠십 년이 끝나면 내가 바벨론의 왕과 그의 나라와 갈대아인의 땅을 그 죄악으로 말미암아 벌하여 영원히 폐허가 되게 하되 내가 그 땅을 향하여 선언한 바 곧 예레미야가 모든 민족을 향하여 예언하고 이 책에 기록한 나의 모든 말을 그 땅에 임하게 하리라"(렘 25:11~13)

디저트 DESSERT

하나님께 드리는 찬양과 감사와 예배는 하나님과의 특별한 관계에 기인합니다. 기쁨으로 여호와를 섬기는 것, 그리고 감사와 찬송으로 여호와께 나아가는 것은 목자 되신 하나님과 그의 양인 우리와의 특별한 관계 속에서 이루어집니다. 목자와 양의 관계, 이는 이스라엘이 자신의 정체성을 이해하는데 핵심이 되는 내용이었습니다.

　우리가 '그분의 소유'가 되기 때문에 여호와의 인자하심과 성실하심이 우리에게 영원히 미친다는 것을 시인은 시편의 시들을 통해 확신하고 있습니다.

....

....

....

....

*153*일

내 영혼아 여호와를 송축하라 (시 103~106편)

　하나님께서 무슨 일을 계획하실 때에는 먼저 '하나님의 사람'을 준비시키십니다. 언제나 하나님의 대안은 사람, 즉 영성과 인격과 실력을 두루 갖춘 준비된 하나님의 사람입니다.

　요셉의 삶은 좁게만 보면 개인적으로 고생스러운 시간들이었지만 하나님의 역사 속에서 크게 보면 그의 고생은 하나님의 언약을 위한, 수많은 생명을 위한 값진 길이었습니다. 하나님께서는 요셉을 통해 야곱의 가족은 물론 애굽을 비롯한 주변 나라 사람들의 생명까지 돌보게 하셨습니다. 하나님께서는 찬양받으시기에 합당하신 분입니다.

또 한 사람, 하나님의 종 모세는 애굽 왕 바로의 폭정에 고통 당하는 하나님의 백성들을 출애굽시켜 약속의 땅으로 인도하는 지도자로 세움 받은 사람이었습니다. 출애굽에 앞서 모세의 애굽 궁정 생활과 광야에서의 훈련은 위대한 역사를 위한 하나님의 준비였습니다. 하나님의 기적을 행하기 위한 지팡이를 잡고 있는 모세 뒤에는 항상 하나님께서 계셨습니다. 하나님께서는 찬양받으시기에 합당하신 분입니다.

성경통독 BIBLETONGDOK

《일년일독 통독성경》시편 103~106편

통通으로 숲이야기 ; 통숲 TONG OBSERVATION

● 첫 번째 포인트
다윗은 "내 영혼아 여호와를 송축하라"라며 스스로에게 명령합니다.

시편 103편은 다윗의 '예배시'입니다. 왕의 자리에서 언제나

....

....

....

....

누군가에게 명령하는 것에 익숙한 다윗이 자신의 영혼에게 명령합니다. 그 명령은 바로 "내 영혼아 여호와를 송축하라"입니다.

> "내 영혼아 여호와를 송축하라 내 속에 있는 것들아 다 그의 거룩한 이름을 송축하라 내 영혼아 여호와를 송축하며 그의 모든 은택을 잊지 말지어다"(시 103:1~2)

다윗은 가슴 벅차하며 자기 마음 깊은 곳 모든 것을 향하여 거룩하신 하나님을 찬양하라고 명령하고 있습니다. 하나님을 향하여 찬양을 드릴 때 인생은 가장 행복합니다. 왜냐하면 하나님을 찬양하는 것이 인생들의 본분이기 때문입니다.

> "아버지가 자식을 긍휼히 여김 같이 여호와께서는 자기를 경외하는 자를 긍휼히 여기시나니 이는 그가 우리의 체질을 아시며 우리가 단지 먼지뿐임을 기억하심이로다 인생은 그 날이 풀과 같으며 그 영화가 들의 꽃과 같도다 그것은 바람이 지나가면 없어지나니 그 있던 자리도 다시 알지 못하거니와"(시 103:13~16)

이렇게 다윗이 경험한 하나님은 자기를 경외하는 이를 불쌍히 여기는 분, 인생의 체질을 아시는 분 그리고 인생의 근본을 기억하시는 분이라는 것입니다. 비록 인간은 먼지와도 같고 들의 꽃과도 같아서 바람이 지나가면 쉽게 없어질 연약한 체질이지만 그럼에도 불구하고 우리는 우리의 주인 되신 하나님의 언약 안에 있는 인생입니다.

우리가 하나님의 이름을 송축하는 복된 인생으로 살아갈 수 있는 비결은 다윗처럼 먼저 하나님이 어떤 분이신지를 아는 것입니다. 그리고 하나님의 사랑을 믿고 하나님 앞에 나아가는 것입니다.

하나님과 이스라엘의 관계 회복을 위한 호세아의 호소도 다윗의 시와 같은 맥락이라 할 수 있습니다.

"우리가 여호와를 알자 힘써 여호와를 알자"(호 6:3)

그리고 사도 요한이 고백한 하나님에 대한 정의 또한 다윗의 시와 같은 맥락이라 할 수 있습니다.

"하나님이 우리를 사랑하시는 사랑을 우리가 알고 믿었노니 하나님은 사랑이시라"(요일 4:16)

● 두 번째 포인트
다윗은 "여호와께서 자기를 경외하는 자를 불쌍히 여기신다"라고 고백합니다.

"이는 하늘이 땅에서 높음 같이 그를 경외하는 자에게 그의 인자하심이 크심이로다 동이 서에서 먼 것 같이 우리의 죄과를 우리에게서 멀리

....

....

....

....

옮기셨으며 아버지가 자식을 긍휼히 여김 같이 여호와께서는 자기를 경외하는 자를 긍휼히 여기시나니"(시 103:11~13)

"여호와의 인자하심은 자기를 경외하는 자에게 영원부터 영원까지 이르며 그의 의는 자손의 자손에게 이르리니"(시 103:17)

시편 103편에서 '경외하다'라는 표현은 신앙적으로 매우 중요한 의미를 담고 있습니다. 즉 이는 창조주요, 주권자 되신 하나님에 대하여 피조물로서 '두려워하다', '공경하다'라는 의미를 가집니다.

하나님을 경외하는 자는 자신의 실존을 망각하지 않고 있기에 하나님을 늘 기억하며 의식합니다. 그래서 하나님의 마음을 살피며 하나님의 뜻이 이루어지기를 기다리며 선한 목자이신 하나님께서 인도하시는 곳이라면 어디든지 순종하며 따라갑니다. 하나님을 경외하는 자에게는 끝없는 하나님의 사랑과 함께 자손 대대로 '하나님의 의가 이른다'는 약속이 주어집니다. 사람이 스스로 피조물임을 잊지 않는 것, 이것이 하나님의 복을 영구히 받을 수 있는 조건입니다.

● 세 번째 포인트
시인은 "평생토록 여호와께 노래하겠다"라고 고백합니다.

시편 104편은 저자 미상의 '예배시'입니다. 그러나 시의 시작과 끝이 103편과 거의 동일하기에 시편 104편은 다윗의 시로 추정됩니다. 시편 104편 역시 103편과 같이 앞뒤에 "내 영혼아 여호와를 송축하라"라는 명령이 반복되고 있습니다.

시인은 찬양의 이유를 하나님의 창조 섭리에서 찾고 있습니다. 하나님의 창조하심을 잊지 않을 때 인간은 하나님 앞에서 겸손할 수 있습니다. 이 땅을 견고하게 만드신 하나님을 찬양하는 일은 인간의 마땅한 본분이자 특권입니다.

"땅에 기초를 놓으사 영원히 흔들리지 아니하게 하셨나이다"(시 104:5)

"여호와여 주께서 하신 일이 어찌 그리 많은지요 주께서 지혜로 그들을 다 지으셨으니 주께서 지으신 것들이 땅에 가득하니이다"(시 104:24)

시인은 창조주 하나님을 찬양합니다. 하나님께서는 땅의 기초를 놓으신 후 거의 모든 피조물을 땅과 관련지으셨습니다. 이 시편에서도 바로 그 점을 노래하고 있습니다. 물의 경계를 정하셔서 땅을 덮지 못하게 하신 것, 샘을 솟아나게 하신 것, 공중의 새가 깃들일 나무가 뿌리내리게 하신 것, 그리고 땅에서 먹을 것이 나게 하신 것 등을 노래합니다. 심지어 하나님께서는 하늘의 광명도 땅에 비춰게 하셨습니다(창 1:15). 시인의 노래처럼 주께서

....

....

....

....

지혜로 지으신 것들이 '땅에 가득하게' 된 것입니다.

인간이 살 수 있는 근거는 하나님께서 '땅에 기초를 놓으신' (시 104:5) 것에 있습니다. 이 사실을 잊지 않을 때 인간은 하나님 앞에 겸손할 수 있으며 위대하신 하나님을 송축할 수 있습니다.

"내가 평생토록 여호와께 노래하며 내가 살아 있는 동안 내 하나님을 찬양하리로다 나의 기도를 기쁘게 여기시기를 바라나니 나는 여호와로 말미암아 즐거워하리로다"(시 104:33~34)

세상을 창조하신 하나님께서는 한순간도 땅과 그 위에서 살아가는 피조물들의 삶에서 눈을 뗀 적이 없으십니다.

"이것들은 다 주께서 때를 따라 먹을 것을 주시기를 바라나이다"(시 104:27)

모든 피조물은 주께서 먹을거리를 주시면 생명을 유지할 수 있지만 낯을 숨기시거나 호흡을 거두시면 생명이 끝납니다. 모든 피조물이 하나님 손에 달려 있음을 아는 것이 중요합니다. 그래서 시인은 이 믿음 위에서 '내가 살아 있는 동안' 하나님을 찬양할 것이라고 말합니다.

하나님께서는 우리가 이 땅에서 사는 동안 어떤 큰 업적을 남겼는가보다 얼마나 하나님을 기쁘시게 해드렸는가에 더 관심이 있으십니다. 하나님의 손길 안에서 살아가는 우리는 호흡이 다

하는 그날까지 하나님을 노래하며 즐거워하는 인생, 하나님의 기쁨이 되는 인생으로 살아가야 합니다.

● 네 번째 포인트
시인은 "여호와는 천 대에 걸쳐 하신 말씀을 영원히 기억하신다"라며 하나님을 찬양합니다.

시편 105편은 저자 미상의 '예배시'입니다. 시인은 이스라엘 역사에서 하나님께서 행하신 기사를 찬양하고 있습니다. 시편 78편과 106편 그리고 136편에서도 시인은 하나님께서 애굽과 광야에서 어떻게 그들을 도우셨는가를 회상하고 있습니다. 시인은 이에 대해 하나님께 감사하고 하나님의 이름을 찬양하고 자랑하라고 말합니다.

"여호와와 그의 능력을 구할지어다 그의 얼굴을 항상 구할지어다 그의 종 아브라함의 후손 곧 택하신 야곱의 자손 너희는 그가 행하신 기적과 그의 이적과 그의 입의 판단을 기억할지어다 그는 여호와 우리 하나님이시라 그의 판단이 온 땅에 있도다 그는 그의 언약 곧 천 대에 걸쳐 명령하신 말씀을 영원히 기억하셨으니 이것은 아브라함과 맺은 언약이고 이삭에게 하신 맹세이며 야곱에게 세우신 율례 곧 이스라엘에게 하신 영원한 언약이라 이르시기를 내가 가나안 땅을 네게 주어 너희에게 할당된 소유가 되게 하리라 하셨도다"(시 105:4~11)

하나님의 언약은 그 유효기간이 '천 대'에 걸쳐 있는 전무후무한 엄청난 언약입니다. 하나님께서 아브라함과 처음 약속하시고 이삭과 야곱에게 재확인시켜주신 언약입니다. 언약을 주시고 준행하시는 하나님도 대단하지만 때를 기다리고 순종했던 아브라함도 참 대단합니다. 그래서 하나님께서 아브라함을 "내 벗"(사 41:8, 약 2:23)이라고 칭하신 것입니다. 하나님께서는 아브라함의 후손들을 위해 수많은 이적과 기사를 행하셨습니다.

하나님께서 이스라엘을 언약 백성으로 택하신 이유는 하나님의 법을 지키게 하기 위함이셨습니다. 시인은 이에 대해서 하나님께 감사하고 하나님의 이름을 찬양하고 자랑하라고 말합니다. 하나님께서 천 대까지 은혜의 언약을 베푸시기 때문입니다.

"그런즉 너는 알라 오직 네 하나님 여호와는 하나님이시요 신실하신 하나님이시라 그를 사랑하고 그의 계명을 지키는 자에게는 천 대까지 그의 언약을 이행하시며 인애를 베푸시되"(신 7:9)

하나님의 은혜의 언약은 아브라함만을 위한 것이 아니라 예수 그리스도로 이어져 오늘 우리에게까지 이어지는 큰 은혜입니다.

● 다섯 번째 포인트
시인은 "여호와의 인자하심이 영원하다"라고 선언합니다.

시편 106편은 저자 미상의 '찬양시'로 일명 '할렐루야 시편'이라 불립니다. '할렐루야 시편'은 시편 106편을 비롯해 시편 113편, 135편, 그리고 시편 146편에서 150편까지도 포함됩니다. 시인은 "여호와께 감사하라 그는 선하시며 그 인자하심이 영원함이로다"(시 106:1)라고 선언합니다. 백성을 향해 "이스라엘의 하나님을 영원부터 영원까지 찬양하자"라는 시인의 선언은 하나님의 신실하심을 의지한 외침입니다.

시인은 애굽과 광야 그리고 약속의 땅에서 이스라엘 백성에게 진실을 베푸셨던 하나님의 은혜를 회상하며 노래합니다.

"할렐루야 여호와께 감사하라 그는 선하시며 그 인자하심이 영원함이로다 누가 능히 여호와의 권능을 다 말하며 주께서 받으실 찬양을 다 선포하랴 정의를 지키는 자들과 항상 공의를 행하는 자는 복이 있도다"(시 106:1~3)

시편 106편에서 시인은 또한 역사를 회고합니다.

"우리가 우리의 조상들처럼 범죄하여 사악을 행하며 악을 지었나이다"(시 106:6)

"그들을 위하여 그의 언약을 기억하시고 그 크신 인자하심을 따라 뜻을 돌이키사 그들을 사로잡은 모든 자에게서 긍휼히 여김을 받게 하셨도다"(시 106:45~46)

시인은 하나님께서 끝없는 긍휼과 자비로 이스라엘의 죄를 용서하시고 구원을 베푸신 은혜의 역사를 회고합니다.

홍해 앞에서 백성들의 원망을 들으셨지만 홍해를 마른 땅으로 건너게 하시고 애굽 군대를 멸하신 사건, 만나에 만족하지 않고 불평했을 때 메추라기를 보내신 사건, 금송아지 우상으로 진멸될 위기에서 모세의 중보기도를 들으시고 구원하신 사건, 바알브올의 우상숭배 때 비느하스의 의로움을 보시고 재앙을 그치신 일 등의 역사를 하나하나 열거합니다.

사도 바울은 인간들의 근본 죄성을 발견하고 시편 106편의 언어로 이를 표현했습니다. 인간이 하나님의 영광을 우상으로 바꾸는 어리석음을 〈로마서〉에서 묘사한 것입니다.

먼저 〈시편〉의 기록입니다.

"자기 영광을 풀 먹는 소의 형상으로 바꾸었도다"(시 106:20)

〈시편〉의 기록을 사도 바울은 다음과 같이 고백합니다.

"썩어지지 아니하는 하나님의 영광을 썩어질 사람과 새와 짐승과 기어 다니는 동물 모양의 우상으로 바꾸었느니라"(롬 1:23)

광야 같은 인생에서 우리는 하나님께 더 가까이 나아갈 수도 있고 반대로 더 멀어질 수도 있습니다. 광야를 지나면서 감사의 노래를 부르느냐, 불만과 불평의 외침을 터뜨리느냐 하는 것은 각자가 광야를 어떻게 받아들이느냐에 따라 달려 있습니다. 이스라엘 백성은 출애굽한 후 '광야에서' 하나님의 손길을 수없이 느끼고 체험했습니다. 그들을 향한 하나님의 마음을 충분히 확인할 만큼 말입니다.

그러나 그들은 얼마 지나지 않아서 하나님께서 행하신 일들을 잊어버리고 하나님을 시험했고 하나님께서 세운 지도자 모세와 아론을 시기 질투했으며 심지어는 우상을 만들기까지 했습니다. 그들은 하나님은 물론이고 하나님의 말씀도, 그리고 하나님께서 행하신 일도 모두 잊어버렸습니다.

"그러나 그들은 그가 행하신 일을 곧 잊어버리며 그의 가르침을 기다리지 아니하고 광야에서 욕심을 크게 내며 사막에서 하나님을 시험하였도다 그러므로 여호와께서는 그들이 요구한 것을 그들에게 주셨을지라도 그들의 영혼은 쇠약하게 하셨도다"(시 106:13~15)

그럼에도 불구하고 하루도 거르지 않고 만나를 내리신 하나님의 은혜가 참으로 놀랍기만 합니다.

디저트 DESSERT

시편 기자는 세상 어떤 것보다 하나님을 찬양하는 것이 가장 귀한 것임을 알고 자신의 영혼에게까지 하나님을 찬양하라고 명령합니다. 그 찬양을 받으신 하나님께서 얼마나 기쁘셨겠습니까. 하나님께서 하나님의 형상대로 사람을 창조하신 이유는 우리로 하여금 하나님을 찬양하게 하시기 위함입니다.

우리의 남은 평생 우리의 입술은 물론 온 마음을 다해 하나님을 찬양하기 원합니다. 그래서 결국 하나님의 사람 다윗처럼 하나님을 송축하는 그런 멋진 날들이 오기를 꿈꿉니다.

*154*일
다윗은 메시아를 노래합니다 (시 107~118편)

"여호와의 인자하심과 인생에게 행하신 기적으로 말미암아 그를 찬송

할지로다 감사제를 드리며 노래하여 그가 행하신 일을 선포할지로다"

(시 107:21~22)

하나님을 향한 감사가 끊이지 않는 삶은 풍성한 삶이고 행복

한 삶입니다. 하나님께서는 시인이 고통과 환난과 죽음의 위협

속에서 부르짖는 소리를 들으시고 건져내주셨습니다. 그래서 시

인은 감사제를 드리며 인생들을 구원하신 하나님의 역사를 찬양

하며 선포합니다.

....

....

....

....

그리고 장차 하나님께서 자신들의 인생길에 베푸실 또 다른 은혜를 기대하며 살아갑니다. 개인의 하나님 체험은 더 나아가 신앙 공동체 전체의 감사와 찬양이 됩니다. 이것이 바로 하나님과 함께하는 아름다운 공동체입니다.

성경통독 BIBLETONGDOK

《일년일독 통독성경》 시편 107~118편

통通으로 숲이야기 ; 통숲 TONG OBSERVATION

● 첫 번째 포인트
다윗은 "내가 새벽을 깨우겠다"라고 결단합니다.

다윗의 '찬양시'인 시편 108편에서 다윗을 당당하게 만드는 요인은 하나님의 오른손이 자신을 돕는다는 믿음 때문입니다.

"하나님이여 내 마음을 정하였사오니 내가 노래하며 나의 마음을 다하여 찬양하리로다 비파야, 수금아, 깰지어다 내가 새벽을 깨우리로다 여호와여 내가 만민 중에서 주께 감사하고 뭇 나라 중에서 주를 찬양하오리니 주의 인자하심이 하늘보다 높으시며 주의 진실은 궁창에까지 이르나이다 하나님이여 주는 하늘 위에 높이 들리시며 주의 영광이 온 땅에서 높임 받으시기를 원하나이다"(시 108:1~5)

시편 108편 1절에서 5절은 시편 57편 7절에서 11절과 시편 108편 6절에서 13절은 시편 60편 5절에서 12절과 대동소이한 내용입니다. 하나님께 구원을 호소하던 그때의 시들이 이제는 하나님의 구원과 승리를 찬양하는 '찬양시'로 역할을 합니다. 주님의 인자하심을 찬양하겠다는 다윗의 마음과 하나님을 의지함으로 힘과 용기를 얻고 대적을 물리칠 수 있다는 다윗의 확신이 어우러져 있습니다.

다윗은 사울을 피하여 굴에 있을 때에 시편 57편을 통해 시편 108편과 동일한 기도를 하나님께 드린 적이 있습니다. 그것은 하나님의 영광이 온 땅에 높임 받기를 원하는 다윗의 옹골진 꿈이었습니다. 다윗은 시편 108편에서 이스라엘을 넘어 온 세계를 다스리시는 하나님을 노래합니다.

하나님께서는 이스라엘만의 하나님으로 끝나시는 분이 아닙니다. 길르앗, 므낫세, 에브라임, 유다, 모압, 에돔, 블레셋 이 모든 민족이 하나님의 것입니다. 다윗의 꿈은 이제 더욱 확장됩니다. 비록 지금 하나님을 섬기는 이스라엘의 군대가 위험에 처해 있다 하더라도 하나님의 영광은 여전히 온 세상 위에 높이 들려 있습니다. 단지 사람들이 깨닫지 못하고 있을 뿐입니다. 그러므로 다윗은 "내가 새벽을 깨우리로다"라고 마음을 정했습니다. 하나님의 꿈을 자신의 꿈으로 받아들이고 주의 인자와 영광을 온 땅에서 높이는 일에 자신의 삶을 드리기로 마음을 정한 것입니다.

● 두 번째 포인트
다윗은 "나는 기도할 뿐이라"라고 하나님께 고백합니다.

다윗의 '탄원시'인 시편 109편에서 다윗은 하나님만이 악인의 저주에도 불구하고 복을 주실 수 있고 구원해주실 수 있는 분이라고 찬양합니다. 다윗의 이 믿음은 고난 가운데서도 다시 일어설 수 있는 그의 힘의 원천이었습니다.

"내가 찬양하는 하나님이여 잠잠하지 마옵소서 그들이 악한 입과 거짓된 입을 열어 나를 치며 속이는 혀로 내게 말하며 또 미워하는 말로 나를 두르고 까닭 없이 나를 공격하였음이니이다 나는 사랑하나 그들은 도리어 나를 대적하니 나는 기도할 뿐이라"(시 109:1~4)

시편에는 악인의 저주를 받아 괴로워하면서도 그럼에도 불구하고 하나님 앞에서 마음을 다시 정한다는 시가 세 편 있습니다. 바로 시편 58편과 109편, 137편입니다.

"그들은 내게 저주하여도 주는 내게 복을 주소서 그들은 일어날 때에 수치를 당할지라도 주의 종은 즐거워하리이다"(시 109:28)

'기도'할 때 가장 중요한 것은 다름 아닌 하나님과의 관계입니다. 하나님과의 친밀한 관계 속에서 하나님께 아뢰면 하나님께서 그 기도를 들으시듯 우리도 하나님께서 말씀하시면 그 음성에 귀 기울여 들어야 합니다. 그러므로 기도는 하나님과의 친밀한 대화이며 깊은 사랑의 사귐입니다. 기도의 내용이 시편 109편처럼 심지어 상대가 나를 저주하는 내용을 아뢰는 것이라도 말입니다.

다윗은 선을 악으로 갚고 사랑을 미움으로 갚는 대적들에게 둘러싸여 있습니다. 그 속에서 다윗은 가난하고 궁핍하며 그들의 비방과 저주 때문에 마음에 깊은 상처를 받았습니다. 그러나 다윗은 그저 하나님께 기도할 뿐입니다. 하나님만이 그들의 저주에도 불구하고 복을 주실 수 있고 구원해주실 수 있는 분이기 때문입니다. 그러므로 다윗은 자신의 사정을 스스럼없이 모두 하나님께 쏟아놓고 있습니다.

"여호와 나의 하나님이여 나를 도우시며 주의 인자하심을 따라 나를 구원하소서 이것이 주의 손이 하신 일인 줄을 그들이 알게 하소서 주

....

....

....

....

여호와께서 이를 행하셨나이다"(시 109:26~27)

다윗은 하나님께서 자신을 위해 베푸시는 구원의 손길을 보았습니다. 일찍이 다윗은 골리앗을 쓰러뜨리는 하나님의 능력을 보았습니다. 다윗이 늘 자신의 행위를 바르게 가다듬을 수 있었던 것은 바로 그 능력의 하나님께 기도할 수 있었기 때문입니다.

● 세 번째 포인트
다윗은 왕으로 오실 메시아를 노래합니다.

시편 110편은 다윗의 '제왕시'이자 '메시아 예언시'입니다. 이 시편 110편은 신약성경에서 많이 인용되는 시편 가운데 하나입니다. 시편 110편에서 말하는 "내 주"는 예수 그리스도를 가리킵니다. 예수 그리스도 곧 메시아의 통치와 심판은 다음과 같습니다.

첫째, 왕으로 오실 메시아입니다. 메시아는 하나님의 우편에 계시며 원수들을 발판으로 삼으십니다.

"여호와께서 내 주에게 말씀하시기를 내가 네 원수들로 네 발판이 되게 하기까지 너는 내 오른쪽에 앉아 있으라 하셨도다"(시 110:1)

또한 메시아는 시온에서 권능의 규를 받으십니다.

"여호와께서 시온에서부터 주의 권능의 규를 내보내시리니 주는 원수들 중에서 다스리소서"(시 110:2)

그리고 거룩한 옷을 입은 주의 백성들이 메시아를 섬깁니다.

"주의 권능의 날에 주의 백성이 거룩한 옷을 입고 즐거이 헌신하니 새벽 이슬 같은 주의 청년들이 주께 나오는도다"(시 110:3)

둘째, 대제사장으로 오실 메시아입니다. 메시아는 멜기세덱의 서열을 따라 영원한 대제사장이 되십니다.

"여호와는 맹세하고 변하지 아니하시리라 이르시기를 너는 멜기세덱의 서열을 따라 영원한 제사장이라 하셨도다"(시 110:4)

셋째, 심판자로 오실 메시아입니다. 메시아는 심판 때 왕들을 치실 것입니다.

"주의 오른쪽에 계신 주께서 그의 노하시는 날에 왕들을 쳐서 깨뜨리실 것이라"(시 110:5)

시편 110편은 메시아의 통치와 심판을 가장 분명하게 예언하고 있습니다. 예수가 메시아이심을 나타내는 대표적인 시편입니다.

"예수께서 성전에서 가르치실새 대답하여 이르시되 어찌하여 서기관들이 그리스도를 다윗의 자손이라 하느냐 다윗이 성령에 감동되어 친히 말하되 주께서 내 주께 이르시되 내가 네 원수를 네 발 아래에 둘 때까지 내 우편에 앉았으라 하셨도다 하였느니라 다윗이 그리스도를 주라 하였은즉 어찌 그의 자손이 되겠느냐 하시니 많은 사람들이 즐겁게 듣더라"(막 12:35~37)

이 말씀은 이후에 베드로가 인용했습니다.

"다윗은 하늘에 올라가지 못하였으나 친히 말하여 이르되 주께서 내 주에게 말씀하시기를 내가 네 원수로 네 발등상이 되게 하기까지 너는 내 우편에 앉아 있으라 하셨도다 하였으니"(행 2:34~35)

또한 이 말씀은 바울도 인용했습니다.

"그의 능력이 그리스도 안에서 역사하사 죽은 자들 가운데서 다시 살리시고 하늘에서 자기의 오른편에 앉히사"(엡 1:20)

그리고 이 말씀은 〈히브리서〉에서 또다시 인용되었습니다.

"이는 하나님의 영광의 광채시요 그 본체의 형상이시라 그의 능력의 말씀으로 만물을 붙드시며 죄를 정결하게 하는 일을 하시고 높은 곳에 계신 지극히 크신 이의 우편에 앉으셨느니라"(히 1:3)

● 네 번째 포인트
시인은 "할렐루야, 여호와의 이름을 찬양하라"라고 외칩니다.

시편 113편은 저자 미상의 '예배시'이자 '할렐루야 시편'입니

....
....
....
....

다. 하나님께서는 가난한 자와 궁핍한 자를 일으켜 세우시고 또한 임신하지 못하던 여자로 하여금 어머니가 되게 하시는 분입니다. 그러므로 하나님의 이름은 해 돋는 데부터 해 지는 데까지 찬양받으실 이름입니다.

> "할렐루야, 여호와의 종들아 찬양하라 여호와의 이름을 찬양하라 이제부터 영원까지 여호와의 이름을 찬송할지로다 해 돋는 데에서부터 해 지는 데에까지 여호와의 이름이 찬양을 받으시리로다"(시 113:1~3)

시편 113편의 시인이 생각하고 있는 스케일은 굉장합니다. "여호와의 이름을 찬양하라"라는 명령은 비단 여호와의 종들에게만 주어진 것이 아닙니다. "이제부터 영원까지", "해 돋는 데에서부터 해 지는 데에까지"라는 표현에 따르면 시간적으로 오고 오는 모든 세대를 향한 명령이고 공간적으로 온 세상 모든 피조물을 향한 명령인 것입니다. 모세의 찬양처럼 '하나님과 같이 능력 있는 분'은 없기 때문입니다.

하나님께서는 모든 나라보다도, 하늘보다도 높으신 분입니다. 그런데 그분이 땅 위에 사는 인생들의 형편을 살펴보신다는 것입니다. 그뿐 아니라 그들의 억울함을 해결해주신다고 시인은 노래합니다.

> "스스로 낮추사 천지를 살피시고 가난한 자를 먼지 더미에서 일으키시

며 궁핍한 자를 거름 더미에서 들어 세워 지도자들 곧 그의 백성의 지도자들과 함께 세우시며 또 임신하지 못하던 여자를 집에 살게 하사 자녀들을 즐겁게 하는 어머니가 되게 하시는도다 할렐루야"(시 113:6~9)

● **다섯 번째 포인트**
시인은 "여호와는 나의 능력"이라고 고백합니다.

시편 118편은 저자 미상의 '찬양시'입니다. 시편 118편에서는 백성의 지도자가 전쟁을 승리로 인도하신 하나님께 감사를 드리며 그 구원의 능력을 찬양하고 있습니다.

"여호와는 나의 능력과 찬송이시요 또 나의 구원이 되셨도다 의인들의 장막에는 기쁜 소리, 구원의 소리가 있음이여 여호와의 오른손이 권능을 베푸시며 여호와의 오른손이 높이 들렸으며 여호와의 오른손이 권능을 베푸시는도다 내가 죽지 않고 살아서 여호와께서 하시는 일을 선포하리로다"(시 118:14~17)

시인은 자신이 고난 가운데 체험한 하나님을 간증하며 승리로 이끄신 하나님께 감사하며 찬양합니다. 시인은 자신의 구원을 출애굽의 구원으로 표현합니다. 출애굽의 하나님을 찬양한 모세의 노래를 그 또한 부릅니다.

"여호와는 나의 힘이요 노래시며 나의 구원이시로다 그는 나의 하나님이시니 내가 그를 찬송할 것이요 내 아버지의 하나님이시니 내가 그를 높이리로다"(출 15:2)

또한 시인은 주변 사람들로부터 버림받고 하찮았던 자신이 하나님의 구원의 은혜로 완전히 변화됨을 건축자의 버린 돌이 집 모퉁이의 머릿돌이 되었다고 표현하며 감격합니다.

"건축자가 버린 돌이 집 모퉁이의 머릿돌이 되었나니 이는 여호와께서 행하신 것이요 우리 눈에 기이한 바로다 이 날은 여호와께서 정하신 것이라 이 날에 우리가 즐거워하고 기뻐하리로다"(시 118:22~24)

시인의 이 비유를 이후에 예수님께서 직접 사용하십니다. 이는 부활의 주님을 상징한 것입니다.

"예수께서 이르시되 너희가 성경에 건축자들이 버린 돌이 모퉁이의 머릿돌이 되었나니 이것은 주로 말미암아 된 것이요 우리 눈에 기이하도다 함을 읽어 본 일이 없느냐"(마 21:42)

시인의 이 비유를 이후에 사도들도 직접 인용합니다.

"이 예수는 너희 건축자들의 버린 돌로서 집 모퉁이의 머릿돌이 되었느니라"(행 4:11)

"너희는 사도들과 선지자들의 터 위에 세우심을 입은 자라 그리스도 예수께서 친히 모퉁잇돌이 되셨느니라"(엡 2:20)

"그러므로 믿는 너희에게는 보배이나 믿지 아니하는 자에게는 건축자들이 버린 그 돌이 모퉁이의 머릿돌이 되고"(벧전 2:7)

"내게 주신 모든 은혜를 내가 여호와께 무엇으로 보답할까"(시 116:12)

이는 하나님의 놀라운 은혜를 체험한 이가 자신의 삶에서 길어 올린 감사와 찬양의 고백이라 할 수 있습니다. 시인은 받은바 하나님의 은혜가 크기에 "내가 여호와께 무엇으로 보답할까"라며 고민하고 있습니다. 이러한 시인의 속마음은 여러 가지로 진실하게 표현되고 있습니다.

"내가 평생에 기도하리로다"(시 116:2)

"여호와 앞에 행하리로다"(시 116:9)

"나는 나의 서원을 여호와께 갚으리로다"(시 116:14,18)

"내가 주께 감사제를 드리고"(시 116:17)

"그의 경건한 자들의 죽음은 여호와께서 보시기에 귀중한 것이로다" (시 116:15)

시인은 심지어 순교할 각오까지 하고 있는 것 같습니다. 시인에게 하나님 같은 분은 없기에 하나님을 위해서라면 모든 것을 던져버릴 수 있다는 생각입니다. 아마도 주님을 진정으로 만난 사람이라면 누구나 이 시인의 심정을 충분히 이해하고도 남을 것입니다.

자기 인생에 소망의 빛이라곤 찾아볼 수 없는 그 누구라도 우리 주님을 만난다면 이 시편의 시인과 같은 고백을 할 수밖에 없을 것입니다. 정말 우리 주님 같은 분은 없습니다.

....

....

....

....

155일
나의 명철함이 스승보다, 노인보다 (시 119편)

애피타이저 APPETIZER

시인은 "주의 의는 영원한 의요 주의 율법은 진리로소이다" (시 119:142)라고 노래하며 자신과 자신의 공동체가 하나님의 말씀에 기반을 두어 기초부터 튼튼히 세워져가기를 소망하고 있습니다. 사람이 진정으로 하나님 앞에 바로 서기 위해서는 하나님의 말씀대로 자신의 마음부터 다시 쌓아 올려야 함을 시인은 잘 알고 있었습니다. 그래서 하나님 말씀의 중요성을 더욱 강조하고 있습니다.

시편 119편은 저자 미상의 '지혜시'로 히브리어 알파벳순의

'답관체 시'입니다. 이 시편은 8절씩 총 22연으로 구성되어 있습니다. 150편의 시편 가운데 가장 긴 절수인 176절이나 되는 시입니다.

성경통독 BIBLETONGDOK

《일년일독 통독성경》 시편 119편

통通으로 숲이야기 ; 통숲 TONG OBSERVATION

● 첫 번째 포인트
시인은 하나님의 말씀을 '다양한 표현'으로 묘사하며 찬양합니다.

시편 119편은 시편 중에서 가장 긴 시입니다. 기록상으로는 저자 미상의 시편이지만 그 내용으로 미루어 보아 에스라가 지었을 것으로 추정됩니다. 시편 119편은 전체 176절 가운데 몇 구절을 제외한 모든 구절에 '하나님의 말씀'을 의미하는 법, 율례, 규례, 법도, 계명, 말씀, 도, 길, 약속 등의 용어가 나옵니다.

이렇게 하나님 말씀의 중요성을 강조하는 다양한 표현들은 다음과 같습니다.

첫째, 하나님의 말씀을 '도'라고 표현했습니다.

"참으로 그들은 불의를 행하지 아니하고 주의 도를 행하는도다"(시 119:3)

둘째, 하나님의 말씀을 '법도'라고 표현했습니다.

"주께서 명령하사 주의 법도를 잘 지키게 하셨나이다"(시 119:4)

셋째, 하나님의 말씀을 '율례'라고 표현했습니다.

"내 길을 굳게 정하사 주의 율례를 지키게 하소서"(시 119:5)

넷째, 하나님의 말씀을 '계명'이라고 표현했습니다.

"내가 주의 모든 계명에 주의할 때에는 부끄럽지 아니하리이다"(시 119:6)

다섯째, 하나님의 말씀을 '판단'이라고 표현했습니다.

"내가 주의 의로운 판단을 배울 때에는 정직한 마음으로 주께 감사하리이다"(시 119:7)

여섯째, 하나님의 말씀을 '말씀'이라고 표현했습니다.

"청년이 무엇으로 그의 행실을 깨끗하게 하리이까 주의 말씀만 지킬 따름이니이다"(시 119:9)

일곱째, 하나님의 말씀을 '규례'라고 표현했습니다.

"주의 입의 모든 규례들을 나의 입술로 선포하였으며"(시 119:13)

여덟째, 하나님의 말씀을 '교훈'이라고 표현했습니다.

"내가 주의 교훈들을 지켰사오니 비방과 멸시를 내게서 떠나게 하소서"(시 119:22)

아홉째, 하나님의 말씀을 '증거'라고 표현했습니다.

"주의 증거들은 나의 즐거움이요 나의 충고자니이다"(시 119:24)

열 번째, 하나님의 말씀을 '일'이라고 표현했습니다.

"내가 주의 기이한 일들을 작은 소리로 읊조리리이다"(시 119:27)

열한 번째, 하나님의 말씀을 '율법'이라고 표현했습니다.

"내가 주의 율법을 항상 지키리이다 영원히 지키리이다"(시 119:44)

이어서 시인은 하나님의 말씀을 대하는 자세를 다음과 같이 표현합니다.

첫째, 말씀을 즐거워하며 기뻐하는 자세입니다.

"주의 율례들을 즐거워하며 주의 말씀을 잊지 아니하리이다"(시 119:16)

"주의 증거들은 나의 즐거움이요 나의 충고자니이다"(시 119:24)

"주의 입의 법이 내게는 천천 금은보다 좋으니이다"(시 119:72)

둘째, 말씀을 깨닫게 되기를 간구하는 자세입니다.

"내 눈을 열어서 주의 율법에서 놀라운 것을 보게 하소서"(시 119:18)

"나는 주의 종이오니 나를 깨닫게 하사 주의 증거들을 알게 하소서"(시 119:125)

셋째, 말씀에 순종하기로 결단하는 자세입니다.

"여호와여 주의 율례들의 도를 내게 가르치소서 내가 끝까지 지키리이다"(시 119:33)

"주의 의로운 규례들을 지키기로 맹세하고 굳게 정하였나이다"(시 119:106)

넷째, 말씀을 끊임없이 읽고 묵상하는 자세입니다.

"내가 주의 법을 어찌 그리 사랑하는지요 내가 그것을 종일 작은 소리로 읊조리나이다"(시 119:97)

"주의 말씀을 조용히 읊조리려고 내가 새벽녘에 눈을 떴나이다"(시 119:148)

시인은 이렇게 하나님의 말씀을 지키겠다는 결단을 계속해서 하나님께 아룁니다. 무엇보다 "주의 율례들을 내게 가르치소서"라는 표현이 여덟 번이나 나올 정도로 하나님의 뜻에 합당한 삶을 살기 위해 애쓰는 시인의 간절함을 시편 119편을 통해 잘 알 수 있습니다.

● **두 번째 포인트**
시인은 "온종일 주의 법을 생각한다"라고 하나님께 아룁니다.

"내가 주의 법을 어찌 그리 사랑하는지요 내가 그것을 종일 작은 소리로 읊조리나이다"(시 119:97)

시인의 노래에는 하나님을 사랑하는 마음이 가득 담겨 있습니다. 시인은 하나님을 사랑하는 마음을 '하루 종일 주의 법을 생각하는 것'으로 표현하고 있습니다.

"주의 계명들이 항상 나와 함께 하므로 그것들이 나를 원수보다 지혜롭게 하나이다 내가 주의 증거들을 늘 읊조리므로 나의 명철함이 나의 모든 스승보다 나으며 주의 법도들을 지키므로 나의 명철함이 노인보다 나으니이다"(시 119:98~100)

이런 이유로 시인은 기쁨으로 선언합니다.

"주의 말씀의 맛이 내게 어찌 그리 단지요 내 입에 꿀보다 더 다니이다"(시 119:103)

그리고 시인은 사랑하는 하나님의 말씀을 다음과 같이 실천합니다.

"내가 주의 법을 어찌 그리 사랑하는지요 내가 그것을 종일 작은 소리로 읊조리나이다"(시 119:97)

"내가 주의 말씀을 지키려고 발을 금하여 모든 악한 길로 가지 아니하였사오며"(시 119:101)

"주의 법도들로 말미암아 내가 명철하게 되었으므로 모든 거짓 행위를

미워하나이다"(시 119:104)

하나님의 말씀의 힘은 정말 놀랍습니다. 온종일 주의 법을 생각하는 자는 누구나 시인이 체험한 그 감격을 느끼게 될 것입니다. 시인은 "주의 법도들을 지키므로 나의 명철함이 노인보다 나으니이다"(시 119:100)라고 자신 있게 말합니다.

경험은 매우 유용하고 가치 있고 지혜를 체득하는 통로입니다. 그러므로 인생의 연륜이 풍부한 노인들은 동서고금을 막론하고 상대적으로 젊은이들에 비해 지혜 있는 존재로 존경받습니다. 그런데 시인은 '주의 법을 지키는 자'들이 노인보다 낫다고 말합니다. 하나님의 말씀을 읽고 듣고 배워서 얻게 된 지혜, 즉 하나님의 말씀을 통해 얻는 지혜는 인생의 연륜을 통해 체득한 많은 경험과 지식을 초월하여 더 깊은 지혜의 근본으로 나아가게 한다는 것입니다.

주의 말씀에는 참 놀라운 능력이 있습니다. 시인은 주의 계명들을 가까이하고 묵상하며 지키는 자에게 주어지는 지혜와 명철이 어느 정도인지를 알려주고 있습니다.

● 세 번째 포인트
시인은 "주의 말씀은 내 발에 등이요"라고 고백합니다.

"주의 말씀은 내 발에 등이요 내 길에 빛이니이다 주의 의로운 규례들을 지키기로 맹세하고 굳게 정하였나이다"(시 119:105~106)

고난의 밤이 어두울수록 더욱 빛을 바랄 수밖에 없습니다. 왜냐하면 빛에는 환함과 따뜻함과 함께 두려움을 몰아내는 힘이 있기 때문입니다. 캄캄한 밤 깊은 산길에서나 망망한 바다에서 빛을 발견했을 때의 안도감이란 말로 다 표현할 수 없을 만큼 큰 것입니다. 아마도 시인이 받는 고난이 그러했던 것 같습니다. 시인은 깊은 고난과 생명의 위기 가운데 놓여 있으나 주의 말씀이 안전하게 해준다고 고백합니다.

인생길이 어둠에 휩싸여 있을 때 하나님께서는 하나님을 찾는 자들을 만나주십니다. 이를 알고 믿고 확신하기에 시인은 이렇게 다짐하고 또 다짐하는 것입니다. 말씀 그 자체이신 하나님 안에서 하나님과 함께 살아가는 인생은 안전이 보장됩니다. 또한 시인은 하나님께 자신의 발걸음을 굳게 해달라고 간구합니다.

"주의 말씀을 열면 빛이 비치어 우둔한 사람들을 깨닫게 하나이다 내가 주의 계명들을 사모하므로 내가 입을 열고 헐떡였나이다 주의 이름을 사랑하는 자들에게 베푸시던 대로 내게 돌이키사 내게 은혜를 베푸소서 나의 발걸음을 주의 말씀에 굳게 세우시고 어떤 죄악도 나를 주관하지 못하게 하소서"(시 119:130~133)

시인은 주의 계명들을 알고자 입을 열고 헐떡이기까지 했다고 말합니다. 하나님 말씀에 대한 시인의 사랑과 자부심이 참으로 아름답고 고귀합니다.

● 네 번째 포인트
시인은 "온종일 주의 법을 작은 소리로 읊조린다"라고 고백합니다.

시인은 하나님의 말씀을 향한 자신의 사랑과 사모하는 마음을 다음과 같이 표현하고 있습니다.

"나의 영혼이 주의 구원을 사모하기에 피곤하오나 나는 주의 말씀을 바라나이다"(시 119:81)

"내가 연기 속의 가죽 부대 같이 되었으나 주의 율례들을 잊지 아니하나이다"(시 119:83)

"내가 주의 법을 어찌 그리 사랑하는지요 내가 그것을 종일 작은 소리로 읊조리나이다"(시 119:97)

"내가 주의 율례들을 영원히 행하려고 내 마음을 기울였나이다"(시 119:112)

"내 눈이 주의 구원과 주의 의로운 말씀을 사모하기에 피곤하니이다"(시 119:123)

"내가 주의 계명들을 사모하므로 내가 입을 열고 헐떡였나이다"(시 119:131)

"주의 말씀을 조용히 읊조리려고 내가 새벽녘에 눈을 떴나이다"(시 119:148)

우리의 마음을 무엇으로 채우느냐에 따라 인생이 달라진다는 이야기는 누구나 할 수 있습니다. 하지만 이를 온몸으로, 삶으로 살아내는 일은 쉽지 않습니다. 그렇게 살아야 한다는 것은 하나님을 경외하는 자라면 마땅히 가져야 할 마음이고 결심이지만 말처럼 쉽지 않기에 시인은 진심으로 하나님께 매달리고 있습니다.

시인은 인간이 얼마나 약한 존재인지를 알기에 자신의 발걸음을 굳게 해주시기를 하나님께 간구합니다. 한편, 시인은 고난 중에도 주의 말씀에서 떠나지 않기 위해 하나님을 간절히 찾고 붙듭니다.

"여호와여 주의 긍휼이 많으오니 주의 규례들에 따라 나를 살리소서 나를 핍박하는 자들과 나의 대적들이 많으나 나는 주의 증거들에서 떠나지 아니하였나이다 주의 말씀을 지키지 아니하는 거짓된 자들을 내가 보고 슬퍼하였나이다 내가 주의 법도들을 사랑함을 보옵소서 여호와여 주의 인자하심을 따라 나를 살리소서"(시 119:156~159)

시인은 주의 율례들을 구하지도 않고 거들떠보지도 않는 자들을 보며 슬퍼합니다. 시인은 이러한 대적자들로 둘러싸여 있으나 더욱 주의 율법을 기억하고 있을 뿐만 아니라 주의 말씀을 사랑하고 힘써 행하고 있음을 하나님께 고백합니다. 그리고 자신의 고난을 돌보아주시기를 호소합니다.

시인은 위기 속에서도, 절망 속에서도 오직 위에 계신 하나님을 바라볼 뿐입니다. 하나님의 약속의 말씀을 붙들고 말입니다. 능력이 많으신 하나님께서는 하나님의 말씀을 지키는 자들에게 방패와 산성이 되어주실 뿐 아니라 힘과 지혜를 더해주십니다.

● 다섯 번째 포인트
시인은 성경의 완전성을 선언합니다.

"주의 말씀의 강령은 진리이오니 주의 의로운 모든 규례들은 영원하리이다"(시 119:160)

시인의 이 선언은 하나님의 말씀이 진실하며 완전하다는 뜻입니다. 성경은 그 자체로 완전성을 입증합니다.

"그의 손이 하는 일은 진실과 정의이며 그의 법도는 다 확실하니"(시 111:7)

〈잠언〉에서도 말합니다.

"하나님의 말씀은 다 순전하며 하나님은 그를 의지하는 자의 방패시니라"(잠 30:5)

바울이 디모데에게 말합니다.

"모든 성경은 하나님의 감동으로 된 것으로 교훈과 책망과 바르게 함과 의로 교육하기에 유익하니"(딤후 3:16)

시편 119편에는 시종일관 주의 말씀, 율례, 계명, 법도, 율법, 주의 규례를 향한 시인의 마음이 묻어나 있습니다. 하나님의 말씀에 대한 시인의 신뢰와 사랑이 입술의 찬양과 노래로 쏟아지고 있습니다.

"주의 의로운 규례들로 말미암아 내가 하루 일곱 번씩 주를 찬양하나이다"(시 119:164)

"주께서 율례를 내게 가르치시므로 내 입술이 주를 찬양하리이다 주의 모든 계명들이 의로우므로 내 혀가 주의 말씀을 노래하리이다 내가 주의 법도들을 택하였사오니 주의 손이 항상 나의 도움이 되게 하소서"(시 119:171~173)

그리고 시인은 마지막으로 "내가 주의 계명들을 잊지 아니함이니이다"(시 119:176)라고 고백하며 삶의 모든 순간마다 주의 계명에 따라 생각하고, 결정하고, 준행하며 살기로 결단합니다.

....

....

....

....

디저트 DESSERT

하나님께서는 말씀으로 온 세상을 창조하셨습니다. 만물이 모두 주의 말씀으로 말미암았고 주의 말씀으로 지탱되고 있습니다. 시인은 만물이 흔들림 없이 자기 자리를 지키고 있는 것은 만물이 모두 주의 종이 되어 주의 규례를 지키고 있기 때문이라고 말합니다.

한편 인간은 피조물이기 때문에 '고난'을 빼놓고서는 인생을 말할 수 없습니다. 시인은 고백합니다.

"주의 법이 나의 즐거움이 되지 아니하였더면 내가 내 고난 중에 멸망하였으리이다"(시 119:92)

고난이 깊어질수록 시인은 그 고난보다 더 깊이 주의 말씀에 뿌리를 내리며 살아갑니다. 주님은 신실하셔서 주의 말씀을 즐거워하며 순종하는 자에게 힘과 능력을 주십니다. 시인은 바로 그 체험을 했기에 영원토록 주의 법도를 명심할 것을 다짐하며 자신을 주님의 소유로 내어놓고 있습니다. 시인은 주의 계명만이 완전함을 믿는 사람입니다.

156일
하나님의 도움을 찬양 (시 120~134편)

애피타이저 APPETIZER

기쁨으로 주의 성전을 향해 오르며 하나님의 도움을 찬양하는 이들의 발걸음에 복 주시는 하나님, 하나님과의 깊은 교제는 큰 기쁨이고 즐거움이 됩니다.

시편 120편에서 134편까지는 모두 '성전에 올라가는 노래'라는 부제가 붙어 있습니다. 절기를 지키기 위해 예루살렘에 올라가는 것을 지칭하기 때문에 '순례자의 노래'라고도 말합니다. 그래서 이 노래들은 하나님을 향해 평생 살아가려는 이들을 위한 지도이자 안내서라 할 수 있습니다.

《일년일독 통독성경》 시편 120~134편

 통通으로 숲이야기 ; 통숲 TONG OBSERVATION

● 첫 번째 포인트
시인은 "나의 도움은 천지를 지으신 여호와에게서로다"라고 고백
합니다.

시편 121편은 저자 미상의 시로 성전에 올라가는 노래입니
다. 시편 121편은 성전에 올라가는 노래들 가운데 가장 많이 읽
히는 시입니다.

"내가 산을 향하여 눈을 들리라 나의 도움이 어디서 올까 나의 도움은
천지를 지으신 여호와에게서로다"(시 121:1~2)

이 시편은 찬양으로 널리 알려지고 불린 곡 중에 하나로 많은
성도들이 이 찬양을 통해 하나님의 도우심을 경험하며 풍성한
은혜를 누리고 있습니다.

하나님께서 친히 우리의 파수꾼이 되셔서 우리의 모든 안전
을 지키시며, 더 나아가 우리의 마음까지도 지키신다는 시인의

고백은 마음이 흔들릴 때마다 큰 힘이 됩니다. 시인은 예루살렘이 있는 시온산을 바라보며 하나님의 임재를 경험한 자신의 지난날들을 돌아봅니다.

"여호와는 너를 지키시는 이시라 여호와께서 네 오른쪽에서 네 그늘이 되시나니"(시 121:5)

또한 시인은 놀라운 능력의 하나님께서 힘주시며 창조의 놀라운 섭리를 보여주심을 자랑하며 하나님을 알립니다.

"이스라엘을 지키시는 이는 졸지도 아니하시고 주무시지도 아니하시리로다"(시 121:4)

"여호와께서 너를 지켜 모든 환난을 면하게 하시며 또 네 영혼을 지키시리로다"(시 121:7)

"여호와께서 너의 출입을 지금부터 영원까지 지키시리로다"(시 121:8)

하나님께서는 졸지도, 주무시지도 않고 우리를 지키시며 하나님을 의지하는 자에게 그늘이 되어주시고 낮의 해와 밤의 달이 해치지 않도록 영원토록 우리의 출입을 지키십니다. 우리를 지키시는 하나님의 능력으로 인하여 큰 위로를 받습니다.

● 두 번째 포인트

다윗은 "사람들이 여호와의 집에 함께 올라가자 할 때 기쁘다"라고 고백합니다.

시편 122편은 다윗의 시로 성전에 올라가는 노래입니다. 시편 122편은 절기 때에 예루살렘 성전 문에서 부르기에 적합했습니다. 이스라엘 남자들은 제사장 나라 법에 따라 1년에 세 차례 반드시 예루살렘 성전에 올라가야 했습니다.

"너의 가운데 모든 남자는 일 년에 세 번 곧 무교절과 칠칠절과 초막절에 네 하나님 여호와께서 택하신 곳에서 여호와를 뵈옵되 빈손으로 여호와를 뵈옵지 말고"(신 16:16)

하나님의 명령에 따라 예루살렘 성전에 올라온 자들은 기쁨이 넘칩니다.

"지파들 곧 여호와의 지파들이 여호와의 이름에 감사하려고 이스라엘의 전례대로 그리로 올라가는도다"(시 122:4)

다윗은 사람들이 하나님께 예배드리기 위해 여호와의 집에 함께 올라가자고 할 때 기뻐했다고 말합니다.

"사람이 내게 말하기를 여호와의 집에 올라가자 할 때에 내가 기뻐하였도다 예루살렘아 우리 발이 네 성문 안에 섰도다"(시 122:1~2)

다윗은 예루살렘 성전 그리고 거기 거하시는 하나님을 만남으로 고난과 위협을 해결할 수 있다는 사실로 인해 기뻐합니다. 그런 면에서 예배는 하나님을 위한 것이지만 동시에 우리를 위한 것이기도 합니다. 예배는 인생들의 삶을 하나님께로 향하도록 바로잡습니다. 하나님께서 임재하시는 예배 처소에 들어온 자는 모두 하나님의 평안을 맛볼 수 있습니다.

● 세 번째 포인트
솔로몬은 "여호와께서 집을 세우지 아니하시면 세우는 자의 수고가 헛되다"라고 고백합니다.

시편 127편은 솔로몬의 '지혜시'로 성전에 올라가는 노래입니다. 이 시편에는 솔로몬의 지혜가 담겨 있습니다.

"여호와께서 집을 세우지 아니하시면 세우는 자의 수고가 헛되며 여호와께서 성을 지키지 아니하시면 파수꾼의 깨어 있음이 헛되도다"(시 127:1)

솔로몬은 집을 세워보았던 사람입니다. 성전을 건축하기 위해 7년 그리고 왕궁 건축을 위해 13년, 솔로몬은 그 기간 동안 자신이 할 수 있는 모든 정성을 다 쏟아본 사람입니다. 그런 그가 하나님의 도움 없이 할 수 있는 일은 아무것도 없다고 고백합니다.

하나님께서 허락하지 않으신 일은 우리가 아무리 잘 준비한다 하더라도 실패로 끝나고 맙니다. 그리스도인들은 하나님의 뜻을 먼저 묻는 사람들입니다. 그리고 하나님의 도우심으로 살아가는 사람들입니다. 내가 벽돌을 쌓지만 집을 세우는 분은 하나님이심을 굳게 믿는 사람들입니다.

솔로몬은 또한 "보라 자식들은 여호와의 기업이요 태의 열매는 그의 상급이로다"(시 127:3)라고 지혜로운 말을 합니다. 대(代)를 이어 하나님의 일을 할 수 있다는 것은 복 중의 복입니다. 다윗과 솔로몬이 그러했습니다.

다윗은 성전 건축의 모든 준비를 다 해놓았습니다. 그러나 정작 성전을 건축한 사람은 그의 아들 솔로몬이었습니다. 다윗과 솔로몬이 대를 이어 꿈같은 일을 이루어낸 것입니다. 이렇게 하나님의 은혜를 충분히 누리는 삶, 이 모든 것은 하나님을 사랑하는 마음으로부터 시작됩니다.

● 네 번째 포인트
시인은 "주를 경외하는 가정에 하나님께서 복을 주신다"라고 찬양합니다.

시편 128편은 성전에 올라가는 노래로 저자 미상의 '지혜시'입니다. 시인은 여호와를 경외하고 그의 길을 걷는 자를 향하여 복을 구하고 있습니다. 그 복은 가족들이 건강하고 자녀들이 하나님 보시기에 아름답게 자라나는 것입니다. 하나님께서는 말씀을 지켜 행하는 자에게 복이 있도록 정해놓으셨습니다. 그 복은 자기가 수고한 만큼 결과를 얻고 열매를 얻을 수 있는 복입니다. 땀 흘린 대가로 얻는 보람이기에 더욱 그렇습니다.

시편 128편이 말하는 주를 경외하는 가정에 주시는 복은 다음과 같습니다.

첫째, 주를 경외하는 가정에는 수고의 대가가 있습니다.

"네가 네 손이 수고한 대로 먹을 것이라"(시 128:2)

둘째, 주를 경외하는 가정에는 형통의 복이 있습니다.

"네가 복되고 형통하리로다"(시 128:2)

셋째, 주를 경외하는 가정에는 아내와 자녀의 복이 있습니다.

"네 집 안방에 있는 네 아내는 결실한 포도나무 같으며 네 식탁에 둘러앉은 자식들은 어린 감람나무 같으리로다"(시 128:3)

넷째, 주를 경외하는 가정은 평생 주의 은혜를 누립니다.

"너는 평생에 예루살렘의 번영을 보며"(시 128:5)

다섯째, 주를 경외하는 가정은 자손이 대대로 번성할 것입

니다.

"네 자식의 자식을 볼지어다"(시 128:6)

여섯째, 주를 경외하는 가정에는 평강의 복이 있습니다.

"이스라엘에게 평강이 있을지로다"(시 128:6)

● 다섯 번째 포인트
시인은 "주의 종 다윗을 기억하셔서 주신 약속을 이루어주시라"라
고 간청합니다.

시편 132편은 성전에 올라가는 노래이자 저자 미상의 '제왕
시'로 다윗 왕의 후손들을 찬양하는 시입니다. 시인은 다윗이 행
한 일들을 나열하면서 그의 후손들을 향해 축복을 구하고 있습
니다.

"주의 종 다윗을 위하여 주의 기름 부음 받은 자의 얼굴을 외면하지 마
옵소서 여호와께서 다윗에게 성실히 맹세하셨으니 변하지 아니하실지
라 이르시기를 네 몸의 소생을 네 왕위에 둘지라 네 자손이 내 언약과
그들에게 교훈하는 내 증거를 지킬진대 그들의 후손도 영원히 네 왕위
에 앉으리라 하셨도다"(시 132:10~12)

시인은 하나님께서 다윗을 기억하셔서 다윗에게 주신 약속

을 이루어달라고 요청하고 있습니다.

다윗은 하나님의 임재를 나타내는 언약궤를 소중히 여겼고, 하나님께서는 그런 다윗의 마음을 귀하게 여기셨습니다. 그래서 예루살렘을 향하는 순례자들이 다윗을 앞세워서 하나님의 은혜를 구하고 있는 것입니다.

"내가 거기서 다윗에게 뿔이 나게 할 것이라 내가 내 기름 부음 받은 자를 위하여 등을 준비하였도다 내가 그의 원수에게는 수치를 옷 입히고 그에게는 왕관이 빛나게 하리라 하셨도다"(시 132:17~18)

시편 132편은 이렇게 다윗 언약의 성취이자, 메시아의 오심을 예언하면서 끝을 맺습니다.

디저트 DESSERT

"파수꾼이 아침을 기다림보다 내 영혼이 주를 더 기다리나니 참으로 파수꾼이 아침을 기다림보다 더하도다 이스라엘아 여호와를 바랄지어다 여호와께서는 인자하심과 풍성한 속량이 있음이라"(시 130:6~7)

누군가를 기다린다는 것, 그것도 간절히 기다린다는 것은 뭔가 사연이 있다는 느낌을 갖게 합니다. 시인의 마음에 담긴 사연은 그 기다림의 정도가 파수꾼이 아침을 기다림보다 더하다고 두 번씩이나 반복할 정도로 강렬합니다.

시인이 이렇게 하나님을 기다리는 것은 죄를 속량해주시는 하나님의 인자와 긍휼 때문입니다. 그 하나님이 바로 우리 아버지 하나님이십니다.

....

....

....

....

*157*일
입술에 파수꾼을 (시 135~142편)

"여호와께 감사하라 그는 선하시며 그 인자하심이 영원함이로다 신
들 중에 뛰어난 하나님께 감사하라 그 인자하심이 영원함이로다"(시
136:1~2)

시편 136편에는 하나님께서 어떠한 분이신지 그 모습이 잘
표현되어 있습니다. "신들 중에 뛰어난 하나님", "주들 중에 뛰
어난 주", "홀로 큰 기이한 일들을 행하시는 이", "지혜로 하늘
을 지으신 이", "땅을 물 위에 펴신 이", "큰 빛들을 지으신 이",
"해로 낮을 주관하게 하신 이", "달과 별들로 밤을 주관하게 하

신 이", "애굽의 장자를 치신 이", "이스라엘을 그들 중에서 인도
하여 내신 이", "모든 육체에게 먹을 것을 주신 이", "하늘의 하
나님". 이 놀라운 하나님은 이스라엘 백성이 부를 영원한 노래의
제목이 되십니다.

성경통독 BIBLETONGDOK

《일년일독 통독성경》 시편 135~142편

통通으로 숲이야기 ; 통숲 TONG OBSERVATION

● 첫 번째 포인트
시인은 "주를 기념함이 대대에 이르리이다"라고 고백합니다.

시편 78편, 105편, 106편과 함께 역사 시편이며 저자 미상의
'예배시'인 시편 135편에서 시인은 하나님께서 이스라엘을 구원
하신 참 신이시며 우상은 손으로 만든 조각에 불과하다고 선포
합니다. 위대하신 하나님을 송축하며 찬양할 이유가 바로 여기
에 있습니다.

"할렐루야 여호와의 이름을 찬송하라 여호와의 종들아 찬송하라 여호

와의 집 우리 여호와의 성전 곧 우리 하나님의 성전 뜰에 서 있는 너희
여 여호와를 찬송하라 여호와는 선하시며 그의 이름이 아름다우니 그
의 이름을 찬양하라 여호와께서 자기를 위하여 야곱 곧 이스라엘을 자
기의 특별한 소유로 택하셨음이로다"(시 135:1~4)

하나님께서는 이스라엘을 당신의 특별한 소유로 택하셔서
출애굽시키시고 그들의 앞길에 거칠 것이 없게 하셨습니다. 그
리고 마침내 조상들에게 약속한 땅을 기업으로 주셨습니다. 하
나님께서는 진실로 사람의 손으로 만든 열국의 우상들과 비교할
수 없는 살아 계신 참 신이십니다.

"하나님이 또 모세에게 이르시되 너는 이스라엘 자손에게 이같이 이르
기를 너희 조상의 하나님 여호와 곧 아브라함의 하나님, 이삭의 하나
님, 야곱의 하나님께서 나를 너희에게 보내셨다 하라 이는 나의 영원한
이름이요 대대로 기억할 나의 칭호니라"(출 3:15)

"너희가 내게 대하여 제사장 나라가 되며 거룩한 백성이 되리라 너는
이 말을 이스라엘 자손에게 전할지니라"(출 19:6)

바로 그 하나님께서 이스라엘을 곁에 두셨다는 것이 은혜입
니다. 객관적인 기준으로 판단할 때 다른 민족보다 나을 것이 없
는 이스라엘을 택하셔서 특별한 사명을 주시고 높이셨으니 여호
와를 송축함이 마땅합니다.

....

....

....

....

"여호와여 주의 이름이 영원하시니이다 여호와여 주를 기념함이 대대에 이르리이다"(시 135:13)

시인은 성전 뜰에 서 있는 자들에게 여러 가지 이유를 제시하면서 마땅히 하나님을 찬양해야 한다고 이렇게 여러 번 강조하고 있습니다.

● **두 번째 포인트**
다윗은 "여호와는 높이 계셔도 낮은 자를 굽어 살피신다"라고 고백합니다.

다윗의 '찬양시'인 시편 138편에서 다윗은 성전 앞에서 감사와 찬양의 고백을 드립니다. 다윗은 하나님께서 자신의 기도를 들으시고 응답하심을 감사히 여깁니다. 그리고 자신이 어떠한 어려움과 곤경에 처해 있더라도 끝까지 구원해주실 것을 믿는 믿음을 고백합니다.

"내가 주의 성전을 향하여 예배하며 주의 인자하심과 성실하심으로 말미암아 주의 이름에 감사하오리니 이는 주께서 주의 말씀을 주의 모든 이름보다 높게 하셨음이라 내가 간구하는 날에 주께서 응답하시고 내 영혼에 힘을 주어 나를 강하게 하셨나이다"(시 138:2~3)

다윗은 이스라엘을 열방 가운데 강한 권력을 행사할 수 있는 나라로 이끌었던 뛰어난 군왕이었습니다. 위대한 왕으로 추앙받는 다윗은 정작 모든 열방을 다스리는 왕은 자기가 아니라 오직 하나님 한 분이시라고 고백하며 그 확신으로 살았습니다.

시편 138편에서 다윗은 하나님의 도우심에 대해 감사하며 노래합니다. "주의 인자하심과 성실하심"을 감사하며 "응답하심"을 감사하며 "내 영혼에 힘을 주심"을 감사합니다. 그리고 "주의 오른손"이 항상 자신과 함께하심을 신뢰했습니다. 다윗은 시편 138편의 노래를 부르면서 자신의 기쁜 마음을 감추지 못했을 것입니다.

"여호와께서는 높이 계셔도 낮은 자를 굽어살피시며 멀리서도 교만한 자를 아심이니이다"(시 138:6)

하나님께서는 이 세상의 그 어떤 왕보다도 높이 계신 분입니다. 그 어떤 권력자보다도 힘이 있으시며 온 세상을 다스리시는 분입니다. 그런데 다윗은 그 하나님께서 낮은 자를 굽어 살피시며 교만한 자를 아신다고 말합니다. 높이 계시지만 낮은 우리의 형편을 다 살피시는 하나님, 놀랍고 참 좋으신 우리 하나님이십니다.

....

....

....

....

● 세 번째 포인트

다윗은 "여호와는 내 혀의 말을 알지 못하시는 것이 하나도 없으시다"라고 하나님을 찬양합니다.

다윗의 '찬양시'인 시편 139편에서 다윗은 자신이 쫓기고 있는 상황 가운데 죽임을 당할 위험에 처해 있다고 말합니다. 그러면서 그는 하나님을 미워하는 자들을 미워했노라고 하나님을 향해 탄원합니다. 그러나 다윗은 결국 모든 것이 하나님의 뜻임을 노래하며 하나님의 구원을 바라고 믿음을 다시 굳게 세웁니다.

"나의 모든 길과 내가 눕는 것을 살펴 보셨으므로 나의 모든 행위를 익히 아시오니 여호와여 내 혀의 말을 알지 못하시는 것이 하나도 없으시니이다"(시 139:3~4)

우리가 하나님을 알기 전에 하나님께서 먼저 우리를 아십니다. 속속들이 다 아십니다. 하나님께서는 우리의 앉고 일어섬을 아시고 우리의 생각을 아시고 우리 혀의 말에 대해 모르는 것이 없으시기에 하나님 앞에 숨길 것이 없습니다.

더욱 놀라운 것은 하나님께서 나를 아시는 것으로 끝나지 않고 주의 오른손으로 친히 인도하시고 붙드신다는 사실입니다. 이 깨달음이 다윗에게 얼마나 큰 위로와 힘이 되었는지 모릅니다.

그래서 다윗은 다른 시편에서 "여호와는 나의 목자시니 내게 부족함이 없으리로다"(시 23:1)라고 고백했습니다. 하나님의 보호 아래에 있으면 부족함이 없다는 것입니다. 만족함이 넘칩니다. 그러므로 다윗은 기꺼이 하나님의 다스림 아래에 놓이고자 합니다.

시편 139편에서 다윗은 "나를 아시는 하나님"을 다음과 같이 증언합니다.

"하나님께서는 나의 앉고 일어섬을 아십니다. 하나님께서는 나의 생각을 밝히 아십니다. 하나님께서는 나의 모든 행위를 아십니다. 하나님께서는 내 혀의 말을 아십니다. 하나님께서는 내 형질이 이루어지기 전에 주의 눈으로 보셨습니다. 하나님께서는 내 마음과 내 뜻을 아십니다." 그리고 고백합니다.

"내가 주의 영을 떠나 어디로 가며 주의 앞에서 어디로 피하리이까 내가 하늘에 올라갈지라도 거기 계시며 스올에 내 자리를 펼지라도 거기 계시니이다 내가 새벽 날개를 치며 바다 끝에 가서 거주할지라도 거기서도 주의 손이 나를 인도하시며 주의 오른손이 나를 붙드시리이다"(시 139:7~10)

"내가 주의 영을 떠나 어디로 가며 주의 앞에서 어디로 피하리이까". 이는 하나님을 떠날 수 없다는 말입니다. 하나님께서 나를 아시고, 내가 하나님을 아는데 도대체 어디로 떠날 수 있단 말입니까? 하나님께서 무엇을 하실지 아는데 무엇 때문에 하나님을 떠나겠습니까? 이 관계 앞에서 누가 그 틈을 벌릴 수 있겠습니까? 다윗의 인생 전체를 통해 역사하신 하나님, 이 세상 어디를 가도 자신을 인도하시고 붙드신 하나님, 지극히 작은 자를 세밀하고도 따뜻하게 감찰하시는 그 하나님과 다윗은 동행해왔습니다. 다윗은 자신의 삶의 깊숙한 곳에 함께하시는 하나님을 기뻐하고 있습니다. 믿음은 거기서부터 시작됩니다.

● 네 번째 포인트
다윗은 "주는 나의 하나님이시다"라고 하나님을 찬양합니다.

다윗의 '탄원시'인 시편 140편에서 다윗은 사울에게 쫓김을 당할 때 그를 보호해줄 사람이 아무도 없었다고 말합니다. 그래서 다윗은 하나님께 악인들을 심판해주실 것을 항상 간구했습니다. 다윗은 악인들로부터 핍박을 받을 때 그들을 대적하기보다는 하나님의 공의로운 심판을 기대하며 참아냈습니다.

"내가 알거니와 여호와는 고난 당하는 자를 변호해 주시며 궁핍한 자에게 정의를 베푸시리이다 진실로 의인들이 주의 이름에 감사하며 정직한 자들이 주의 앞에서 살리이다"(시 140:12~13)

이 세상에 고난당하는 의인이 분명히 있지만 결코 하나님께서는 그들을 내버려두지 않으십니다. 하나님께서는 그들의 고난을 알고 계시며 합당한 때에 그 억울함을 풀어주실 것입니다. 다윗에게는 이 확신이 있었습니다. 그렇기에 다윗은 어떠한 고난을 당하더라도 하나님을 더욱 의지할 수 있었습니다.

시편 140편에서 하나님께 악인들이 파놓은 함정과 위험을 탄원하는 다윗의 표현들은 다음과 같습니다.

첫째, "마음속으로 악을 꾀하고 싸우기 위하여 매일 모이오며"(시 140:2)

둘째, "뱀 같이 그 혀를 날카롭게 하니"(시 140:3)

셋째, "나의 걸음을 밀치려 하나이다"(시 140:4)

넷째, "올무와 줄을 놓으며 길 곁에 그물을 치며 함정을 두었나이다"(시 140:5)

사면초가(四面楚歌)요, 진퇴양난(進退兩難)의 위험 속에 처한 다윗입니다. 그러나 다윗은 위에 계신 하나님을 바라며 하나님께 도움을 요청합니다. 이것이 신앙을 소유한 사람의 특권입니다. 왜냐하면 하나님께서는 공의와 정의로 판단하시며 구원하실 능력의 하나님이 되시기 때문입니다.

....

....

....

....

● 다섯 번째 포인트

다윗은 "나의 기도가 주의 앞에 분향함과 같이 된다"라고 하나님을 찬양합니다.

다윗의 '탄원시'인 시편 141편에서 다윗은 악인들을 대적하기보다는 하나님께 호소하며 하나님의 심판을 간구합니다. 이는 그가 공평하신 하나님을 신뢰하고 하나님의 판결을 의지했기 때문입니다. 그 후 다윗은 자신의 입술에 파수꾼을 세워달라고 기도하며 악으로부터 자신을 지켜달라고 간청하며 기도합니다.

"여호와여 내가 주를 불렀사오니 속히 내게 오시옵소서 내가 주께 부르짖을 때에 내 음성에 귀를 기울이소서 나의 기도가 주의 앞에 분향함과 같이 되며 나의 손 드는 것이 저녁 제사 같이 되게 하소서"(시 141:1~2)

다윗의 기도에는 진실함이 있습니다. 자신의 기도가 하나님 앞에 분향하는 것과 같이 되기를 간절히 바랍니다. 다윗은 실제로 짐승을 바치는 제사를 드리고 실제로 향기로운 향을 피워 올려 보았던 사람입니다. 그러한 경험이 있었던 다윗이 자신의 기도가 아름다운 향기가 되어 하늘로 올라가기를 바라고 있습니다. 이것은 그의 진심이었습니다.

다윗의 기도는 다음과 같습니다.

첫째, 나의 기도가 제물이 되게 하소서.

"나의 기도가 주의 앞에 분향함과 같이 되며 나의 손 드는 것이 저녁 제사 같이 되게 하소서"(시 141:2)

둘째, 나의 입술과 나의 마음을 지켜주셔서 악인들의 행사에 기울어지지 않게 하소서.

"여호와여 내 입에 파수꾼을 세우시고 내 입술의 문을 지키소서 내 마음이 악한 일에 기울어 죄악을 행하는 자들과 함께 악을 행하지 말게 하시며"(시 141:3~4)

셋째, 의인들의 쓴소리를 잘 받아들이게 하소서.

"의인이 나를 칠지라도 은혜로 여기며 책망할지라도 머리의 기름 같이 여겨서 내 머리가 이를 거절하지 아니할지라"(시 141:5)

넷째, 주님께 피하니 악인들이 만들어놓은 올무와 함정에서 구원해주소서.

"주 여호와여 내 눈이 주께 향하며 내가 주께 피하오니 내 영혼을 빈궁한 대로 버려 두지 마옵소서 나를 지키사 그들이 나를 잡으려고 놓은 올무와 악을 행하는 자들의 함정에서 벗어나게 하옵소서"(시 141:8~9)

다윗이 이러한 기도를 드릴 수 있었던 것은 다윗 평생에 늘 소원하는 기도가 있었기 때문입니다.

"내 입의 말과 마음의 묵상이 주님 앞에 열납되기를 원하나이다"(시 19:14)

그래서 하나님께서 다윗을 "내 마음에 합한 자"라고 여기셨던 것입니다. 이것이 이스라엘 정치의 한복판에 서 있었던 다윗이 다른 사람들의 짐작대로 가지 아니하고 그의 삶을 정결하게 지킬 수 있었던 비결입니다.

"여호와여 내 입에 파수꾼을 세우시고 내 입술의 문을 지키소서"(시 141:3)

다윗의 시편을 묵상하다 보면 몇 차례 반복되는 기도들이 있습니다. 그중 하나가 자신의 입술에 파수꾼을 세워달라는 기도입니다. 입술의 말을 지키기가 얼마나 어려웠던지, 다윗은 평소에 이 기도의 제목을 놓지 않았던 것 같습니다.

다윗과 같은 사람도 입술의 말을 지키는 것이 쉽지 않았습니다. 이 기도의 제목을 가슴에 품고 매 순간마다 내 입에서 나오는 말들을 조심하며 살아간다면 우리의 입술이 어느덧 하나님을 영화롭게 하는 도구가 될 것입니다.

다윗이 하나님께 고백합니다.

"오른쪽을 살펴 보소서 나를 아는 이도 없고 나의 피난처도 없고 내 영혼을 돌보는 이도 없나이다 여호와여 내가 주께 부르짖어 말하기를 주는 나의 피난처시요 살아 있는 사람들의 땅에서 나의 분깃이시라 하였나이다"(시 142:4~5)

지금 당장 내 눈에 보이는 좋은 것을 소유하게 되면 그것을 주신 하나님보다 어리석게도 눈에 보이는 것에 마음을 빼앗깁니다. 다윗은 자신에게 아무도 없음을 하나님께 호소했습니다. 하나님께서 다윗의 그 빈 마음에 찾아가십니다. 아무것도 채워지지 않은 우리의 빈 마음에도 주님이 찾아오십니다.

158일
신앙인 다윗의 찬양 (시 143~150편)

시인은 자신이 살아 있는 평생 동안 '하나님만을 찬양하는 자'가 되겠다고 선언합니다. 시인이 그저 입술로만 찬양하는 사람이 아니라 야곱의 하나님을 자기의 도움으로 삼고 하나님께 희망을 거는 신실한 찬양자가 되겠다는 결심을 선포한 것입니다. 시인은 평생토록 여호와 하나님만을 바라고 의지하여 살겠다고 합니다. 왜냐하면 하나님께서는 참으로 진실하시며 참 좋은 분이시기 때문입니다.

《일년일독 통독성경》 시편 143~150편

통通으로 숲이야기 ; 통숲 TONG OBSERVATION

● 첫 번째 포인트

다윗은 "내 영혼이 마른 땅 같이 주를 사모한다"라며 진심으로 하나님을 갈망합니다.

다윗의 '참회시'인 시편 143편에서 다윗은 마음이 절박하고 조급한 상황에 놓여 있지만 그럼에도 끝까지 희망을 가지고 하나님께 기도합니다.

"여호와여 주의 이름을 위하여 나를 살리시고 주의 의로 내 영혼을 환난에서 끌어내소서"(시 143:11)

다윗은 간구할 때마다 항상 도움을 주시는 하나님의 능력을 의지하면서 그 입술에 찬송을 잊지 않았습니다.

"원수가 내 영혼을 핍박하며 내 생명을 땅에 엎어서 나로 죽은 지 오랜 자 같이 나를 암흑 속에 두었나이다 그러므로 내 심령이 속에서 상하며 내 마음이 내 속에서 참담하니이다 내가 옛날을 기억하고 주의 모든 행

405

하신 것을 읊조리며 주의 손이 행하는 일을 생각하고 주를 향하여 손을 펴고 내 영혼이 마른 땅 같이 주를 사모하나이다 (셀라)"(시 143:3~6)

다윗의 심령이 상할 대로 상했습니다. 다윗은 자신의 형편이 원수로 인하여 죽은 자같이, 아니 "죽은 지 오랜 자"같이 되었다고 말합니다. 또 "내 영혼이 마른 땅"같이, 그리고 "영혼이 피곤하고 무덤에 내려가는 자"와 같다고도 말합니다.

다윗이 지난 좋았던 날들을 생각해보니 하나님께서 친히 함께해주셨던 일들이 하나둘 머리에 떠오르기 시작했습니다. 곰과 사자의 발톱에서 건져주신 일, 골리앗의 손에서 건져주신 일, 도망길에서 건져주신 일들이 생각났습니다. 하나님께서는 그의 백성들의 부르짖는 소리를 들으실 뿐 아니라 그의 자녀들의 마음의 소원까지도 살피시는 분입니다. 그래서 다윗이 "응답하소서!", "속히 응답하소서!"라고 요청하고 있는 것입니다. 이 지독한 고통의 상황, 다윗은 하늘을 향하여 두 손을 들고 또다시 하나님께 기도하며 하나님의 은혜를 간구합니다.

● 두 번째 포인트
다윗은 "사람이 무엇이기에 주께서 저를 생각하시나이까"라며 하나님께 감사합니다.

시편 144편은 다윗의 '제왕시'이자 전쟁을 시작하기 전에 승리를 확신하며 지은 '기도시'입니다. 다윗은 하나님을 자신의 하나님으로 삼는 백성들은 복 받는 백성들이라고 찬양합니다. 하나님께서는 자녀들을 잘 자라나게 하시며 풍요롭게 하시고 자기 백성들을 돌보아주시는 분이기 때문입니다.

"나의 반석이신 여호와를 찬송하리로다 그가 내 손을 가르쳐 싸우게 하시며 손가락을 가르쳐 전쟁하게 하시는도다 여호와는 나의 사랑이시요 나의 요새이시요 나의 산성이시요 나를 건지시는 이시요 나의 방패이시니 내가 그에게 피하였고 그가 내 백성을 내게 복종하게 하셨나이다"(시 144:1~2)

전쟁에 익숙한 다윗이 하나님을 찬양합니다. "내 손을 가르쳐 싸우게 하시며 손가락을 가르쳐 전쟁하게 하시는도다"(시 144:1). 하나님께서 다윗이 싸울 수 있도록 다윗의 손을 잡고 하나부터 열까지 가르치셨다는 것입니다. 또한 다윗의 손가락에 힘을 주셔서 전쟁에 나갈 수 있도록 하셨다는 것입니다. 자신의 장점을 열심히 연마하고 그 모든 것을 하나님께서 가르쳐주셨다고 고백할 수 있는 사람, 그 고백을 통해 하나님께 영광을 돌린 사람이 바로 다윗이었습니다.

"여호와여 사람이 무엇이기에 주께서 그를 알아 주시며 인생이 무엇이기에 그를 생각하시나이까 사람은 헛것 같고 그의 날은 지나가는 그림자 같으니이다 여호와여 주의 하늘을 드리우고 강림하시며 산들에 접촉하사 연기를 내게 하소서 번개를 번쩍이사 원수들을 흩으시며 주의 화살을 쏘아 그들을 무찌르소서 위에서부터 주의 손을 펴사 나를 큰 물과 이방인의 손에서 구하여 건지소서"(시 144:3~7)

성경의 흐름에서 보면 다윗 시대는 이스라엘이 가장 흥왕했던 시기요, 하나님의 공의와 정의를 실현했던 이상적인 시기였습니다. 부족함이 없었던 그때에도 다윗은 항상 하나님께 시선을 떼지 않습니다.

"여호와여 사람이 무엇이기에 주께서 그를 알아 주시며 인생이 무엇이기에 그를 생각하시나이까"(시 144:3)

다윗의 이 고백은 듣는 이로 하여금 하나님의 선하심과 인자하심을 찬양하게 합니다. 자신의 모든 공로를 하나님께 돌려드릴 수 있었던 사람, 그가 바로 다윗이었습니다.

● 세 번째 포인트
다윗은 "왕이신 나의 하나님을 송축하리라"라며 하나님을 찬양합니다.

....

....

....

....

시편 145편은 다윗의 '예배시'입니다. 이 시편에는 하나님을 찾는 모든 자에게 복을 주시는 하나님, 그 하나님을 송축하겠다는 다윗의 강렬한 의지가 담겨 있습니다. 다윗은 자신을 왕이라고 칭하지 않고 오직 하나님만을 왕으로 모시어 영원히 송축하겠다고 고백합니다. 또한 자신을 통하여 하나님의 위대하심을 모든 열방에게 전하겠다고 기도하고 있습니다.

♬ 왕이신 나의 하나님 내가 주를 높이고
영원히 주의 이름을 송축하리이다

"왕이신 나의 하나님이여 내가 주를 높이고 영원히 주의 이름을 송축하리이다 내가 날마다 주를 송축하며 영원히 주의 이름을 송축하리이다 여호와는 위대하시니 크게 찬양할 것이라 그의 위대하심을 측량하지 못하리로다"(시 145:1~3)

시편 145편은 150편의 시편 중에 '다윗의 찬송시'라는 표제가 붙어 있는 유일한 시입니다. 다른 많은 찬양 시편이 있지만 이 시편은 다윗이 만왕의 왕이신 하나님께 올려드리는 최고의 찬양이라 해도 과언이 아닐 것입니다.

특히 이 시에서 다윗은 "주를 송축하리이다"라는 내용을 다섯 번이나 반복하면서 굳게 다짐합니다. 한 나라의 왕인 다윗이 하나님의 종임을 자처하면서 하나님을 왕이라 높이고 하나님의 이름을 날마다, 영원히 송축하겠다는 것입니다.

다윗은 주께서 행하시는 일을, 주의 능한 일을, 주의 위엄과 주의 기이한 일들을 마음에 깊이 새기면서 찬양하겠다고 말합니다. 모든 사람이 주의 위대하심과 주의 크신 은혜와 주의 의를 노래할 것이라고 말합니다.

"대대로 주께서 행하시는 일을 크게 찬양하며 주의 능한 일을 선포하리로다 주의 존귀하고 영광스러운 위엄과 주의 기이한 일들을 나는 작은 소리로 읊조리리이다"(시 145:4~5)

만약 다윗이 지난날 젊은 시절의 고생만을 기억하며 그때에 머물러 있었다면 하나님을 찬양할 수 없었을 것입니다. 그러나 다윗이 평생 묵상했던 주제는 하나님이었습니다. 다윗은 어려운 순간마다 하나님께서 어떻게 자신을 구하셨는지 되풀이하며 기억합니다. 다윗은 변함없었던 하나님의 돌보심을 떠올리며 하나님의 능력을 찬양합니다.

● 네 번째 포인트
시인은 "하나님을 찬양하는 일이 아름답고 마땅하도다"라고 하나님을 간증합니다.

시편 147편은 저자 미상의 '예배시'입니다. 시인은 찬양받기에 합당하신 하나님의 여러 면모 가운데, 특히 세상 만물을 주관하시는 하나님과 이스라엘을 돌보시는 하나님을 찬양하고 있습니다. 그리고 그 무엇보다도 그들에게 율법과 규례를 선물로 주신 하나님을 찬양합니다.

> "할렐루야 우리 하나님을 찬양하는 일이 선함이여 찬송하는 일이 아름답고 마땅하도다"(시 147:1)

> "그가 그의 말씀을 야곱에게 보이시며 그의 율례와 규례를 이스라엘에게 보이시는도다 그는 어느 민족에게도 이와 같이 행하지 아니하셨나니 그들은 그의 법도를 알지 못하였도다 할렐루야"(시 147:19~20)

시인은 하나님을 찬양하는 일이 얼마나 귀한 일인지, 어떻게 찬양해야 하는지를 알려주고 있습니다. 하나님을 찬양해야 할 수많은 이유들, 곧 하나님께서 행하신 일들도 조목조목 노래하고 있습니다.

시인은 특별히 예루살렘과 시온을 향하여 하나님을 찬양하라고 외칩니다. 왜냐하면 하나님께서 예루살렘을 세우시고 흩어진 이스라엘을 모으시고 그 문빗장을 견고히 하시고 자녀들에게 복을 주셨기 때문입니다. 무엇보다도 행복을 위하여 주신 말씀과 율례와 규례를 모세를 통해 이스라엘에게만 보이셨기 때문입니다. 이것은 굉장한 특권이었습니다. 창조 사건은 물론이요, 예언자들의 입술에 시대를 향한 말씀을 담아주셨으며 마침내 말씀이 육신이 되는 사건으로 구원의 길을 열어놓으셨습니다. 따라서 하나님의 율례와 규례와 법도를 아는 자들이 하나님을 찬양하는 것은 진실로 선하고 아름다운 일입니다.

● 다섯 번째 포인트
시인은 "호흡이 있는 자마다 여호와를 찬양하라"라고 명령합니다.

시편 150편은 저자 미상의 '예배시'입니다. 시인은 호흡이 있는 모든 자는 하나님을 찬양해야 한다고 선포합니다.

"나팔 소리로 찬양하며 비파와 수금으로 찬양할지어다 소고 치며 춤추어 찬양하며 현악과 퉁소로 찬양할지어다 큰 소리 나는 제금으로 찬양하며 높은 소리 나는 제금으로 찬양할지어다 호흡이 있는 자마다 여호와를 찬양할지어다 할렐루야"(시 150:3~6)

시편 150편에서 시인은 시간과 공간의 '모든 생명 있는 존재들'은 하나님의 능하신 행동과 지극히 위대하심을 기억하며 여호와 하나님을 찬양할 것을 외칩니다. 호흡할 수 있도록 생기를 주신 분이 하나님이시기 때문입니다(창 2:7).

시편 150편의 특징은 여러 종류의 악기들이 사용되고 있다는 점입니다. 목소리와 다양한 악기들의 연주와 춤을 통해서 하나님께서는 더욱 큰 영광을 받으실 것입니다. 그러나 만일 하나님을 찬양하는 목적이 빠져 있다면 하나님 앞에서 이 모든 것의 어우러짐은 아무 의미 없는 것이 되고 말 것입니다.

또한 이 시편은 1편에서 150편에 이르는 모든 시편의 결론으로, 호흡이 있는 자들이 마땅히 그 입술로 무엇을 해야 하는지를 가르쳐주고 있습니다. 바로 하나님의 말씀을 깊이 묵상하는 일과 여호와 하나님을 찬양하는 일입니다. '말씀 묵상'이 하나님의 위대함을 깨달음으로써 하나님을 기쁘시게 하는 일이라면, '찬양'은 그 위대함을 드러내며 높임으로써 하나님을 기쁘시게 하는 일이라 할 수 있습니다.

우리 모두 여호와 하나님을 찬양합시다.

"너희는 인생을 의지하지 말라 그의 호흡은 코에 있나니 셈할 가치가 어디 있느냐"(사 2:22)

"이 백성은 내가 나를 위하여 지었나니 나를 찬송하게 하려 함이니라" (사 43:21)

"여호와께서는 자기 백성을 기뻐하시며 겸손한 자를 구원으로 아름답게 하심이로다 성도들은 영광 중에 즐거워하며 그들의 침상에서 기쁨으로 노래할지어다"(시 149:4~5)

시인은 '우리의 창조자'시요, '우리의 왕'이시요, '우리의 구원자'이신 하나님을 찬양합니다. 그리고 자기 백성들을 돌보시고 자기 백성들을 위하여 보수하시고 심판하시는 것에 대해 감사하며 찬송합니다.

실로 이스라엘은 많은 주변 나라들로부터 잦은 침략과 착취와 수난을 당한 역사를 가지고 있습니다. 그런데 그때마다 하나님께서는 이스라엘을 구원하셨습니다. 애굽의 왕 바로로부터, 아말렉 족속으로부터, 블레셋 족속으로부터, 가나안 여러 족속으로부터, 하나님께서는 이스라엘을 건져내셨습니다.

이스라엘 백성의 거역과 배반, 불순종에도 불구하고 하나님은 그들에게 인자를 베푸셨습니다. 그러니 이와 같은 구원의 역사를 아는 이스라엘 백성은 춤추며 노래하며 소고와 수금으로 찬양하지 않을 수 없었습니다. 그리고 그것은 우리 또한 마찬가지입니다.

우리의 인생도 하나님께서 그렇게 지켜주시기 때문입니다. 복 있는 사람은 악인의 꾀를 좇지 않습니다. 오직 여호와의 율법을 즐거워합니다.

"호흡이 있는 자마다 여호와를 찬양하라."

성경, 通으로 숲 이야기

통숲 4 : 왕정 500년 2

초판 1쇄 발행 2020년 1월 17일
    2쇄 발행 2023년 3월 27일

지은이·조병호
펴낸곳·도서출판 통독원
디자인·전민영

주소·서울시 강남구 선릉로 806
전화·02)525-7794 팩 스·02)587-7794 홈페이지·www.tongbooks.com
등록·제21-503호(1993.10.28)

ISBN 979-11-90540-02-5 04230
    978-89-85738-00-2 04230 (세트)

ⓒ 조병호, 2020

* 통박사 조병호의 通성경 컬렉션 *

- 일년일독 통독성경
- 성경통독
- 通성경 길라잡이
- 제사장 나라 하나님 나라
- 성경과 5대제국
- 성경과 고대전쟁
- 성경과 고대정치
- 신구약 중간사
- 통하는 마지막 유월절 첫번째 성찬식
- 통하는 사도행전 30년
- 통하는 레위기
- 통하는 영적 예배
- 와우! 예레미야 70년
- 선지자와 5대제국
- 성경과 5대제국 스터디북
- 성경 한 권이면 충분합니다

- 通성경학교 7스탭 (전 7권)
- 창세기 숲과나무
- 출애굽기 숲과나무
- 레위기 숲과나무
- 3시간에 끝내는 성경 전체 이야기
- 365일 성경통독
- 1년1독 큐티 성경통독 (전 4권)
- 소그룹 성경통독 교재 시리즈 (전 20권 / 지도자 지침서)
- 청소년 성경통독 (전 2권 / 지도자 지침서)
- 어린이 성경통독 (지도자 지침서)
- 48시간 역사순 성경듣기 가이드북
- 성경인물 33 스토리
- 성경통독과 通신학
- 통독큐티 마음과 생각 (격월지)
- 하나님 나라 복음 (근간)
- 선지자 특강 (조병호, 박영호 공저 / 근간)
- 역대기 숲 (근간)